Михаэль Лайтман

Основные положения
Схема мироздания
Система мироздания

Серия
«Каббала.
Тайное учение»
Книги 1-3

Лайтман, Михаэль
Основные положения. Схема мироздания. Система мироздания / Михаэль Лайтман. – 4-е изд. – Laitman Kabbalah Publishers, 2016. – 352 с.
Напечатано в Израиле.

Laitman Michael.
Osnovnie pologeniya. Shema mirozdaniya. Sistema mirozdaniya / Michael Laitman – 4rd Editon. – Laitman Kabbalah Publishers, 2016. – 352 pages.
Printed in Israel.

ISBN 978-965-7577-59-2
DANACODE 760-104

Настоящий сборник является основной книгой для начинающих изучать каббалу. Книга в доступной форме позволяет желающим проникнуть в тайны науки, на тысячелетия скрытой от глаз непосвященных. Автор разворачивает перед читателем всю панораму строения и системы мироздания. Открывает структуру высших миров и законы высшего управления.

Желающий познать высшее найдет в этом сборнике ответы на множество своих вопросов. В первую очередь на главный вопрос человека: «В чем смысл моей жизни?». Книга захватывает и увлекает, позволяет человеку проникнуть в самые глубинные тайны мира и самого себя.

ISBN 978-965-7577-59-2
DANACODE 760-104

Copyright [c] 2016 by Laitman Kabbalah Publishers
1057 Steeles Avenue West, Suite 532
Toronto, ON M2R 3X1, Canada
All rights reserved

ОГЛАВЛЕНИЕ

К читателю 5
Язык Каббалы 7
Основные положения 9
   Введение 12
   Время действовать 16
   Условия разглашения тайн Торы 18
   Суть Каббалы 21
   Назначение Торы 25
   Дарование Торы 27
   Совершенство и Мир 32
   Независимость личности 36
   Сущность и цель Каббалы 42
   Язык ветвей 45
   Из предисловия к книге «Зоар» 49
   Из предисловия к Талмуду Десяти Сфирот 68
   Некоторые каббалистические понятия 72
   Диаграммы 80
Схема мироздания 85
   Список сокращений 88
   Предисловие 89
   Несколько предварительных замечаний 92
   Олам Эйн Соф 94
   Сокращение первое, Цимцум Алеф (Ц"А) 104
   Экран (Масах) 109
   Пять уровней Экрана 128
   Олам Адам Кадмон 136
   Некудот СА"Г. Цимцум Бэт. Парса 150
   Олам Некудим 161
   Олам Ацилут 169
   Миры Брия, Ецира, Асия (БЕ"А) 182
   Возвышение и падение миров 190
   Термины и определения 201
Система мироздания 217
   Введение в Каббалу 219
   Духовные силы человека 222
   Человек и Мир 249

Развитие человечества	272
Имена Творца	286
О чем говорят все книги Торы	296
Необходимость изучения Каббалы	307
Книга «Зоар»	315
Рамхаль. Даат Твунот	324
Рамхаль. Месилат Яшарим	337
Каббала – наука о мироздании	341

К ЧИТАТЕЛЮ

Известно, что Каббала является тайным учением. Именно ее скрытность, тайность послужила поводом для возникновения вокруг Каббалы множества легенд, фальсификаций, профанаций, досужих разговоров, слухов, невежественных рассуждений и выводов. Лишь в конце XX столетия получено разрешение на открытие знаний науки Каббалы всем и даже на распространение их по миру. И потому в начале этой книги я вынужден в этом обращении к читателю сорвать вековые наслоения с древней общечеловеческой науки Каббала.

Наука Каббала никак не связана с религией. То есть связана в той же самой степени, что, скажем, физика, химия, математика, но не более. Каббала – не религия, и это легко обнаружить хотя бы из того факта, что никто из религиозных людей не знает ее и не понимает в ней ни одного слова. Глубочайшие знания основ мироздания, его Законов, методику познания мира, достижение Цели творения Каббала скрывала в первую очередь от религиозных масс. Ибо ждала времени, когда разовьется основная часть человечества до такого уровня, что сможет принять каббалистические Знания и правильно использовать их. Каббала – это наука управления судьбой, это Знание, которое передано всему человечеству, для всех народов земли.

Каббала – это наука о скрытом от глаз человека, от наших пяти органов чувств. Она оперирует только духовными понятиями, т.е. тем, что происходит неощутимо для наших пяти чувств, что находится вне их, как мы говорим, в Высшем мире. Но названия каббалистических обозначений и терминов взяты Каббалой из нашего земного языка. Это значит, что хотя предметом изучения науки Каббала являются высшие, духовные миры, но объяснения, выводы исследователь-каббалист выражает названиями, словами нашего мира. Знакомые слова обманывают человека, представляя ему якобы земную картину, хотя Каббала описывает происходящее в Высшем мире. Использование знакомых слов-понятий приводит к недоразумениям, к неправильным представлениям, неверным измышлениям, воображениям. Поэтому сама же Каббала запрещает представлять себе какую-либо связь между названиями, взятыми из нашего мира, и их духовными корнями. Это является самой грубой ошибкой в Каббале.

И потому Каббала была запрещена столько лет, вплоть до нашего времени: развитие человека было недостаточным для того, чтобы перестал он представлять себе всяких духов, ведьм, ангелов и прочую чертовщину там, где говорится совершенно о другом.

Только с 90-х годов XX века разрешено и рекомендуется распространение науки Каббала. Почему? Потому что люди уже более не связаны с религией, стали выше примитивных представлений о силах природы как о человекоподобных существах, русалках, кентаврах и пр. Люди готовы представить себе Высший мир как мир сил, силовых полей, мир выше материи. Вот этим-то миром сил, мыслей и оперирует наука Каббала.

С пожеланием успеха в открытии Высшего мира,
Михаэль Лайтман

ЯЗЫК КАББАЛЫ*

Когда необходимо описать высший мир, неощущаемое пространство, каббалисты используют для описания слова нашего мира. Потому что в высшем мире нет названий. Но поскольку оттуда, как из корня ветви, нисходят силы, рождающие в нашем мире объекты и действия, то для отображения корней, объектов и сил высшего мира, применяются названия ветвей, их следствий, объектов и действий нашего мира. Такой язык называется «язык ветвей». На нем написаны Пятикнижие, Пророки, Святые писания – вся Библия и многие другие книги. Все они описывают высший мир, а не историю еврейского народа, как может показаться из буквального понимания текста.

Все святые книги говорят о законах высшего мира. Законы высшего мира называются Заповедями. Их всего 613. В мере выполнения этих законов, человек входит в ощущение высшего мира, ощущение вечности и совершенства, достигает уровня Творца. Выполнение достигается использованием высшей силы, называемой Высшим светом или Торой. Все книги говорят о обретении веры, под этим в Каббале подразумевается не существование в потемках, а именно явное ощущение Творца.

Желающему войти в ощущение высшего мира ни в коем случае нельзя понимать тексты буквально, а только пользуясь языком ветвей. Иначе он останется в своем понимании на уровне этого мира.

Принятые у религиозных евреев ритуалы, в обиходе также называются заповедями и описываются тем же языком, что и духовные действия и процессы. Ритуалы были введены в народ для оформления границ поведения, позволявших сохранять народ в изгнании.

---

* см. также: «Учение Десяти Сфирот», Вступление.

Кроме истинной, духовной трактовки понятия Заповедь, начинающему необходима адаптация к духовной интерпретации слов: поцелуй, гой, объятие, Израиль, беременноть, иудей, роды, изгнание, народы мира, освобождение, пловой акт, вскармливание и пр. Время постепенно рождает в человеке новые определения и сквозь них начинает ощущаться высший, вечный мир.

Основные положения

ОГЛАВЛЕНИЕ

Введение	12
Время действовать	16
Условия разглашения тайн Торы	18
Суть Каббалы	21
Назначени е Торы	25
Дарование Торы	27
Совершенство и Мир	32
Независимость личности	36
Сущность и цель Каббалы	42
Язык Каббалы	45
Из предисловия к книге «Зоар»	49
Из предисловия к Талмуду Десяти Сфирот	68
Некоторые каббалистические понятия	72
Диаграммы	80

Знай, до начала творения был лишь высший,
Все собой заполняющий свет,
И не было свободного незаполненного пространства –
Лишь бесконечный ровный свет все собой заливал.
И когда решил Он сотворить миры и создания, их населяющие,
Этим раскрыв совершенство свое,
Что явилось причиной творения миров,
Сократил себя Он в точке центральной своей –
И сжался свет, и удалился,
Оставив свободное, ничем не заполненное пространство.
И равномерным было сжатие света вокруг центральной точки,
Так, что место пустое форму окружности приобрело,
Поскольку таковым было сокращение света.
И вот после сжатия этого
В центре заполненного светом пространства
Образовалась круглая пустота, лишь тогда
Появилось место, где могут создания и творения существовать.
И вот протянулся от бесконечного света луч прямой,
Сверху вниз спустился внутрь пространства пустого того.
Протянулся, спускаясь по лучу, свет бесконечный вниз,
И в пространстве пустом том сотворил все совершенно миры.
Прежде этих миров был Бесконечный,
В совершенстве настолько прекрасном своем,
Что нет сил у созданий постичь совершенство Его –
Ведь не может созданный разум достигнуть Его.
Ведь нет Ему места, границы и времени.
И лучом спустился свет
К мирам, в черном пространстве пустом находящимся.
И круг каждый от каждого мира и близкие к свету – важны,
Пока не находим мир материи наш в точке центральной,
Внутри всех окружностей в центре зияющей пустоты.
И так удален от Бесконечного – далее всех миров,
И потому материально так окончательно низок –
Ведь внутри окружностей всех находится он –
В самом центре зияющей пустоты.

Ари «Древо Жизни»

ВВЕДЕНИЕ

> *Приоткройте мне сердце,*
> *А я открою вам мир.*
> Книга «Зоар»

Кто я и для чего существую?
Откуда мы, куда идем и для чего появились здесь?
Возможно ли, что мы уже были в этом мире?
Можем ли мы познать себя и вселенную?
Отчего страдания в мире, и есть ли возможность их избежать?
Как обрести покой, удовлетворение, счастье?

Множество людей из поколения в поколение пытаются выяснить эти болезненно преследующие нас вопросы. И происходит это из поколения в поколение и говорит о том, что до сих пор мы не получили исчерпывающих ответов.

Изучая природу, вселенную, мы обнаруживаем, что все окружающее нас существует и действует в соответствии с четкими, целенаправленными законами. Глядя же на себя – как на вершину творения природы – мы обнаруживаем, что человечество существует как бы вне этой системы логических законов.

Например, видя, каким мудрым образом создала нас природа – части нашего организма, каждую живую клетку, видя четкую целенаправленность в функционировании каждой клетки тела, мы не в состоянии ответить на вопрос: а для чего он, весь этот организм, существует?

Все окружающее нас пронизано причинно-следственными связями: ничего не создается бесцельно, в мире физических тел существуют четкие законы движения, преобразования, круговорота. Та же логика существует в растительном и животном мирах.

Но основной вопрос: для чего все это существует? – т.е. не только мы, а весь окружающий нас мир, – остается без ответа. Есть ли в мире человек, которого этот вопрос не затронул хотя бы раз в жизни?

Введение

Существующие научные теории утверждают, что миром управляют неизменные физические законы, на которые мы не в состоянии влиять. Наша задача лишь, мудро их используя, хорошо прожить свои 70 – 120 лет, подготовив почву, в буквальном и переносном смысле, для будущих поколений. Но им-то – будущим поколениям – для чего существовать?

Развилось ли человечество от простейших видов путем эволюции или жизнь занесена с других небесных тел, это сути не меняет – есть две даты: рождение и смерть. А то, что между ними, – неповторимо и потому бесценно? Или наоборот: жизнь – ничто, если в конце ее тьма, обрыв?

Где же мудрая, все предусматривающая, логичная, ничего не сотворяющая зря природа? Каждый атом, каждая клетка в человеческом организме имеет свою причину, цель своего функционирования – а весь организм в целом? Он-то для чего? Или существуют еще не открытые нами законы и цели?

Мы можем исследовать то, что находится ниже нашего уровня развития. Воспринимаем и понимаем смысл неживого, растительного и животного существования. Но смысл существования человека мы постичь не можем – его, очевидно, можно постичь только с более высокого уровня.

Наше исследование мира сводится к изучению его реакций на наши воздействия, которые мы улавливаем пятью органами чувств: осязанием, обонянием, зрением, слухом, вкусом и еще приборами, лишь расширяющими их диапазон.

Все, что не подвластно нашим ощущениям и исследованиям, просто не воспринимается нами, как бы не существует относительно нас. И то, что кажется существующим, – тоже существует только в наших ощущениях, а в восприятии существа с иными органами чувств ощущалось бы иначе.

Причем мы лишены чувства нехватки отсутствующих органов – как никогда человек не испытывает недостатка в шестом пальце на руке. Как невозможно объяснить слепому от рождения, что такое зрение, так никогда человек не откроет скрытые формы природы, пользуясь доступными ему методами исследования.

Согласно Каббале, существует духовный, т.е. не ощущаемый органами чувств мир, в центре которого находится наша вселенная – его малая часть и наша планета – в центре этого духовного мира. Этот мир информации, мыслей и чувств, действуя на нас посредством законов материальной, ощущаемой природы и случая, ставит нас в определенные условия, в соответствии с которыми мы вынуждены действовать.

Мы – рабы окружающего: не от нас зависит, где, когда, кем родиться, с какими задатками и данными, с кем встретиться в жизни, в какой среде оказаться. Это определяет все наши реакции и поступки, все их последствия. Так в чем же наша свобода воли?

Согласно Каббале есть четыре вида Знания, которые может и должен постичь человек:

Творение. Изучение создания и развития миров в объеме, постижимом человеком, а именно: каким образом Творец путем последовательных сокращений создал миры и существа, их населяющие. Законы взаимодействия духовного и материального миров и их следствия.

Цель творения человека: сочетанием души и тела, путем высшего управления через природу и фактор случайности, с помощью двух взаимно уравновешенных систем светлых и темных сил – создание системы с иллюзией свободы воли.

Функционирование. Изучение сущности человека, его взаимосвязи и взаимодействия с духовным миром. Приход человека в этот мир и уход из него. Какую реакцию со стороны высших миров на наш мир и лично на каждого из нас вызывают действия человека. Личный путь каждого со времени создания миров до постижения Высшей цели.

Кругооборот душ. Изучение сущности каждой души и ее кругообращения. Действия человека в этой жизни и их последствия в последующих его жизнях от начала и до конца мира. Каким образом, по какой причине спускается душа в тело и в зависимости от чего определенное тело принимает определенную душу.

Тайна Случая и исследование истории рода человеческого как следствия определенного порядка и перемещения душ, прослеживание этого пути в течение 6000 лет. Связь души с общим управлением системы миров, ее кругообороты, циклы жизни и смерти – все то, от чего зависят все наши пути в этом мире.

Управление. Изучение нашего мира: неживой, растительной и животной природы, их сущности, роли и управления ими из духовного мира. Управление свыше и наше восприятие Природы, Времени, Пространства.

Исследование высших сил, двигающих материальные тела. Каким образом единая внутренняя сила толкает все живое и мертвое к намеченной цели? Можно ли разрешить фундаментальную загадку человеческой жизни, не затрагивая вопроса об ее источнике?

Каждый человек касается этих вопросов. Поиски цели и смысла существования индивидуума и всего человечества – центральные вопросы духовной жизни человека.

Технический прогресс и мировые катаклизмы, породившие всевозможные философии, не принесли человеку духовного удовлетворения. Как объясняется в Каббале, из всех существующих наслаждений нашему миру досталась лишь одна маленькая искорка, так называемый «нэр дакик». Присутствие ее в материальных объектах дает нам удовольствие.

Другими словами, все приятные чувства, которые человек ощущает в различных ситуациях и от различных объектов, объясняются лишь наличием в них этой искорки. Причем в течение жизни человек вынужден постоянно искать новые и новые объекты, надеясь получить большие и большие удовольствия, не подозревая, что все это лишь оболочки, а суть «нэр дакик» остается та же.

Чтобы привести человека к получению абсолютного удовлетворения путем осознания необходимости возвышения духа над материей, существуют в мире два пути: Путь Торы и Путь страданий.

Путь Торы – это путь самостоятельного и добровольного осознания необходимости постепенного искоренения эгоизма, когда используется свет Торы для того, чтобы человек подошел к осознанию эгоизма как зла. Это – зачастую путь приходящих в Каббалу: человек – совершенно светский, хорошо устроенный, спокойный – вдруг начинает ощущать острую неудовлетворенность: пропадает искорка – «нэр дакик». В своих обычных занятиях он не находит удовольствия, радости, вкуса к жизни. Подобным образом в Торе проклят змей: ни в чем не чувствует он вкуса – любая пища, которая есть у него в изобилии, имеет вкус земли.

Так и в нашем поколении начинает ощущаться духовный голод – именно при материальном изобилии. И человек начинает искать источник удовлетворения, путем подчас тернистым и долгим. Между этими двумя путями и находится свобода воли. Можно лишь пожелать людям вовремя «выбрать жизнь», как советует Тора, а не идти по пути страданий, по которому мы уже прошли в прошлом.

ВРЕМЯ ДЕЙСТВОВАТЬ

Уже долгое время чувство ответственности подталкивало меня к выходу из моего замкнутого мира, чтобы преподнести читателю хотя бы некоторые истинные сведения о сути иудаизма, которые раскрываются только в его основе – тайной науке Каббала.

До возникновения книгопечатания не появлялись книги, поверхностные по содержанию, поскольку не было смысла платить немалые деньги переписчику за не пользующийся спросом товар. В то же время знания Каббалы стремились скрыть от тех, кто недостоин (а не рекламировать наше драгоценное наследие и тайны), – как уважение к Создателю обязывает нас. Поэтому если и появлялись каббалистические книги – они были истинными.

Однако с изобретением книгопечатания распространилась в мире болезнь «книгописание», и не требуется более писателям нанимать дорогих переписчиков для размножения своих книг, и упала цена книги, и открылась безответственным сочинителям возможность «делать» книги для удовлетворения потребностей кармана и в поисках известности. И хоть не годятся подобные люди ни на что, но многое они все же успели...

И принялись всякого рода «специалисты», каждый в выбранной им области, за любое «стоящее» дело, на котором можно легко добиться славы и богатства. А есть среди них и такие, кто взял себе статус и имя «руководителя поколения», знающего якобы толк в книгах и потому диктующего обществу, какие книги важны. Роль подобную брал на себя ранее лишь один из десяти мудрецов поколения, а сегодня – десятки «мудрецов» сразу...

Но в последнее время взялись подобные знатоки и за Каббалу, не учитывая того, что наука эта закрыта тысячи лет от посторонних, что невозможно непосвященному понять в ней ни единого слова, не говоря уже о связи слов и их тайном смысле!

Ведь в истинных каббалистических источниках есть лишь намеки, понятные только при передаче этой информации непосредственно из уст признанного учителя-каббалиста своему особо подготовленному ученику.

Но «знатокам» Каббалы необходима известность и деньги, а потому начали умножаться книги, авторы которых безо всякой углубленной подготовки у соответствующего авторитетного учителя и даже без серьезного изучения источников пишут и выпускают свои совершенно невежественные сочинения, не осознавая размеров ущерба, который умножится еще и в последующих поколениях.

И потому совершенно извратилась у общества реальная оценка истины, и появилась такая легкость взглядов и оценок, что, пролистав в свободное время какой-либо текст, содержащий высокий тайный смысл, каждый может позволить себе делать выводы в зависимости от своего сиюминутного настроения.

Эти-то причины и вынудили меня выйти из замкнутости и скрытости, и решил я, что настало время действовать во имя Создателя и спасти то, что еще можно спасти, и я взял на себя ответственность приоткрыть истинные истоки широкому кругу читателей.

УСЛОВИЯ РАЗГЛАШЕНИЯ ТАЙН ТОРЫ

Существуют три причины скрытия Каббалы:
– «Нет необходимости»;
– «Невозможно»;
– «Личная тайна Создателя».

И нет ни одной мельчайшей детали в Каббале, на которую не были бы наложены одновременно эти три вида запретов.

«Нет необходимости». Смысл этого запрета состоит в том, что нет никакой пользы от разглашения, разглашение возможно только в случае явной пользы обществу. Люди, действующие по принципу «Что с того?», занимаются сами и вынуждают других заниматься делами, в которых нет необходимости. Они являются источником многих страданий в мире. И потому каббалисты принимали в ученики лишь того, кто способен хранить тайну и не раскрывать ее, если в этом нет необходимости.

«Невозможно». Этот запрет есть следствие ограниченности языка, не способного передать тонкие духовные понятия: поскольку все словесные попытки обречены на неудачу и ведут к ошибочным представлениям, сводящим с пути интересующегося, то при раскрытии этого вида тайн требуется разрешение свыше.

«Разрешение свыше». Об этом сказано в трудах великого каббалиста Ари: «Знай, что души великих наполнены внешним (окружающим) или внутренним (наполняющим) свечением. И те, чьи души наполнены окружающим свечением, обладают даром излагать тайны, облачив их в слова так, что не поймет их недостойный».

У великого рабби Шимона бар Йохая (Рашб"и, II в.н.э.) была душа, наполненная окружающим свечением, и потому была у него сила излагать так, что, даже когда он выступал перед большим собранием, понимали его лишь те, кто достоин был понять. Поэтому, только ему свыше было позволено написать книгу «Зоар», хотя каббалисты, жившие до него, знали больше. Но не было у них способности облечь духовные понятия в слова, как мог только он.

Таким образом, видно, что условия изложения в Каббале зависят не от уровня знаний каббалиста, а от свойства его души, и лишь в зависимости от нее получает он указание свыше раскрыть определенную часть Торы.

Поэтому не найти ни одного фундаментального сочинения по Каббале до книги «Зоар». А те, что есть, содержат лишь туманные и беспорядочно изложенные намеки. И со времен Рашб"и лишь Ари было позволено раскрыть далее еще часть Каббалы, хотя, возможно, уровень знаний живших до Ари каббалистов был много выше, но не дано было им позволения свыше.

Поэтому остерегались сочинять и печатать все, что касалось самой Каббалы, за исключением туманных замечаний. И потому со времени появления книг Ари все занимающиеся Каббалой оставили все прочие книги и изучают лишь книгу «Зоар» и книги Ари и Ашлага.

«Личная тайна Создателя». Смысл запрета состоит в том, что тайны Торы раскрываются лишь верным и уважающим Его. И эта причина сокрытия тайн Торы от широкого круга людей – самая важная. Многие шарлатаны использовали Каббалу в собственных интересах: предсказаниями, изготовлением амулетов, снятием сглаза и прочими «чудесами» заманивали они простаков.

Первоначальное сокрытие Каббалы было именно по этой причине, и потому приняли на себя истинные каббалисты жесткие обязанности по проверке учеников – и в этом причина, что и те единицы в каждом поколении, кто допускался к Каббале, приводились к строжайшей присяге, запрещающей раскрыть даже ничтожную деталь, подпадающую под три вышеперечисленных запрета.

Но не следует думать, что это деление на три части делит на три части саму Каббалу, – нет, каждая часть, каждое слово, понятие, определение подпадает под это деление на три вида сокрытия истинного смысла и постоянно действует в этой науке.

Однако возникает вопрос – если эта тайная часть Торы настолько глубоко скрыта – как появились все эти многочисленные сочинения о ней?

Ответ состоит в том, что есть разница между первыми условиями секретности и последним, поскольку на последний ложится основная часть секретности. Однако две первые части не находятся под постоянным запретом, поскольку условие «Нет необходимости», в зависимости от внешних общественных причин, оборачивается подчас в «Необходимое» – с развитием человечества или получением разрешения свыше, как получили его Рашб"и и Ари, и в меньшей мере другие, и потому появляются иногда истинные книги по Каббале.

Так вот и я получил знания на этих же условиях – стеречь и скрывать. Но по причине, объясненной в статье «Время действовать», оборачивается условие «Нет необходимости разглашать» в «Есть необходимость», а потому, раскрыв одну часть, я, однако, обязан хранить две другие – как заповедано мне.

СУТЬ КАББАЛЫ

Каббала – это учение о причинно-следственных связях духовных источников, соединяющихся по постоянным и абсолютным законам для достижения одной высокой цели – постижения Творца созданиями, существующими в этом мире.

Согласно Каббале, все человечество и каждый индивидуум обязаны придти к этой высшей точке постижения цели и программы творения во всей ее полноте. В каждом поколении находились отдельные личности, которые путем работы над собой достигали определенного духовного уровня или, другими словами, шли по лестнице, ведущей вверх, и достигали вершины.

Любой материальный объект – от микрочастиц до макромира – и его действие управляются духовными силами, которыми пронизана вся наша вселенная, лежащая как бы на сетке, сотканной из этих сил.

Возьмем, к примеру, мельчайший живой организм, вся роль которого состоит лишь в поддержании в течение некоторого времени своего существования для создания потомства. Сколько сил и сложных систем в нем функционируют! А сколько человеческий глаз и опыт еще не уловили?

Помножив их на количество живущих, когда-либо существовавших в нашем мире, творений, т.е. во вселенной и духовных мирах, мы получим лишь ничтожное представление о количестве управляющих духовных сил и связей...

Многообразие духовных сил можно условно представить себе как две взаимосвязанные и равные системы, различающиеся только в том, что:
- **первая** исходит от Создателя и развивается сверху вниз через все миры вплоть до нашего мира;
- **вторая** исходит из нашего мира и идет снизу вверх, согласно законам, уже развитым и действующим в первой системе.

Первая система в Каббале называется «Порядок создания миров и сфирот», **вторая** – «Постижения или ступени пророчества и духа». Вторая система предполагает, что желающие достигнуть высшей точки обязаны действовать согласно законам первой системы, что и изучается в Каббале. Но в мире духовном не время, а чистота духа, мысли и желания – основной фактор открытия, постижения.

В материальном мире существует много непосредственно не ощущаемых нами сил и явлений, таких как электричество, магнитные волны и т.п., но следствие их действий, их названия знакомы даже детям. И хотя наши знания, например, об электричестве ограничены, но мы научились использовать это явление в каких-то своих целях и называем его по имени так же естественно, как хлеб называем хлебом, сахар – сахаром.

Соответственно и в Каббале – все имена как бы дают реальное (предметное) представление о духовном объекте. Но если вдуматься, то так же, как нет у нас представления о духовных объектах и даже о самом Создателе, совершенно в той же степени нет у нас истинного представления о любом, даже ощущаемом нашими руками объекте: ведь воспринимаем мы не сам объект, а нашу реакцию на его воздействие.

Эти реакции дают нам видимость познания, хотя сама вещь, ее суть остается совершенно скрытой. И более того, даже самого себя нет у нас никакой возможности постичь: лишь действия, реакции – вот что известно нам о самих себе.

Наука как инструмент исследования мира делится на две части: изучение свойств материи и изучение ее формы. Иначе говоря, нет ничего во вселенной, что не состояло бы из материи и формы. Например, стол есть сочетание материи и формы, где материя, т.е. дерево, есть основа, а носитель формы – доска на ножках круглой, квадратной, овальной и пр. формы.

Другой «живой» пример – лжец, где материя, т.е. тело человека, является носителем формы – лжи. Часть науки, занимающаяся изучением материи, вещества, базируется на опытах, экспериментах, на основании которых делаются научные выводы.

Но другая часть науки, изучающая формы без связи с веществом, отвлеченно разделяя их, и тем более изучающая те формы, которые еще ни разу не воплощались в материю (коммунизм как идеальная общественная формация, например), не может опираться на эксперимент, так как не существует формы без материи в нашем мире.

Отделить форму от материи мы можем лишь в воображении, и тогда все наши выводы основываются на теоретических предпосылках. Вся философия относится к этому виду науки, и часто страдало человечество от ее беспочвенных выводов. Большинство ученых современности отказались от этого пути исследования, потому как нет абсолютно никакой уверенности в выводах.

Сам человек, исследуя духовные миры, действительно обнаруживает, что и его ощущение – лишь желание свыше, чтобы мы именно так себя чувствовали – как отдельно существующий объект, а не часть Творца, а весь окружающий мир – мир иллюзий – на самом деле есть результат действия на нас духовных сил.

Поясню это примером. Жил-был в местечке простой извозчик и были у него пара лошадей, дом, семья. Пошла вдруг полоса несчастий: пали лошади, умерли жена и дети, развалился дом, и от горя вскоре умер и он сам. И вот решают на Высшем суде, что можно дать такой многострадальной душе для счастья. И решают дать ощущение, будто бы он живой, и с ним его семья, дом, хорошие лошади, и доволен он работой, жизнью.

Эти ощущения воспринимаются, как подчас сон представляется реальностью, ведь лишь ощущения создают картину окружающего. Как же можно отличить иллюзии от реальности?..

Каббала как наука о мире также подразделяется на изучение вещества и изучение формы. Однако есть в ней замечательная особенность и превосходство над остальными науками: даже часть ее, занимающаяся изучением формы вне материи, строится полностью на экспериментальном контроле, т.е. подлежит проверке опытом!

Каббалист, поднявшись на духовный уровень изучаемого объекта, сам приобретает его свойства и, таким образом, ощущает в себе наличие полного представления о нем и практически оперирует с различными видами форм еще до их материального воплощения, наблюдая все наши иллюзии как бы со стороны!

Каббала, как и любая наука, использует определенную терминологию и символы для описания объектов и действий: духовная сила, мир, сфира называются тем именем, которым назван управляемый ею объект в нашем мире.

А так как любому материальному объекту или силе соответствует управляющий ими духовный объект или сила, то создается совершенно точное соответствие между наименованием, взятым из материального мира, и его духовным корнем — источником.

Поэтому дать имя духовному объекту может лишь каббалист, твердо знающий соответствие духовных сил определенным материальным объектам, т.е. достигший сам духовного уровня этого духовного объекта и потому видящий следствие его влияния в нашем мире.

Каббалисты пишут книги и передают знания с помощью такого языка. Причем язык этот необычайно точен, так как основан на духовном корне материального предмета, и не может меняться, поскольку связь предмета и его духовного корня неизменна. В то же время наш земной язык постепенно теряет точность, так как связан лишь с внешней формой.

Но одного лишь номинального знания языка недостаточно — ведь даже зная имя по низшему материальному объекту, нельзя понять его высшую духовную форму. Лишь зная духовную форму, можно видеть его материальное следствие, ветвь.

Отсюда вывод: сначала необходимо постичь духовный корень сам по себе, его природу и свойства, и лишь потом перейти к его ветви в этом мире и изучить их взаимосвязь. Только тогда становится понятен язык и возможен четкий обмен информацией.

Но закономерен вопрос: каким же образом может начинающий овладеть этой наукой, если он не в состоянии правильно понять учителя?

На это есть один ответ: овладеть этой наукой можно, лишь возносясь над нашим миром. А это возможно только при условии, что человек отбрасывает весь свой материальный эгоизм и принимает духовные ценности как главное и единственное в жизни. Тоска, страсть к свету, к духовности — ключ к высшему миру.

НАЗНАЧЕНИЕ ТОРЫ

В книге «Изречения мудрецов» сказано: «Хотел Создатель очистить Израиль, потому дал им Тору и Заповеди». Но для чего Создатель требует от нас этого? Каббалисты утверждают, что цель творения – доставлять радость и наслаждение созданиям. Желание насладиться – сосуд или душа – наполняется, получает наслаждение, согласно величине этого желания.

Поэтому все, что создано во всех мирах, является лишь видоизменяющимся желанием насладиться, а Создатель – удовлетворяет это желание. И это желание насладиться и есть вся материя творения (духовная и физическая) – существующая и та, что проявится в будущем.

Материя в своем многообразии видов и форм (минералы, растения, человек, краски, звуки и т.д.) – это лишь разные количества желания насладиться. Свет, идущий от Создателя, оживляет и наполняет материю. И первоначально оба желания – насладиться (называемое сосуд) и насладить (называемое Свет) соответствовали по величине друг другу, т.е. сосуд (желание насладиться) получал максимальное наслаждение.

Но по мере уменьшения желания они оба (сосуд и наполняющий его Свет), постепенно сокращаясь, как бы удаляются от Создателя, пока не достигают наинизшего уровня, где желание насладиться окончательно материализуется.

Разница между остальными мирами и нашим миром лишь в том, что в нашем мире сосуд, т.е. желание получить наслаждение, находится на своей самой низшей ступени, называемой материальным телом.

До окончательной материализации сосуды проходят четыре уровня, делящиеся на десять сфирот (ступеней): Кэтэр, Хохма, Бина, Хэсэд, Гвура, Тифэрэт, Нэцах, Ход, Есод, Малхут, которые представляют собой фильтры, задерживающие идущий от Творца к созданиям свет. Их задача – ослабить свет настолько, чтобы населяющие наш мир могли его воспринять.

Сфира Кэтэр называется также – мир Адам Кадмон, сфира Хохма – мир Ацилут, сфира Бина – мир Брия, сфирот от Хэсэд до Есод составляют мир Ецира и сфира Малхут – мир Асия, последняя ступень которого и есть наша вселенная, называемая в Каббале Аолам азэ, этот мир, – мир, данный в ощущения нам, находящимся в нем в данный момент, где сосуд, т.е. желание наслаждения, называется телом, а свет, наслаждение, ощущается лишь как жизненная сила.

И хотя свет, находящийся в теле, уменьшен настолько, что человек не чувствует его источника, но, исполняя данные ему Создателем определенные, изложенные в Торе правила, он, очищаясь, постепенно поднимается через все миры в обратном направлении.

И по мере постижения более высоких уровней он получает и большие порции света, пока не достигает уровней, где может получить весь свет (абсолютное, бесконечное наслаждение), предназначенный ему еще с начала творения.

Каждую душу окружает духовное излучение. Начинающий изучать Каббалу хотя еще и не понимает, что учит, но от сильного желания понять он возбуждает окружающее его поле, излучения которого возвышают и очищают и, таким образом, возносят его.

Каждый человек, если не в этом кругообороте жизни, то появившись на свет в следующий раз, придет к необходимости изучения Каббалы и получения знаний о Создателе. Свет окружает душу человека снаружи, пока человек не достигнет такого духовного уровня, когда свет начнет проникать внутрь. Получение же его внутрь зависит от желания и готовности лишь самого человека, от чистоты его души.

Но произнося во время учебы имена сфирот, миров и духовных действий, которые связаны и с его душой, получает он соответствующее микроизлучение снаружи, и это излучение постепенно очищает и подготавливает душу к получению и вовнутрь духовной энергии, наслаждения...

ДАРОВАНИЕ ТОРЫ

**Люби другого как себя, –
сказал рабби Акива, –
Это общее правило всей Торы.**

Как известно, понятие «общий» указывает на сумму составляющих его частей. Потому, когда рабби Акива говорит о любви к ближнему – одном из 613 законов, определяющих жизнь человека от рождения до смерти, его обязанности относительно общества и даже относительно Создателя – как об общем, он подразумевает, что все остальные 612 законов – всего лишь составляющие этого правила.

Но при попытке понять это мы наталкиваемся на еще более странное высказывание Гилеля, к которому пришел человек, желающий достичь слияния с Творцом. Он обратился к мудрецу с просьбой: «Научи меня всей Торе, пока я стою на одной ноге». Гилель ответил ему: «Все, что ты ненавидишь, не делай и другим. В этом – все!». Из ответа ясно: вся Тора, оказывается, существует для выяснения и выполнения лишь одного закона: «Люби другого как себя».

Но как могу я любить другого как самого себя, т.е. постоянно выполнять все желания каждого из окружающих, когда даже собственные желания я не успеваю удовлетворить! И как будто вдобавок поясняется, что я должен удовлетворять потребности другого прежде, чем свои собственные.

Например, сказано, что если у хозяина есть всего одна подушка, то должен он передать ее своему рабу, если есть у него лишь один стул, то должен усадить на него своего раба, а сам – стоять или сидеть на земле, иначе не выполнит заповеди любви к другому.

Выполнимо ли вообще это требование Торы? И поскольку эта заповедь, по словам рабби Акивы, обобщает весь смысл Торы, то выясним вначале, что же такое сама Тора.

Тора утверждает, что мир сотворен лишь для выполнения ее законов, цель которых – духовное развитие человека до уровня возвышения над нашим материальным миром для соединения с Создателем.

Но зачем понадобилось Создателю создавать нас такими порочными и вручать нам Тору для нашего исправления? Отвечает на это книга «Зоар» так: «Кто ест чужой хлеб, стыдится смотреть в глаза дающему».

Чтобы избавить нас от подобного чувства, создан этот мир, где в борьбе с самим собой, с собственным эгоизмом зарабатывает человек сам свой будущий мир.

Для пояснения представим себе следующую ситуацию: богач, встретив после долгой разлуки бедного друга, ведет его к себе домой, кормит, поит, одевает и т.п. – и так изо дня в день. И как-то раз, рассчитывая сделать еще что-либо приятное другу, спросил он, чем бы еще мог услужить, и получил ответ: «Лишь одного хотел бы я – то, что получаю теперь из сострадания, достичь собственным трудом. Все мои просьбы ты в состоянии удовлетворить, кроме этой!».

Действительно, не в состоянии дающий избавить берущего от чувства стыда – тем большего, чем большие услуги он получает. И чтобы избавить нас от этого чувства, создана вселенная, и наша маленькая планета – наше место работы.

А сама работа состоит в том, чтобы возвратиться посредством своих исправленных желаний к нашему Создателю, а в качестве вознаграждения получить огромное наслаждение от вечности, совершенства, слияния с Творцом.

Но отчего мы испытываем чувство неловкости и стыда при получении чего-либо от окружающих?

В нашем мире действует закон причинно-следственных связей, утверждающий, что каждое следствие по характеру близко к своей причине, источнику, и все законы, действующие в источнике, передаются следствию.

Действие этого закона проявляется на всех уровнях окружающей нас природы: неживой, растительной, животной и человека. Законы, действующие в осколке камня, – те же, что и в минерале, от которого он отщепился. И наоборот, все, не имеющее места в корне, – не любимо и отрицается следствием.

На основании этого закона открывается возможность понять источник всех наших радостей и несчастий: поскольку Творец природы – корень, источник всего созданного, то все закономерности, действующие в Нем, воспринимаются нами как приятные, и наоборот, все отсутствующее в Нем – совершенно чуждо и неприятно нам.

Например, мы любим покой и ненавидим движение настолько, что двигаемся лишь для достижения покоя, поскольку наш корень, т.е. Создатель, из которого мы вышли, находится в абсолютном покое, и потому всякое движение противно нашей природе. И так как вся цель творения – соединение посредством Торы с нашим источником, то в результате мы, естественно, попадаем в сферу действия лишь приятных нам ощущений.

Абсолютным эгоистом рождается человек и растет, лишь о себе заботясь. Даже мысли о сострадании и помощи не возникает у него, и тем противоположен он Создателю, оживляющему всю природу. Но, подрастая, под влиянием окружающего его общества, человек начинает понимать необходимость взаимопомощи, размер и направление которой зависят от развития общества.

Наделив нас низкими склонностями и вручив в противовес им Тору, Творец создал, таким образом, возможность, истребив власть эгоизма, достичь состояния наслаждения без чувства стыда.

Есть два вида законов в Торе: обязанности человека по отношению к человеку и обязанности человека относительно Создателя. Но одну лишь цель преследуют оба – привести человека к соответствию с Создателем. И совершенно неважно, ради кого человек действует – ради Творца или ради людей, поскольку все, что выходит за пределы его личных интересов, совершенно не ощущается им.

Каждое движение, совершенное человеком ради другого, совершает он, в конечном счете, ради себя. И невозможно абсолютно безвозмездно совершить ни малейшего физического или душевного движения без расчета извлечь из него хоть когда-либо какую-либо пользу. Этот закон природы известен под названием конечный эгоизм. И только выполняя законы Торы, возможно достичь состояния безвозмездной любви к другим.

Не соблюдающие же правила Торы не могут выйти за пределы конечного эгоизма. Согласно Торе, законы отношений в обществе важнее, чем законы, относящиеся к связи с Творцом, поскольку постоянная возможность их соблюдения в различных ситуациях позволяет человеку эффективно исправлять себя в нужном направлении.

Теперь мы можем понять ответ Гилеля, что главное в Торе – любовь к другим, а все остальные 612 законов лишь вспомогательные, включая и законы отношений с Создателем, поскольку невозможно слиться с ним до достижения состояния любви к ближнему. И потому Гилель указал на любовь к другим как на самое верное и быстрое средство овладеть всей Торой.

И потому была вручена Тора не одному человеку (например, Адаму) или маленькой группе людей (семье Авраама), а уже сложившемуся народу, все члены которого вместе страдали в рабстве. И по выходе из Египта принял каждый для себя это правило любви к ближнему.

И тогда лишь получили они Тору, когда появилась возможность заботы о других в широком кругу общества бывших рабов, и за долгие 40 лет в Синае, достигнув духовного уровня, стали достойными земли, государства, Храма.

А теперь представьте себе многомиллионный народ, каждый член которого всем сердцем с огромной любовью и желанием стремится лишь помочь, исполнить все, в чем нуждаются остальные члены общества.

Ясно, что в таком случае нет необходимости ни одному из граждан заботиться о самом себе и не возникает страх за собственное будущее – ведь несколько миллионов любящих постоянно стоят на страже его интересов и заботятся о нем.

Но поскольку народ зависит лишь от самого себя, то нарушение кем-либо принятого обязательства вносит в общество вакуум от не оказанной кому-то помощи.

В зависимости от роста количества нарушителей правило, обязательное для всех членов общества, все больше нарушается. Ведь все члены общества ответственны друг за друга, т.е. как за выполнение, так и за нарушение законов.

В Торе приводится пример, поясняющий эту ответственность. Двое находятся в одной лодке. И один начал сверлить отверстие, а на просьбу второго прекратить ответил: «Какое тебе дело? Ведь на своей половине сверлю я!». Так по вине одного все остальные тонут в погоне за утолением личного эгоизма.

Но древний мудрец Эльазар, сын Рашб"и, автора книги «Зоар», удивляет нас еще больше: не только евреи, но все человечество, все люди ответственны друг за друга. Евреи лишь первыми выполняют это правило. А затем к ним присоединяются все остальные народы, и этим будет достигнуто исправление мира.

Избранным еврейский народ называется не потому, что обладает какими-то особыми качествами, а поскольку первым из всех народов связан законом коллективной ответственности и прежде других обязан соблюдать этот закон.

Невозможно полное исправление и возвышение мира, если не будут охвачены общим законом мироздания все его участники. Наша же обязанность заботой друг о друге привести мир к способности выполнения этого правила остальным человечеством.

А пока невозможно достичь такого состояния всем человечеством — до тех пор каждый нееврей ответственен за себя лично, а евреи ответственны за весь мир в целом. И как нам было необходимо пройти по пути страданий в Древнем Египте, чтобы оценить в полном объеме необходимость взаимопомощи, — так и все человечество прозреет путем поисков и страданий.

И возможность быстрого или медленного исправления мира зависит от духовного уровня нашего народа — и в этом секрет всеобщей инстинктивной ненависти к нам, поскольку от каждого из нас зависит приближение или отдаление момента счастья и совершенства всего мира. Поэтому в первую очередь расчет ведется с нами, и потому наша задача — любовь к ближнему, и награда — вечность.

СОВЕРШЕНСТВО И МИР

Как нам уже известно, сущность заповедей Создателя заключается в любви, максимуме внимания и сострадания ко всем членам общества – в той же степени, как и к себе. Попытаемся теперь исследовать, принимаем ли мы эту заповедь только на веру или возможен в этой области также практический опыт.

Думаю, читатель поймет мою нелюбовь к пустой философии – ведь на базе выдуманных закономерностей строят целые здания и делают выводы.

Нашему поколению известны случаи претворения таких философий в жизнь. И страдают подчас миллионы, когда теоретические предпосылки, взятые за основу, оказываются практически несостоятельными, что приводит к крушению всей теории.

Можно ли, изучая мир, его законы, на основе практических данных придти к необходимости выполнения требований Создателя?

Когда мы наблюдаем существующий в природе порядок, нас поражает четкость управления (как в микроэлементах, так и в макромирах). Возьмем для примера самое нам близкое – человека. Клетка отца, попадая в надежное, уготованное место в теле матери, обеспечивается там всем необходимым для своего развития. До появления на свет – пока она не начинает существование как отдельный организм – ничто постороннее не может повредить ей.

Но и потом заботливая природа возбуждает в родителях необходимые чувства – настолько, что ребенок абсолютно уверен в любви и заботе окружающих. И так же как человек, так и животный, и растительный миры заботятся о размножении и послеродовом развитии.

Однако бросается в глаза резкое противоречие между заботой природы о появлении нового организма на свет и его становлении и той борьбой за существование, которую он вынужден вести в дальнейшем.

Это поразительное противоречие в управлении миром, существующее на всех уровнях жизни, занимало умы человечества еще с древних времен и привело к появлению ряда теорий, пытающихся объяснить возникновение и развитие нашего мира.

Эволюция. Эта теория не считает нужным разрешать это противоречие. Творец создал мир и управляет всем. Будучи сам бесчувственным и не мыслящим, он создает вид в соответствии с физическими законами. Появившись и став индивидуумом, вид развивается в процессе эволюции, подчиняясь жестким законам выживания. Создателя эта теория называет Природа, подчеркивая этим его бесчувственность.

Дуализм. Эта теория исходит из того, что поразительная мудрость природы во много раз превышает человеческие возможности, и потому невозможно предвидеть и программировать будущие организмы без существования обратной связи. Необходимо также наличие у дающего (природы) ума, памяти, чувств. Ведь невозможно утверждать, что на всех уровнях природы властвует лишь случай. Отсюда делается вывод о существовании двух сил – положительной и отрицательной, обладающих разумом и чувством и потому способных наделить этим все ими созданное.

Развитие этой теории породило возникновение еще нескольких.

Многобожие. Как результат анализа действий природы и разделения ее сил по характеру появились религии (типа древнегреческой), в основе которых лежат представления о сонме божеств, каждый из которых управляется определенной силой.

Отсутствие управления. В последнее время с появлением тонких приборов и новых научных методов исследователи обнаружили тесную связь между всеми – самыми разнообразными – частями мира и потому отбросили теорию «многосилия» и выдвинули предположение о связывающей и мудро руководящей единой силе мира. Но вследствие ничтожности человечества относительно величия этой силы мы, человечество, предоставлены сами себе.

Но независимо от многочисленных теорий создания и управления миром человечество страдает. И не понимает человек, почему природа так бережно относилась к нему в утробе матери и в период раннего развития и так безжалостна в те годы, когда он, повзрослев, казалось бы, нуждается еще больше в ее опеке. Возникает вопрос: а не мы ли сами являемся причиной жестокости природы относительно живого мира?

Все действия природы взаимосвязаны, и потому, нарушая один из ее законов, мы выводим систему из равновесия, и совершенно неважно, говорим мы о Природе как о Руководителе, не обладающем чувствами и целями, или как о Создателе, обладающем планом, целью и мудростью. Неважно потому, что мы существуем в мире определенных законов и, нарушая их, получаем в виде наказания испорченную среду, общество и нас самих (причем ввиду того что законы природы взаимно связаны, мы, нарушая один из них, получаем подчас неожиданный, жестокий удар с другой стороны).

Природа или Создатель, что в принципе неважно, действуют на нас посредством определенных законов, и мы обязаны выполнять их как объективные и вынуждающие. Согласно Каббале, числовое значение «Элоким» равно значению слова «Тэва», что указывает на связь Создателя с нами посредством законов природы.

Нам важно понять законы природы, поскольку их несоблюдение – причина всех наших страданий. Ясно каждому, что человек нуждается в обществе подобных себе, и невозможно его существование вне помощи со стороны окружающих. И очевидно, что если кто-либо вдруг захотел бы изолироваться от общества, то вынудил бы себя к жизни, полной страданий и лишений, потому что не в состоянии был бы себя обеспечить самым необходимым.

Именно природа обязывает человека жить среди ему подобных и, общаясь с ними, выполнять две операции – «получать» необходимое ему от общества и «давать», «обеспечивать», в свою очередь, общество продуктом своего труда. И нарушающий одно из двух правил нарушает равновесие и потому заслуживает наказания со стороны общества.

В случае чрезмерного получения (например, воровство) наказание со стороны общества следует незамедлительно. В случае же отказа в отдаче своих услуг обществу наказание, как правило, не следует вообще или не находится в прямой зависимости от нарушения. Поэтому условие, требующее обеспечивать общество своими услугами, обычно не соблюдается. Природа же действует, как квалифицированный судья, наказывая человечество в соответствии с его развитием.

Согласно Торе, чередование поколений в мире – это лишь появление и исчезновение тел, в то время как душа, наполнитель тел, главное «я» человека (его желания, характер, мысли, записанные, как всякая другая информация, на материальном носителе – клетках мозга) не исчезает, а лишь меняет носитель.

Кругообращение постоянного, ограниченного количества душ, их спуск в наш мир и одевание в новые тела дает нам новые поколения людей. Потому относительно душ все поколения от первого до последнего считаются как одно поколение, жизнь которого – несколько тысяч лет от рождения человечества и до его смерти, и неважно, сколько переодеваний в тела проходит каждая душа, потому как смерть тела не отражается на душе, которая является материей более высокого уровня. Так срезание волос, ногтей – материи «растительного» уровня – не отражается на жизни «животного» – тела.

Создав и предоставив в наше распоряжение миры, Создатель поставил этим задачу – достичь слияния с Ним путем постепенного духовного развития, сближения, подъема. Но обязано ли человечество выполнять его волю?

Каббала раскрывает полную, замкнутую картину управления нами. И получается, что добровольно или через страдания, в этой или одной из последующих жизней, в результате воздействия физических, социальных, экономических сил каждый из нас и все человечество в целом будет вынуждено принять цель творения за цель жизни.

В конце поколений все достигнут одной цели. Разница лишь в пути: идущий к этой цели добровольно, сознательно получает двойной выигрыш – наслаждение от слияния с Творцом вместо страданий – и в чувствах, и во времени.

Драма состоит в том, что человечество еще не представляет себе несчастий, предстоящих ему, – ведь цель поставлена и законы Торы неизменны. И личные каждодневные страдания, и периодические глобальные катастрофы толкают каждого из нас на осознание необходимости выполнения заповедей Создателя – искоренение эгоизма, зависти, развитие чувства сострадания, взаимопомощи, любви.

НЕЗАВИСИМОСТЬ ЛИЧНОСТИ

Понятие независимости определяет всю жизнь человека. Животные, лишившись свободы, если не погибают, то уж, как правило, хиреют. И это верный признак того, что природа и управление ею из духовного мира не согласны ни на какой вид рабства. И не случайно поэтому последние сотни лет много крови пролило человечество, завоевывая личности относительную свободу.

Но все же мы довольно расплывчато представляем себе свободу и независимость, потому как предполагаем, что у каждого из нас существует внутренняя потребность в них, которую каждый сможет использовать по своей воле и желанию.

Однако, присмотревшись к действиям человека, мы обнаружим, что они продиктованы необходимостью, и нет у него никакой свободы воли. И это оттого, что внешнее управление осуществляется воздействием на человека двумя чувствами – наслаждением или болью (счастьем или страданием). У животного нет никакого свободного выбора.

Преимущество же человека над животным в том, что человек сознательно предпочитает вытерпеть боль, зная, что в дальнейшем его ждет удовольствие: например, больной соглашается на болезненную операцию, зная, что это приведет к улучшению его состояния.

Однако этот выбор – не более чем деловой расчет, где оценивается возможное в будущем удовольствие относительно страдания. То есть простым арифметическим действием из величины будущего удовольствия вычитается величина страдания и их разность диктует выбор человеку. А если достигнутое удовольствие меньше ожидаемого – это доставляет человеку страдание, а не радость.

Лишь притягательная сила наслаждения руководит человеком и животными, и через нее происходит управление всем живым на всех стадиях и уровнях жизни, и потому нет никакой разницы между ними, поскольку свобода воли не зависит от разума. И более того, даже выбор характера наслаждения не зависит от свободного выбора личности, а диктуется нормами и вкусами общества. И нет совершенно независимого индивидуума, лично, свободно действующего.

Люди, верующие в управление свыше, ожидают награды или наказания за свои поступки в будущем мире, а атеисты – в этом. И человеку кажется, что он – свободная личность, самостоятельно живущий и действующий индивидуум, независимый от внешних сил.

Корень этого явления находится в причинно-следственном законе, действующем в природе в целом и для каждой личности в частности.

На любой из четырех видов творения: неживое, растительное, животное, человека – в каждый момент их существования в мире – действует закон причинности и цели. И каждое их состояние определяется действием внешних причин на выбранную извне цель, будущее состояние.

Любой существующий в мире объект постоянно развивается (т.е. оставляет прежнюю форму и приобретает новую) под действием четырех факторов:

1) Происхождения.
2) Путей развития, вытекающих из его природы и потому неизменных.
3) Путей развития, изменяющихся под действием внешних факторов.
4) Путей развития, изменения самих внешних факторов.

Первый фактор – происхождение или первичная материя, ее прежняя форма. Поскольку каждый объект постоянно меняет свою форму, то каждая его предыдущая форма относительно последующей определяется как первичная, и ее внутренние свойства, зависимые лишь от происхождения, диктуют последующую форму и являются ее главным фактором, ее личной информацией, геном, свойством.

Второй фактор – порядок причинно-следственного развития, зависимого от происхождения объекта. Он неизменяем, как, например, зерно, разлагающееся в почве и дающее в результате этого побег: зерно утратило свою форму, т.е. полностью исчезло, и приобрело новую, в виде побега, который в свою очередь дает новую форму в виде первой, т.е. зерна, потому что таково его происхождение. Меняется лишь количество зерен и, возможно, качество (размер, вкус). То есть наблюдается причинно-следственный порядок, где все зависит лишь от происхождения объекта.

Третий фактор – причинно-следственная связь той части первичной материи, которая изменяет свои свойства от контакта с внешними силами. Вследствие этого меняется количество и качество зерна, потому что появились дополнительные факторы (почва, вода, солнце), и они дополнили свойства первичной материи.

Но сила происхождения превалирует над дополнительными факторами, и потому изменения эти относятся к изменению сорта, но не изменению вида. То есть, как и второй, третий фактор – это внутренний фактор объекта, но в отличие от второго, изменяющийся в количестве и качестве.

Четвертый фактор – это причинно-следственная связь действующих извне сил – например случайность, стихия, соседи по дому.

Эти четыре фактора обычно совместно воздействуют на любой материальный (зерно), или индивидуальный (мысли, знания, чувства) объект.

Для человека **первый фактор – происхождение** – самый важный. Он – **плод родителей** и, будучи их потомком, в определенном смысле является их копией, т.е. почти все особенности и ментальность отцов и прадедов повторяются в нем. Понятия и знания, которые приобрели предки, проявляются у потомков как привычки и врожденные свойства – даже бессознательно.

Скрытые духовные силы, переданные им по наследству, движут всеми их поступками, физические и духовные качества, полученные предками, передаются из поколения в поколение.

Мы наблюдаем разного рода стремления, которые проявляются в людях, – к вере или критическому, рациональному отношению к миру, материальным благам или духовному поиску, скупости, стыдливости и т.д. – все это не приобретенные свойства, а наследие от близких и далеких предков, записанное на определенных участках мозга.

Но поскольку приобретенное предками автоматически наследуется нами, то эти свойства подобны зерну, потерявшему форму в земле. При этом часть из переданных нам свойств проявляется в нас в обратном, противоположном значении.

Поскольку первичная материя проявляется в силах без их внешней формы, она может нести на себе как положительные, так и отрицательные свойства. Вообще же на человека влияют и три других фактора.

Последовательность причин и их следствий, вытекающих из самого происхождения человека, – второй фактор – неизменяем. Зерно под влиянием окружающей среды разлагается, постепенно меняя форму до окончательного созревания нового зерна, т.е. первый фактор приобрел форму первичной материи лишь с разницей в количестве и качестве.

Человек, рождаясь, поневоле попадает под влияние общества и воспринимает его характер и свойства: склонности, переданные ему по наследству, видоизменяются под влиянием общества.

Влияние окружающего общества – это третий фактор, действующий на первичный материал, происхождение, ген. Каждый из нас знает по себе, как вкусы и взгляды человека подчас меняются на противоположные под влиянием общества, чего не может быть в неживой, растительной или животной природе – лишь у человека.

Четвертый фактор – это прямое и косвенное влияние отрицательных внешних факторов (например, отсутствие благополучия, болезни, беспокойство), не имеющих отношения к последовательному порядку развития первичного материала.

Все наши мысли и действия зависят от этих четырех факторов сразу и диктуют нам весь образ жизни. Мы, словно глина в руках ваятеля, отданы под власть этих четырех факторов. Мы полностью во власти этих слагаемых. И нет свободы, желания, и зависит оно лишь от взаимодействия этих четырех факторов, и никакой последующий контроль невозможен.

Ни одна теория не дает ответа, как это чисто духовное управляет, двигает талантом, где и что является посредником между телом и душой.

В Каббале говорится, что все, что создано вообще во всех мирах, состоит лишь из излучения и сосудов, которые оно наполняет. Единственным созданием является сосуд, желающий получить это излучение, исходящее непосредственно от Создателя. И это желание получить излучение, несущее жизнь и наслаждение, проявляется в духовном или материальном веществе – в зависимости от своей величины.

Все различия между всеми созданиями в природе, качестве и количестве определяются лишь величиной этого желания, согласно которому оно наполняется излучением, идущим прямо от Создателя и дающим жизнь.

Все, что отделяет одно от другого, дает цветовое, материальное, волновое и прочие различия между физическими и живыми объектами и является следствием емкости желания получить, а значит, и количества излучения, его наполняющего. То есть желание одной величины дает нам форму минерала, другой – жидкости или цвета, т.е. волнового поля, – все зависит лишь от места на шкале желания принять излучение свыше, само же излучение окружает нас и все миры в неограниченном количестве.

Теперь возможно выяснить вопрос о свободе личности. Поскольку понятно уже, что личность – это определенного размера желание получить излучение Создателя, то все черты, именно ей свойственные, зависят лишь от размера этого желания, т.е. от величины силы притяжения излучения или отталкивания.

Сила притяжения, называемая обычно ЭГО, заставляет индивидуум бороться за свое существование, и если мы убиваем какое-то из его желаний, стремлений в жизни, мы лишаем его возможности использовать свой потенциальный «сосуд жизни», наполнить который – право, данное ему Создателем.

Любые идеи прививаются человеку под действием окружающей его среды, как семя развивается лишь в земле – среде, подходящей ему. И потому весь наш выбор в жизни – это выбор общества, круга друзей. И меняя окружающую среду, мы не в состоянии сохранить прежние взгляды, потому как отдельная личность – лишь копия, отображение своего окружения, его продукт.

Люди, понявшие это, сделали вывод, что у человека нет свободы воли, поскольку он – продукт общества, и мысль не может управлять телом, поскольку внешняя информация заносится в память мозга, и, таким образом, мозг, лишь как зеркало, отражает все, происходящее вокруг.

Происхождение человека – это его основной, первичный материал, и по наследству получает он движения души, стремления, и лишь этим отличается один от другого. На всех одинаково влияет все окружающее – и все равно не найти двух одинаковых людей.

И знай, что этот первичный материал – истинное богатство индивидуума, которое даже нельзя пытаться изменить, потому как развивая лишь ему присущие данные, он становится личностью.

Потому тот, кто уничтожает хоть одно духовное движение, стремление, создает этим соответствующую пустоту в мире, поскольку ни в каком другом теле и никогда оно не повторится. И видно отсюда, какое преступление совершают цивилизованные народы, несущие свою «культуру» и разрушающие устои других.

Но возможно ли обеспечить полную свободу личности в обществе? Ведь ясно, что для нормального функционирования оно обязано навязывать всем своим индивидуумам законы, т.е. ограничения, нормы, и таким образом постоянно происходит борьба личности с обществом. Вопрос еще более острый: ведь если диктовать – это право большинства, то поскольку масса всегда менее развита, чем личность, то это означает регресс вместо прогресса.

Если общество создает свои законы согласно законам Торы, то человек, следуя этим законам, не теряет возможности максимального индивидуального развития (до слияния с Творцом), поскольку законы Торы – естественные законы управления миром и обществом.

Если же общество создает свои законы в противоречии с законами Торы, то человек, даже выполняя их, не может достичь максимального развития.

Согласно целенаправленному управлению, обязаны мы выполнять законы Торы – для развития в необходимом направлении личности и общества. Правило Торы указывает, что все должно решаться мнением общества.

Это правило классифицируется как природное правило управления, как, в общем, и все правила – Законы Торы, суть закона управления природой непосредственно или через внешний мир. Каббала, изучая взаимосвязь Законов Торы, действующих сверху вниз на наш мир, подтверждает, что закон влияния большинства в обществе также относится к природному закону, и все человечество идет к цели творения «Сближение с Творцом» двумя путями: путем Торы и путем страданий. Но каждый в отдельности, внутри человечества, может двигаться к этой цели целенаправленно, сознательно, выбирая себе каждый раз все более подходящее для этой цели общество: группу и руководителя.

СУЩНОСТЬ И ЦЕЛЬ КАББАЛЫ

В чем сущность Каббалы?
Где находится преследуемая ею цель – в этом или будущем мире?
Для чьего блага существует Каббала – для блага Творца или Его созданий?

Многие в течение всей своей жизни не получали ответа на эти вопросы, и вот уже вторую сотню лет это приводит к отдалению от религии...

Каббалисты, постигающие Творца, ощущают, что Он абсолютно добр. И объясняют, что не может Он причинить кому-либо в мире хоть малейшее страдание, поскольку «желание получить», являющееся причиной всех неприятных ощущений, отсутствует в Нем.

Ведь только ради удовлетворения собственного недостатка в чем-то мы причиняем зло другому, и если бы это чувство постоянно не охватывало животное или человека – не было бы основы для всего зла на свете. А так как Создатель понимается нами как нечто абсолютно совершенное и целое, то отсутствие в Нем «желания приобрести» ведет к отсутствию основы для всякого зла.

Относительно нас Он проявляется как абсолютно добрый – чувство, охватывающее порою и каждого из нас в минуты радости, полноты, отсутствия недостатка. Но поскольку все, нами ощущаемое, исходит от Создателя, то лишь доброе и хорошее должны ощущать все Его создания?!

Вся окружающая нас природа подразделяется на четыре вида: неживая, растительная, животная и человек, в каждом из которых наблюдается целенаправленное развитие – медленный, постепенный, основанный на причинно-следственных связях рост. Как растущий на дереве плод, следуя этой цели, становится приятным и годным лишь в конце созревания.

Но сколько промежуточных состояний проходит плод от оплодотворения до окончания роста! И ничего эти промежуточные состояния не говорят о конечном состоянии плода – когда он мягок и сладок, а скорее, наоборот: насколько плод хорош, когда он созрел, – настолько он горек и тверд в стадиях созревания (как гадкий утенок).

И так же в животном мире: животное умственно ограничено в зрелом возрасте, но это вовсе незаметно в период роста. В однодневном теленке, например, есть уже все присущие быку свойства и качества, т.е. он практически больше не развивается духовно – в противоположность человеку, здравому в расцвете лет, но совершенно беспомощному и жалкому в первые годы жизни.

И настолько поразительна разница, что появись исследователь, не знающий наш мир, он с первого взгляда, глядя на этих двух новорожденных, сделал бы вывод, что, конечно, из человеческого детеныша вряд ли получится что-либо стоящее, а из бычка уж точно выйдет как минимум новый Наполеон.

Промежуточные состояния, как правило, обратны конечному результату. И поэтому лишь тот, кто знает конечный результат, не поражается неприглядному виду объекта в процессе развития. Потому так часто, не предвидя конечного результата, делаются неверные выводы.

Таким образом, выясняется, что пути управления Создателем нашим миром целенаправленны и проявляются лишь в конце развития. Создатель руководствуется в своем отношении к нам лишь добром без какой-либо примеси зла, и цель Его руководства заключается в постепенном нашем развитии до того состояния, когда в конце развития мы будем способны получить все хорошее, что уготовано нам. И несомненно, эта цель, согласно Его замыслу, будет достигнута.

Развитие в нужном направлении уготовано нам по двум путям – пути страданий (путь развития как результат осознания добра и зла и выбора добра по необходимости) или по безболезненному и короткому пути соблюдения Торы, когда желаемый результат развития достигается выполнением ее законов

Цель всех законов Торы – в осознании плохого и хорошего в нас и развития чувства ненависти ко всему дурному. Выполнение законов способно избавить нас от всего плохого, так как разница в развитии заключается лишь в более или менее глубоком осознании зла в человеке и более или менее сильном желании избавиться от него.

Основа всего зла – наш эгоизм, так как он противоположен природе Создателя, желающего дать нам лишь добро. Поскольку все воспринимаемое нами как приятное идет лично от Него, то в близости с Создателем ощущается приятное, а пропорционально степени удаления – чувствуется страдание.

Поскольку ненавистен эгоизм Создателю, то, в зависимости от степени развития, он становится ненавистен и человеку: эгоизм воспринимается как естественное чувство у духовно неразвитого, и потому он пользуется им без стеснения и границ (вплоть до воровства и убийства на глазах у всех), у более развитого уже возникает чувство стеснения при открытом пользовании эгоизмом, а у духовно развитого человека это чувство доходит до ненависти к эгоизму.

Таким образом, мы находим ответы на первоначально поставленные вопросы:

- **Сущность Каббалы и преследуемая ею цель** – в достижении человеком уготованного ему высшего уровня развития добрым путем, а не путем страдания.
- **Каббала** дана не на благо созданиям, а как руководство к самосовершенствованию.

ЯЗЫК ВЕТВЕЙ

У нас нет слов выразить и передать духовные понятия, не связанные временем, местом, движением, поскольку весь словарь ограничен восприятием нашего мира. Как трудно подобрать слова и объяснить пережитые чувства не испытавшему их!

Но как все же можно выразить те неуловимые нашими органами чувств понятия, точно описать их и передать друг другу их правильный смысл? Ведь если хоть одно понятие не найдет себе адекватного соответствия в слове, то пропадет точный смысл всей науки.

Любой объект и действие в нашем мире берут начало из соответствующего, определенного объекта в духовном мире. И потому нашли каббалисты верный путь передачи информации, знаний друг другу, взяв за основу названия предметов и действий (ветвей) нашего материального мира для описания соответствующих им предметов и действий (корней) в духовном мире.

Язык этот был разработан людьми, достигшими духовных миров еще при жизни в нашем мире и потому точно знавшими эти соответствия. И потому назвали его каббалисты языком ветвей.

Отсюда можно понять странные названия в каббалистических книгах, да и во всей Торе, описание действий, воспринимаемых нами как детские сказки или вовсе нелепые повествования.

И тем не менее язык этот очень точен, так как есть точное и однозначное соответствие между корнем и ветвью его, ведь создатели языка находились одновременно в двух мирах. Поэтому нельзя заменить одно слово другим, каким бы нелепым оно ни казалось: ветвь должна точно соответствовать корню.

Понятия, противоположные у нас, имеют в духовном мире один корень. Понять это можно на примере манны небесной. Она включала в себя все противоположные свойства одновременно, и тот, кто хотел чувствовать вкус сладкого, – для тех она была сладкой, вкус горького – горькой и т.д.

Это потому, что материальный потребитель воспринимает от духовного предмета лишь то, что он хочет выделить из бесконечного множества свойств, сам же духовный предмет включает в себя одновременно все возможные в нашем мире формы и свойства.

Во влиянии на нас Творца есть две стадии. Одна – духовная, в ее простом, включающем все свойства виде. Вторая, проходя через наши ощущения, попадает в область наших чувств и проявляет одно из своих свойств в соответствии со свойствами ощущающего.

Духовные объекты разделяет не пространство, а их духовное несоответствие (несхожесть их свойств). И поэтому количество душ, т.е. отдельных духовных объектов, определяет количество отделенных друг от друга расстоянием личностей. В начале творения была одна общая душа (свет) и соответствующее ей тело (желание) – Адам. Она сливалась с Творцом и потому получала максимальное наслаждение.

По своей природе душа – это всего лишь желание получить наслаждение. И согласно этому желанию душа им наполнилась. Но получив наслаждение, душа почувствовала стыд. Так чувствует стыд в нашем мире каждый получающий подарок или большое одолжение.

Степень ощущения стыда зависит от духовного развития человека. Лишь это чувство постоянно держит нас в рамках и заставляет следовать идеям и законам общества. Оно же лежит и в основе других стремлений – к образованию, богатству, положению в обществе, почестям.

Душа, почувствовав беспредельно жгучий стыд (соответственно полученному наслаждению), нашла, что единственный путь избавиться от него – прекратить получать наслаждение. Но поскольку Создатель желал доставить душе наслаждение, она согласилась принять его лишь ради Создателя, а не ради собственного удовольствия. Как и в нашем мире, кушая «ради мамы», чем большее наслаждение получает ребенок от еды, тем большее наслаждение он доставляет матери.

В таком положении душа должна постоянно контролировать количество получаемого наслаждения, чтобы наслаждаться лишь ради Создателя.

Поскольку невозможно было общей душе в едином порыве преодолеть свое естественное желание наслаждаться ради себя –

так оно было велико! – она раскололась на мириады осколков – душ, которым легче проводить заданную работу по искоренению желания наслаждаться ради себя. В этом основа чистых душ. Темные же души получают наслаждение согласно своему желанию, пренебрегая чувством стыда.

И так как в духовном мире, где нет расстояния, близость определяется совпадением действий и мыслей (взаимной близостью, взаимной любовью), то душа, получающая ради Создателя, близка Ему, поскольку они доставляют друг другу взаимное наслаждение, как мать с ребенком.

Близость определяется степенью наслаждения, которое получает душа ради Создателя. Желание насладиться действует в нас инстинктивно, а желание избавиться от стыда и наслаждаться ради Создателя идет от нас самих и потому требует особых постоянных усилий.

Душа, получающая ради себя, противоположна дающему по намерению, т.е. по своему духовному действию, в тем большей степени, чем большее наслаждение эгоистически получает.

Поскольку уменьшение желания приводит к удалению от Создателя, то на разных уровнях удаления образовались разные миры – вплоть до нашего мира, где каждой частице общей души дано и определенное время (жизнь), и повторные возможности (кругооборот душ) для самоисправления.

И рождается человек лишь с желанием получить наслаждение для себя. Все наши «личные» желания происходят от системы темных сил, т.е. бесконечно удален человек, и потому не чувствует Создателя (духовно мертв).

Но если в борьбе с собой он приобретает желание жить, думать, действовать лишь ради других и Творца, то, очищая таким образом душу, он постепенно приближается к Творцу до полного слияния (и по мере приближения чувствует все большее наслаждение).

Ради этого преобразования души и создан наш мир, а все духовные миры – лишь ступени на пути к Творцу. Причем слиться с Творцом – задача, цель, которую возможно осуществить еще при жизни в нашем мире.

Наш мир – самая удаленная от Создателя точка. Избавляясь от желания удовлетворять лишь себя, мы сближаемся с Ним, и таким образом выигрываем вдвойне: наслаждаемся от получения наслаждения от Него и от того, что доставляем Ему наслаждение. Как мы, кушая у мамы, получаем удовольствие от еды и от удовольствия, доставленного маме.

Заметим, что в то время как эгоистическое наслаждение ради себя ограничено продолжительностью жизни и размером желания – желание разделить или получить ради другого может быть бесконечным, и соответственно этому получаемое наслаждение безгранично!

Все миры и объекты, их населяющие, в том числе и наш мир, объединяются в едином замысле Творца дать бесконечное наслаждение душе. И эта единственная мысль и цель замыкает в себе все творение от его создания до конца. Все страдания, нами ощущаемые, наша работа над собой и вознаграждение определены лишь этой мыслью.

После индивидуального исправления все души вновь воссоединяются, как прежде, в одну, и, таким образом, наслаждение, получаемое каждой душой, не только двойное от получения наслаждения и от доставления радости Творцу, но оно еще и помножено на количество воссоединенных душ.

А пока, по мере работы над собой, у духовно возвышенных людей открываются глаза, и начинают они ощущать другие миры, и так – еще при жизни в этом мире – становятся обладателями всех миров. И кажущийся нелепым язык Каббалы становится для них языком действий, мыслей, чувств, а противоположные в нашем мире понятия объединяются в едином корне.

ИЗ ПРЕДИСЛОВИЯ К КНИГЕ «ЗОАР»

По необходимости, вытекающей из главы «Условия разглашения», слог данной статьи нарочито неказист и неточен.

Воспринимаемый нами окружающий мир, скорее всего, говорит о своей бесцельности, а причиной всех отрицательных качеств в нем и в нас самих в конце концов мы считаем Создателя.

Но чтобы понять хоть что-то из окружающей нас природы и себя самих, необходимо четко представить цель творения, его конечное состояние, ведь промежуточные состояния могут быть весьма обманчивы.

Каббалисты утверждают, что цель творения – привести создания к высшему наслаждению. И потому создал Творец души – «желание получить это наслаждение». Причем поскольку хотел насладить их до состояния насыщения, то и создал желание наслаждаться огромным, под стать желанию насладить.

Таким образом, душа – это желание наслаждаться. И согласно этому желанию она получает наслаждение от Создателя, причем количество получаемого наслаждения можно измерить величиной желания.

Все существующее относится или к Творцу, или к Им созданному, т.е. до состояния желания насладиться, до сотворения душ существовало лишь желание Творца насладить. И потому, согласно Его желанию, из ничего, самим желанием насладить, было создано желание насладиться (равное по величине и противоположное по свойству).

Следовательно, единственное, что сотворено, что существует помимо Творца, – это желание насладиться. И оно является материалом всех миров и населяющих их объектов, а наслаждение, исходящее из Творца, оживляет и управляет всем.

В духовных мирах несоответствие свойств-желаний разделяет, отдаляет два духовных предмета, как два материальных предмета в нашем мире разделяются расстоянием между ними. Да и в нашем мире, если два человека любят и ненавидят одно и то же, т.е. их вкусы совпадают, то мы говорим, что они близки друг другу по духу.

А если вкусы, взгляды различны, то как бы удалены друг от друга пропорционально разнице их вкусов и взглядов. И не физическое расстояние, а духовная близость определяет близость людей. Любящие друг друга как бы сливаются вместе, а ненавидящие – духовно удалены, как два полюса.

Желание получать наслаждение. Душа бесконечно удалена от Творца, поскольку противоположна желанию Творца давать наслаждение. И чтобы исправить эту отдаленность душ от Творца, созданы и разделены все миры на две противодействующие системы: четыре светлых мира – Ацилут, Брия, Ецира, Асия (АБЕ"А) против четырех темных миров АБЕ"А.

Разница между этими двумя системами лишь в том, что характерное свойство первой – давать наслаждение, а второй – получать наслаждение. То есть первоначальное желание получить наслаждение разделилось как бы на две части: одна осталась прежней по свойствам, а другая как бы приобрела свойства самого Творца, т.е. сблизилась, слилась с Ним.

И так преобразовались миры до нашего материального мира, т.е. до места, где человек существует в виде системы: тело и душа. Тело – это желание получить наслаждение, преобразовавшееся без изменений через темные миры АБЕ"А, желание насладиться ради себя – эгоизм.

И потому эгоистом рождается человек и находится под влиянием этой системы до 13 лет (духовный уровень). Но с 13 лет, выполняя заповеди Торы, чтобы доставить радость Творцу, он постепенно очищает себя от эгоизма (желания наслаждаться ради себя) и приобретает желание наслаждаться ради Творца, и тогда светлая душа спускается через всю систему светлых миров и облачается в тело.

Этим начинается период исправления, продолжающийся до тех пор, пока весь эгоизм, желание насладиться, удовлетворить себя не преобразится в альтруизм (желание наслаждаться лишь ради Творца).

И тем самым человек сравнивается по свойствам с Творцом, так как получение ради кого-то считается не получением, а отдачей, влиянием. А так как совпадение свойств означает

Из предисловия к книге «Зоар»

слияние, то человек автоматически получает все уготованное ему еще по замыслу творения.

Разделение созданного Творцом желания самонаслаждаться на две части – тело и душу посредством систем АБЕ"А – дает нам возможность преобразовать желание наслаждаться самим в желание наслаждаться ради Творца и:

1) получить все уготованное нам по замыслу творения;
2) находиться в состоянии слияния с Ним.

И это считается конечной целью творения – так называемый итог исправления; и тогда пропадает потребность в темной системе АБЕ"А, она исчезает, аннулируется. Ведь работа, рассчитанная на 6000 лет (преобразовать свой эгоизм выполнением Торы в желание наслаждаться во имя Создателя) выполнена – как каждым в течение его жизни, так и всеми поколениями вместе. А существование темной системы АБЕ"А необходимо лишь для создания тела – чтобы, исправляя его эгоизм, приобрести свою вторую – божественную природу.

Но если эгоизм (желание самонаслаждения) настолько низок, то как вообще он мог появиться, возникнуть в мыслях Создателя? Ответ прост – поскольку времени в духовном мире не существует, то конечное состояние творения возникло одновременно с его замыслом, так как в духовных мирах сливаются прошлое, настоящее и будущее в одно целое.

Поэтому эгоизма – желания самонаслаждения и, как следствие, противоположности свойств, отделения от Творца в духовном мире – никогда не существовало.

С начала творения и до конца душа проходит три состояния.

Первое – конечное состояние, в котором она существует рядом с Создателем благодаря подобию свойств.

Второе – наша действительность, где в течение 6000 лет, разделившись двумя системами АБЕ"А на тело и душу, эгоизм преобразовывается в альтруизм. И в течение этого времени исправляются лишь души – уничтожается присущий им под влиянием тела эгоизм и достигается присущий им по природе альтруизм.

Даже души праведников не попадают в рай (определенный уровень в системе светлой АБЕ"А), пока не уничтожится весь эгоизм в телах и не сгниют они в земле (малхут олам Асия).

Третье состояние – это состояние исправленных душ после воскресения мертвых, т.е. после исправления и самих тел – когда присущий телу эгоизм преобразуется в альтруизм и, таким образом, и тело станет достойным и будет в состоянии получить все предназначенное ему Создателем наслаждение и в то же время достигает слияния с Творцом ввиду подобия свойств. И дает этим наслаждение Творцу – ведь наслаждается в слиянии с Ним.

Присмотревшись к этим трем состояниям, мы обнаружим, что они взаимно обязуют появление одним другого, что при исключении одного из них аннулировались бы остальные.

Как, например, если бы не появилось конечное третье состояние, то не появилось бы первое – так как появилось оно рядом с Создателем лишь потому, что будущее (третье состояние) играет там роль настоящего, и все совершенство первого состояния – лишь благодаря проекции будущего состояния на настоящее, и если бы не было будущего, то аннулировалось бы и настоящее.

Таким образом, будущее обязывает настоящее к существованию. А если бы исчезло что-либо из второго состояния – из работы по самоисправлению, то как бы появилось третье, исправленное состояние, обязывающее первое?

Так же первоначальное состояние, где уже существует совершенство благодаря будущему (третьему состоянию), обязывает таким образом и второе, и третье состояния к их существованию и завершению.

Но возникает вопрос – если третье состояние уже существует (хоть и не в наших ощущениях), и мы, согласно замыслу Творца, обязаны его достичь, то в чем же наша свобода воли?

Из вышесказанного вытекает, что хоть и обязаны мы достичь поставленной цели, но есть два пути ее достижения – от первого до третьего состояний.

Первый – добровольный – осознанным выполнением предписанных Торой правил.

Второй – путь страданий, потому как страдания способны исправить тело от эгоизма и вынудить к альтруизму, и таким образом к слиянию с Творцом.

Отличие между этими двумя путями лишь в том, что первый короче и, конечно, легче – ведь вторым путем мы через страдания все равно возвращаемся к первому пути. Но так или иначе, все взаимосвязано и взаимно обязывает все наши состояния, от начала и до конца творения. Мы, испорченные и низкие, должны быть под стать нашему Творцу, т.е. абсолютно совершенными. Ведь не может из совершенного, каким является Он, выйти нечто несовершенное.

Но теперь понятно, что наше настоящее тело – это не то, которым мы сейчас обладаем. Наше настоящее тело, совершенное и бессмертное, находится в своем первом и третьем состояниях.

А в нашем теперешнем, втором состоянии дано нам специально низкое, порочное, испорченное, совершенно эгоистичное тело, оторванное разностью желаний от Творца, – именно для его исправления и получения взамен бессмертного тела в третьем состояния. И только в нашем состоянии возможно совершить всю работу.

Но можно сказать, что и во втором состоянии мы находимся в абсолютном совершенстве, потому как наше тело (желание наслаждаться, эгоизм), со дня на день отмирающее, совершенно не мешает нам – за исключением времени, необходимого для его окончательного устранения и получения взамен него вечного и совершенного.

Каким образом из совершенного, каким является Творец, возникла столь несовершенная вселенная, и мы, и наше общество с его низменными склонностями?

Наше временное тело, вся вселенная, человечество в его настоящем виде вовсе не были в замысле Создателя. Относительно Него мы уже находимся в нашем конечном состоянии. А все временное, как тело с его эгоизмом, лишь создает возможность возвыситься, работая над собой.

Все же остальные существа, населяющие этот мир, духовно возвышаются или опускаются вместе с Человеком и вместе с ним достигают совершенства. Поскольку третье состояние действует на первое состояние, то мы достигнем заданной цели путем Торы или путем страданий. Причем страдания действуют лишь на наше тело.

И видно отсюда, что эгоизм был сотворен лишь ради его искоренения из мира и превращения в альтруизм. А страдания раскрывают нам ничтожность тела, чтобы мы убедились этим в его временности и никчемности.

И когда все люди мира решат уничтожить эгоизм и думать не каждый о себе, а лишь друг о друге – исчезнут все заботы и источник несчастий, и каждый будет уверен в спокойной, здоровой, счастливой жизни, поскольку у каждого будет уверенность, что весь мир беспокоится и думает о его благополучии.

А пока мы погрязаем в эгоизме, то нет никакого лекарства от страданий, постоянно обрушивающихся на человечество, и, наоборот, именно эти страдания посылаются Творцом с целью привести нас к решению выбрать путь Торы – путь любви и заботы друг о друге.

Поэтому обязанности, заповеди между людьми, как считает Тора, важнее, чем заповеди, обязанности человека по отношению к Творцу, – поскольку быстрее приводят к искоренению эгоизма.

И хотя мы еще не достигли третьего состояния и существуем во времени, но это нисколько не унижает нас, поскольку это лишь вопрос времени. Мы можем ощутить будущее уже сейчас, в нашем состоянии, но ощущение будущего зависит от уверенности в нем. То есть у абсолютно уверенного возникает точное ощущение третьего состояния. Наше тело в таком случае как бы не существует.

Но душа существует вечно, поскольку совпадает по свойству с Творцом (в отличие от разума – продукта материи). Это свойство душа приобрела в процессе развития, хотя по своей первоначальной природе она – желание наслаждаться.

Желание рождает потребности, а потребности – мысли и знания в объеме, необходимом для удовлетворения потребности. И поскольку у людей желания разные, то, естественно, и разные потребности, мысли, развитие.

У обладающих лишь низменными потребностями мысли и образование направлены на удовлетворение этих желаний. Хотя они пользуются знанием и умом, но находятся они в услужении низменного (животного) разума.

Те, у кого желание самонаслаждаться сводится к человеческим желаниям, таким как почет, слава и власть над другими, используют свою силу, разум, образование для достижения этого желания. Те, у которых все желание самонаслаждаться сводится к знаниям, используют свой интеллект, свою потребность знания на удовлетворение этого желания.

И эти три вида желаний находятся, смешиваясь в определенной пропорции, в каждом из нас, не встречаясь никогда в чистом, т.е. в одном, виде. И в этом вся разница между людьми.

Души людей, проходя через светлые миры АБЕ"А, приобретают свойство наслаждаться ради людей и Творца. И когда

Из предисловия к книге «Зоар»

входит душа внутрь тела, то возникает у человека желание к альтруизму, стремление к Творцу, и сила этого стремления зависит от величины желания.

Все, чего достигает душа во втором состоянии, остается навечно ее – вне зависимости от смерти испорченного, состарившегося тела. И наоборот, вне его она тут же занимает соответствующую духовную ступень (вплоть до высшей, называемой рай).

И уж конечно, вечность души совершенно не зависит от приобретенных в жизни знаний, исчезающих с телом. Вечность ее лишь в том, что приобрела она свойство, характер, как у Творца.

Известно, что в течение 6000 лет, данных нам на исправление с помощью Торы и заповедей, мы исправляем не наше тело с его чудовищным желанием наслаждаться, а лишь нашу душу, поднимая ее по светлым ступеням чистоты и духовного развития. Но окончательное исправление эгоизма возможно лишь в состоянии, называемом «воскрешение мертвых».

Как было замечено, первое состояние обязывает третье к проявлению в полном объеме, и потому первое состояние обязывает воскрешение мертвых тел – т.е. возрождение эгоизма во всех его пороках. И заново начинается работа по переделке эгоизма, в его чудовищной форме, в такого же размера альтруизм. И, таким образом, мы выигрываем вдвойне:

1) От того, что есть у нас доставшееся от тела огромное желание получить удовольствие.
2) Получая удовольствие не ради самонаслаждения, а ради выполнения желания Творца, мы этим как бы не получаем удовольствие, а даем Ему возможность нам его дать. И потому находимся в слиянии с Творцом – ведь подобны Ему по действию: Он дает нам удовольствие, а мы даем Ему возможность для этого. То есть воскрешение мертвых вытекает из первого состояния.

Воскрешение мертвых, как теперь понятно, должно произойти в конце второго состояния – после искоренения эгоизма и приобретения альтруизма и постижения духовных ступеней души постепенно до самых высших: (нэфеш – руах – нэшама – хая – ехида). И в данном состоянии душа, придя к совершенству, позволяет оживить и полностью исправить тело.

Кстати, этот принцип (воскрешение мертвых) действует и в каждом частном случае, когда мы хотим уничтожить дурную привычку, свойство, склонность: сначала мы обязаны полностью избавиться от них, а потом можно снова частично их использовать в нужном направлении.

Но до тех пор пока мы полностью не избавились от них, невозможно их использование в нужном, разумном, независимом направлении. После всего вышесказанного понятна наша роль в длинной цепи действительности, мельчайшее звено которой – каждый из нас. Наша жизнь делится на четыре периода.

1. Достижение максимального эгоизма со дня рождения и до «13 лет» от темной системы АБЕ"А – для его дальнейшего исправления. Наслаждения, получаемые от темной системы АБЕ"А, не удовлетворяют, а лишь увеличивают желание наслаждения.

Например, человек желает получить наслаждение, но когда он получает его – желание увеличивается вдвойне и, достигая последнего, желание учетверяется. И если он не ограничивает себя с помощью Торы и заповедей, не очищается от ненужных, временных желаний и не обращается к альтруизму, то в течение всей жизни желание увеличивается, пока, умирая, человек не обнаруживает, что не достиг и половины желаемого.

То есть роль темных сил заключается в том, чтобы предоставить человеку материал для работы, но обычно оказывается, что он сам – материал для темных сил.

2. В период от «13 лет» и далее дается сила светлой точке в сердце человека (существующей еще с духовного рождения) и появляется возможность выполнением Торы возвыситься посредством действия светлых сил АБЕ"А.

Главная задача в этот период – приобрести и увеличить до максимума желание к духовным наслаждениям. Потому как с момента рождения нет у человека желания, кроме как к материальным вещам, желания овладеть всем миром – богатством, славой, властью, несмотря на их временность и зыбкость.

Но когда человек развивает духовное желание, он хочет взять себе и весь будущий мир со всей его вечностью – это и есть настоящее желание – конечный эгоизм. Вот тогда он может, работая над собой (т.е. над этим огромным желанием самонасладиться), достичь вершин духа – пропорционально исправленному эгоизму.

Эгоизм создает огромные трудности, отталкивает от духовного, и если человек не вступает в постоянную, жестокую борьбу

Из предисловия к книге «Зоар»

с самим собой, то начинает желать всего в мире. В случае же удачной борьбы возникает необычной силы тяга к Создателю, помогающая слиться с Ним. И это желание слияния с Творцом является последней ступенью второго периода.

Восходящий преодолевает путь длиной в 500 лет, поскольку существует пять ступеней души – нэфеш, руах, нэшама, хая, ехида, каждая в 100 лет, и таким образом достигает уровня третьего периода.

3. Третий период развития человека составляют занятия Торой и выполнение заповедей ради доставления радости Создателю, и ни в коем случае не для собственной выгоды. И эта работа исправляет, переделывает эгоизм в желание творить добро, как Творец.

Пропорционально уничтоженной части эгоизма человек получает определенного уровня душу – определенное количество света, наслаждения, состоящего из пяти частей (нэфеш – руах – нэшама – хая – ехида – НаРаНХа"Й). И пока осталось еще желание самонаслаждения (эгоизм), человек находится в отрыве от Творца – и даже мельчайшая душа не может войти в тело.

Но уничтожив полностью эгоизм и достигнув желания наслаждаться лишь ради Творца, т.е. уподобившись Творцу, тотчас вся его душа (часть общей, единой души) входит в него.

4. Четвертый период – после воскрешения мертвых – после полного уничтожения – вновь восстановление эгоизма во всей его полноте и всеядности. Вновь начинается работа по перестройке его в альтруизм. И лишь единицы способны еще в нашем мире проделать эту работу.

Сказано в Торе, что все миры созданы ради человека. И не странно ли, что для такого маленького объекта, как человек, теряющегося даже в нашем мире и тем более представляющего собой мизерную единицу относительно других миров, старался Творец создать все это? И зачем это человеку?

Все наслаждение Творца, заключающееся в удовлетворении созданий, зависит от степени ощущения Его созданиями, их прозрения и осознания Его – как дающего все доброе, хорошее. Лишь в таком случае получает Он наслаждение от нас.

Как у отца, играющего с любимым сыном, удовольствие от отношения к нему сына, от признания сыном отца – как любимого, сильного, ждущего лишь просьб и готового выполнить эти будущие просьбы.

Попробуй же представить себе огромную радость Творца от тех совершенных, что смогли подняться настолько, что увидели и почувствовали все уготованное ради них, и достигли отношений с Творцом, как отец с любимым и любящим сыном, – и тогда поймешь, что ради этого стоило Творцу создавать все миры. А избранные поймут и большее, что раскрывается приближающимся к Творцу.

Чтобы подготовить творения к этой роли, уготованы четыре уровня развития – неживой, растительный, животный и человек, – соответствующие четырем уровням в желании наслаждения. Главная ступень – четвертая, но достичь ее возможно, лишь развиваясь постепенно и овладевая каждой ступенью в ее полном объеме.

Первая ступень (неживая) – представляет собою начало проявления, зарождение желания в нашем материальном мире. В ней есть сила, включающая все виды неживой природы, но в каждом из составляющих эту природу (как в камнях, например) нет собственного движения.

Желание насладиться рождает потребности, а потребности рождают движения ради достижения желаемого. В данном случае (на первой ступени) желание насладиться крайне мало и поэтому влияет одновременно лишь на сумму всех составляющих, а не проявляет себя в каждом элементе неживой природы в отдельности.

На следующей ступени (растительной) желание насладиться больше, и оно уже проявляется в каждом частном составляющем. И потому у каждого элемента растительной ступени есть личное движение – распространяться по площади, поворачиваться за солнцем. На этой ступени наличествуют процессы питания и выделения. Но еще отсутствует чувство личной свободы воли каждого.

На третьей ступени (животной) желание получить наслаждение еще больше. Здесь желание рождает в каждом частном элементе личные ощущения – особую жизнь каждого, отличающуюся от других. Но пока еще отсутствует на этой ступени чувство сопереживания постороннему, т.е. нет еще в них необходимого сострадания или радости за себе подобных.

На последней, четвертой ступени желание наслаждаться рождает чувство ближнего. И разница между, например, третьей и четвертой ступенями – как разница между всеми животными вместе взятыми относительно одного человека, поскольку у животного отсутствует чувство ближнего, и в состоянии оно породить потребности лишь в границах своего желания.

Из предисловия к книге «Зоар»

Тогда как человек, способный ощущать ближнего, становится обладателем потребностей ближнего и, таким образом, наполняется завистью к ближнему и хочется ему большего и большего, пока не пожелает он весь мир.

Цель, преследуемая Творцом, – насладить создания, чтобы те познали Его величие и получили от Него все уготованное им наслаждение. Ясно, что эту роль может выполнить только человек. Только у человека есть необходимое ощущение ближнего. Только человек может преобразовать желание получить наслаждение – в желание доставлять его другим (выполняя заповеди Торы и работой над собой).

Наличие этих способностей дает ему ощущение духовных миров и самого Творца. Постигая соответственно своему уровню очередную ступень из НаРаНХа"Й определенного духовного мира, он получает наслаждение согласно цели творения.

Но почему не видно невооруженным глазом, что именно человек, несмотря на свою кажущуюся ничтожность относительно вселенной, является центром и целью творения? И подобен человек червяку, живущему внутри лука и потому думающему, что весь мир так горек и мал, как эта луковица, в которой он родился.

Но в тот момент, когда он разбивает наружную оболочку лука и бросает взгляд наружу, то, пораженный, вскрикивает: «Я думал, весь мир, как тот лук, в котором я родился, но теперь вижу я огромный, прекрасный мир!».

Так и мы, рожденные в оболочке эгоизма, желания лишь наслаждаться, не в состоянии без Торы как инструмента нашего исправления, пробить оболочку эгоизма и обратить желание получать наслаждение в желание давать наслаждение другим и доставлять радость Творцу. А потому думаем, что весь мир – это лишь то, что мы видим и ощущаем, – не чувствуя, сколько хорошего уготовлено для нас Творцом.

Все сотворенное состоит из пяти миров:
– Адам Кадмон;
– Ацилут;
– Брия;
– Ецира;
– Асия.

Но в каждом из них есть бесконечное множество составляющих.

Пять миров соответствуют пяти сфирот:
— Адам Кадмон соответствует сфире Кэтэр;
— Ацилут соответствует сфире Хохма;
— Брия соответствует сфире Бина;
— Ецира соответствует сфире Тифэрэт;
— Асия соответствует сфире Малхут.

Свет (наслаждение), наполняющий эти миры, делится соответственно на пять видов:
— Ехида;
— Хая;
— Нэшама;
— Руах;
— Нэфеш,

называемые сокращенно в обратном порядке НаРаНХа"Й.

Таким образом:
— мир А"К наполнен наслаждением, светом, называемым Ехида;
— мир Ацилут наполнен наслаждением, светом, называемым Хая;
— мир Брия наполнен наслаждением, светом, называемым Нэшама;
— мир Ецира наполнен наслаждением, светом, называемым Руах;
— мир Асия наполнен наслаждением, светом, называемым Нэфеш.

Сами миры, т.е. желание получить наслаждение, и само наполняющее их наслаждение исходят от Творца. Но каждый из миров делится в свою очередь на сфирот: Кэтэр, Хохма, Бина, Тифэрэт, Малхут, которые наполнены, соответственно, своим светом НаРаНХа"Й.

Кроме этого, есть в каждом мире четыре уровня:
— неживой;
— растительный;
— животный;
— человек.

— **Душа человека** (нэшама) соответствует уровню «человек».
— **Ангелы** (малахим) соответствуют уровню «животный».

Из предисловия к книге «Зоар»

- **Оболочки, одеяния** (левушим) соответствуют уровню **«растительный»**.
- **Строения** (эйхалот) соответствуют уровню **«неживой»**.

Уровни, соответственно, находятся один в другом, как концентрические окружности (как оболочки луковицы):
- внутри находится сфира Кэтэр – влияющая на данный мир как Творец;
- на нее как бы надеваются снаружи нэшамот – души людей, находящиеся в данном мире;
- затем, соответственно, надеваются один на другой малахим, левушим, эйхалот. Все неживое, растительное и животное сотворено ради четвертой ступени желания – человека и его души.

В этом роль прочих уровней, и поэтому они как бы одевают снаружи душу человека, т.е. служат ему.

От рождения есть в человеке частица общей (первоначальной) души. Частица эта представляет собой точку. Она находится как бы в сердце человека, т.е. внутри его желания, эгоизма. Все сотворенное построено так, что общие законы, действующие на всех уровнях и во всех мирах, проявляются и в каждой части творения, даже самой малой.

Например, все существующее делится на пять миров, или пять сфирот: Кэтэр, Хохма, Бина, Тифэрэт, Малхут. В свою очередь каждый мир делится на пять сфирот, и также каждый, даже самый незначительный, объект делится на пять сфирот.

Как уже сказано, в нашем мире имеются четыре уровня: неживой, растительный, животный, человек – соответственно сфирот Малхут, Тифэрэт, Бина, Хохма, а их корень, источник, называется Кэтэр.

И любая часть неживого, растительного, животного или человека делится на четыре уровня (неживое, растительное, животное, человек), соответственно уровню желания, например, в самом человеке есть тоже четыре уровня желания – неживое, растительное, животное, человек, в центре которых находится точка его души.

До достижения уровня «13 лет» эта точка находится в покое (не ощущается). Но когда человек начинает выполнять Тору и Заповеди – даже без особого отношения к Творцу как Руководителю всего существующего, т.е. без должного уважения и страха (потому как человек не чувствует Создателя), а с желанием самому получить наслаждение, то если он преследует цель приобрести склонности к альтруизму – лишь в таком случае начинает точка в его сердце развиваться и ощущаться в действии.

В этом все чудо, патент Торы и Заповедей, принадлежащих к высшему, духовному миру. Поэтому их изучение и выполнение даже в эгоистических целях личного духовного роста – очищает и постепенно возвышает человека. Но лишь до первого уровня – неживого.

И в той мере, в какой возвышает человек духовное над материальным и стремится к альтруизму, он изменяет свои желания и строит таким образом целую форму этого первого уровня. Тогда душа его поднимается и одевается в сфире Малхут в мире Асия – все тело человека чувствует, соответственно, свет (наслаждение от этого уровня). И этот свет помогает продвигаться далее к более высоким ступеням.

И как при духовном рождении человека находится в его сердце точка света души уровня Нэфеш – так и теперь, при рождении всего уровня Нэфеш мира Асия, находится в нем точка более высокой, следующей ступени – Руах мира Асия.

И так на каждом уровне: когда он полностью осваивается человеком, происходит его переход в точку следующего, высшего уровня – и это единственная связь низшего с высшим, до самой верхней ступени. Благодаря этой точке есть возможность продвигаться вперед, к Творцу.

Этот свет – уровня Нэфеш мира Асия – называется светом неживого уровня мира Асия, так как соответствует исправленной неживой части желания в теле человека. И действия такого человека в духовном мире похожи на действия неживой природы в материальном мире. То есть нет у него личных движений, а лишь общее движение всей массы неживых объектов, объемлющее все части в общем.

Свет, т.е. наслаждение, в объекте Нэфеш мира Асия – есть в нем частные составляющие – 613 органов, как в человеке, соответственно 613 заповедям. И каждый из них имеет свое особое восприятие, наслаждение от света Творца, но пока не выделяются эти изменения между частями.

А пока воспринимается каббалистом лишь общее влияние света, распространяющееся в равной степени на все части. И хотя нет разницы между сфирот от самой верхней (Кэтэр в мире

Из предисловия к книге «Зоар»

Адам Кадмон) до самой нижней (Малхут в мире Асия), но есть разница относительно человека, получающего свет.

Сфирот делятся на сосуд и свет, их наполняющий. Свет исходит от самого Создателя. Сосуды называются также сфирот Кэтэр, Хохма, Бина, Тифэрэт, Малхут. В трех последних мирах – Брия, Ецира, Асия – эти сосуды представляют собой фильтры, задерживающие и четко отмеряющие порции света относительно потребителя – так, чтобы каждый получил лишь соответствующую порцию строго согласно своему духовному уровню развития. Хотя свет в них однороден, но называем мы исходящие света относительно потребителя НаРаНХа"Й, поскольку свет делится согласно свойствам фильтров – сосудов.

Малхут – самый плотный фильтр. Получаемый от нее свет мал по величине и предназначен и достаточен лишь для исправления неживого уровня в теле человека и потому называется свет Нэфеш.

Тифэрэт – более прозрачный фильтр, чем Малхут, и потому порция света, которую он (фильтр) пропускает от Творца к нам, предназначена для одухотворения растительной части в теле человека, так как более интенсивен, чем свет Нэфеш, и называется Руах.

Бина более прозрачна, чем Тифэрэт, и проводит свет Творца, достаточный для исправления животной части в теле человека, и называется свет Нэшама.

Хохма – самый прозрачный фильтр и проводит свет для возвышения части «человек», что в теле человека, и называется свет Хая ... и нет предела его силе...

И как уже сказано, если достиг человек посредством Торы уровня Нэфеш, то внутри него уже находится точка следующего света – Руах. И если и далее, применяя Тору и заповеди с определенной целью, достигает растительного уровня своего желания насладиться, то обретает с ним сосуд, поднимающийся и охватывающий, одевающий сфиру Тифэрэт мира Асия, – и она поставляет ему более сильный свет – Руах, соответствующий уровню «растительный» в теле человека.

И как среди растений нашего мира, так у человека уже появляется личное духовное движение и различаются духовные силы. При полном освоении уровня Руах уже находится в нем точка следующего уровня Нэшама.

А изучением тайн Торы человек одухотворяет животный уровень своего желания, и когда построит весь сосуд, то поднимается и одевает сфиру Бина в мире Асия и получает в него свет Нэшама. Человек в таком случае называется «чистое животное», так как очистил животную часть своего тела.

И как в животном, появляется в нем индивидуальное чувство – ощущение в каждой из 613 заповедей, так как воспроизводит индивидуально, как животное в нашем мире, каждое движение. А разница в наслаждении, свете, который получает, подобна разнице между животным и растением в нашем мире.

И когда полностью освоил 613 частей сосуда (желания) и получил в него свет (наслаждение), особый на каждую из 613 частей (чувствует наслаждение, соответствующее каждой заповеди Творца), то с помощью этого света, далее работая над собой, очищает часть «человек» своего желания, поскольку зародилась она из точки, появившейся по окончании строения сосуда Нэшама.

И, закончив строительство сосуда соответствующего желания уровня «человек», получает ощущение посторонних людей, их мыслей. А получаемый свет, наслаждение, отличается от предыдущей ступени, как в нашем мире человек отличается от животного.

Но все эти пять уровней – всего лишь наслаждения НаРаНХа"Й мира Асия, т.е. Нэфеш. И нет в нем даже Руах, так как Руах – свет в мире Ецира, Нэшама – в мире Брия, Хая – в мире Ацилут и Ехида – в мире Адам Кадмон. Но то, что есть в общем, существует и в каждой части общего, т.е. эти пять видов света находятся и в мире Асия, но на общем уровне Нэфеш – самом малом, неживом.

А в мире Ецира эти пять видов света находятся на общем уровне Руах, в мире Брия – НаРаНХа"Й уровня Нэшама, в мире Ацилут – НаРаНХа"Й уровня Хая, и в мире Адам Кадмон – НаРаНХа"Й уровня Ехида. А разница между мирами, как между уровнями НаРаНХа"Й в мире Асия.

Таким образом, все зависит от духовного уровня человека, желающего постичь высшее и потому сопоставляющего свои духовные качества со свойствами миров, в результате чего он становится интегральной их частью.

Это и является объяснением, для чего сотворены все миры и зачем они нужны человеку. Ведь невозможно было бы нам достигнуть Творца без последовательного подъема по ступеням НаРаНХа"Й каждого мира. Причем, постигая определенный уровень, человек ощущает свет, наслаждение, и это помогает ему идти дальше в искоренении желания самоудовлетворения, пока не дойдет до цели творения – отношений с Творцом, как отца с сыном.

И знай, что этот НаРаНХа"Й, о котором мы говорим, – это пять частей, на которые делится все созданное. И то, что действует в общей системе, действует и в ее даже ничтожно малой части. То есть даже на самом низшем уровне мира Асия, в мире духовно неживой природы, есть пять его составляющих – его частный НаРаНХа"Й.

Потому, как выясняется в Каббале, любое мельчайшее желание состоит из пяти частей: Кэтэр – представитель Творца, тогда как Хохма, Бина, Тифэрэт, Малхут – четыре уровня самого творения, а его направляющее наслаждение также состоит из пяти видов света НаРаНХа"Й.

Отсюда следует, что даже свет духовно неживого в мире Асия нельзя достичь без четырех видов постижения, то есть без исправления желания на всех четырех видах его эгоистической толщины.

Наше поколение еще погружено во тьму – ведь единицы занимаются Каббалой. А причина этого в том, что книги по Каббале полны огрубленных, овеществленных описаний.

Поэтому возникла необходимость в полном комментарии на книгу «Зоар». Этот труд избавил нас от страха неправильного толкования Каббалы. Каббала становится доступной любому человеку.

А комментарий назван «Сулам» – «лестница». Книга эта помогает постепенно, как по лестничным ступеням, подняться на нужную высоту любому, в зависимости от его желания, постичь глубины создания миров и своего места в них.

Назначение Каббалы можно пояснить примером:
«В одном далеком королевстве один из подданных нарушил строгий закон и потому по приказу короля был изгнан за пределы страны – отлучен от друзей, родных, всего хорошего, что было в его жизни. На новом месте ему было очень плохо, грустно... Но постепенно, как ко всему в жизни, он привык, а вскоре и вовсе полностью забыл, где и как родился, жил и был изгнан и что вообще когда-то был в

другом месте... И обзавелся на новом месте домом, друзьями и т.д. Но вот однажды ему в руки попала книга о том королевстве – и он вспомнил, где оно, и какое оно, и как там прекрасно. Он понял, изучая книгу, за что его изгнали и каким образом можно туда вернуться».

Королевство это – духовный мир, где все прекрасно для выполняющих законы Великого Короля – Творца. Место изгнания – наш мир. Книга, благодаря которой каждый из нас лично может восполнить, восстановить забытое, т.е. место, где находились наши души, и понять, почему они были изгнаны, и суметь вернуться, – это книга «Зоар»!

Но если книга «Зоар» настолько важна, что с ее помощью можно постичь высшие миры, увидеть, почувствовать мир душ и самого Творца, почему же до нашего времени она была чуть ли не тайной: почти 2000 лет была скрыта книга «Зоар» – со времени написания ее до появления на свет методики Каббалы Ари?

Ответ мы находим в самой Каббале: мир в течение 6000 лет своего существования представляет собой одно строение, состоящее из десять сфирот, где Кэтэр – влияние Создателя, а остальные делятся на три группы:

— **головная** – Хохма, Бина, Даат;
— **средняя** – Хэсэд, Гвура, Тифэрэт;
— **конечная** – Нэцах, Ход, Есод.

То есть 6000 лет делятся на три части:
— **2000** – тьма;
— **2000** – период Торы;
— **2000** – дни Машиаха.

Первые 2000 были головные, т.е. получающие малый свет (Нэфеш), поскольку существует обратная зависимость между сфирот и светом Творца, их наполняющим: сначала появляется первая группа, большие сфирот: Кэтэр, Хохма, Бина, но с наполнением света малой величины, т.е. сначала появляется малый свет – Нэфеш. Этот период – первые 2000 лет – тьма.

А во вторые 2000 лет мира, когда развивается вторая группа сфирот – Хэсэд, Гвура, Тифэрэт – свет Нэфеш, наполнявший первую группу сфирот, спускается во вторую, а в первую входит свет Руах – свет Торы. Эти следующие после тьмы 2000 лет называются периодом Торы.

Из предисловия к книге «Зоар»

Третья группа сфирот: Нэцах, Ход, Есод занимают последние 2000 лет, сюда спускается свет Нэфеш из второй группы, а свет Руах из первой группы спускается во вторую, а в первую группу входит свет Нэшама – свет Машиаха.

До появления третьей группы сфирот вся Каббала, а главное – книга «Зоар», были скрыты. Ари открыл нам книгу «Зоар», а его комментарии указали путь к освоению духовного мира. Умер Ари, когда еще не закончился период, т.е. не вошел весь свет в третью группу, поэтому ею могли заниматься особые души (Бааль Шем Тов, Рамхаль, Виленский Гаон) без права раскрыть ее суть миру.

Но в наше время, близкое к концу третьего периода, мы удостоились такого всеобъемлющего комментария на книгу «Зоар», как «Сулам», и учебного систематического изложения Каббалы, как Талмуд Десяти Сфирот.

Хотя души живущих в первые и вторые 2000 лет были очень высоки и соответствовали высшим сфирот (Кэтэр, Хохма, Бина), но не смогли они получить соответствующий им свет, потому что не достиг он еще нашего мира.

В настоящее время в наш мир спускаются самые низкие души, что видно и по происходящему в мире, но именно они дополняют все строение. А высший свет входит в высшие души, уже ушедшие из нашего мира в высшие миры, но их свет доходит и до нас – в виде окружающего свечения.

И хотя первые поколения превосходили поколения нашего времени по качеству душ, так как более чистые появляются в нашем мире первыми (сфирот от Кэтэр – к Малхут), но наука Торы, ее внутренняя, скрытая часть (как, впрочем, и другие науки) выявляются в последних поколениях – так как от них зависит интенсивность света.

Чем ниже души, тем больший свет открывается, входит в наш мир, так как низший свет может спуститься из высших в низшие сфирот (души), а в освобожденные места в верхних сфирот (душах) входит высший свет.

Изучение книги «Зоар» и собственно Каббалы – отправная точка исправления всего мира и достижения им состояния абсолютного покоя и счастья.

ИЗ ПРЕДИСЛОВИЯ
К ТАЛМУДУ ДЕСЯТИ СФИРОТ

Главным моим желанием является взорвать стену, отделяющую нас от Каббалы еще со времен разрушения Храма (I в.н.э.), дабы не исчезла окончательно эта наука из нашего мира. И привычны стандартные возражения против изучения этой науки: зачем для выполнения заповедей знать, что находится на небе (подразумевается духовный мир), – ведь главное знать, как выполнять заповеди. Причем говорят, что занятия Каббалой опасны и вообще предназначены лишь для избранных...

Но спросим себя – каков смысл жизни в небольшом, горьком и трудном подчас отрезке времени, в годах, полных забот и испытаний, и кто может насладиться этой жизнью, как того и требует от нас Создатель? Где ответы на эти вопросы?

Тора отвечает на это: «...попробуйте вкусить, как прекрасен Творец» (имеется в виду, через изучение Торы и выполнение заповедей почувствовать Творца) - и увидите, что Он абсолютно добр и создал все лишь для нашего блага и ради него вручил нам Тору, причем почувствуете это в нашем мире. И сама Тора призывает: «избери жизнь», т.е. благо, а не смерть – горькое, бесцельное существование. И сказано: «избери», т.е. дано право выбора.

Как выяснено в предыдущих статьях, это право касается лишь выбора одного из двух путей достижения обязательной конечной цели – пути Торы или пути страданий, причем конечная цель состоит в уничтожении эгоизма и приобретении природы любви и положительного влияния.

Каким путем этого можно достичь? Сказано: «Спи на земле, питайся лишь хлебом с водой – и будешь счастлив и в этом, и в том мирах» – так можно приобрести духовную природу, слиться с духовными мирами – и лишь тогда ощутить все благо Творца.

Этим путем лишь особые личности (т.е. души) могут прийти к цели. И потому дается в Торе еще один путь: «Занимайся постоянно Торой, поскольку находящийся в ней свет, влияя на

Из предисловия к Талмуду Десяти Сфирот

душу, преобразует ее в нужном направлении» – это путь постижения сердцем, умом, а не путем физических страданий.

Но свет, наполняющий Тору, влияет лишь на абсолютно верных и преданных Создателю, верующих в его благие действия. То есть главное в этом пути – вера в Творца, а она измеряется количеством времени и сил, которые человек отдает, и задача, таким образом, сводится к достижению максимальной уверенности в силе, покровительстве и любви Творца к идущему Ему навстречу. И эту веру человеку неоткуда получить, разве лишь из Торы, потому и сказано о ней, что Тора – лекарство от эгоизма.

Сказано в Вавилонском Талмуде: учащийся 5 лет и не достигший нужного – никогда уже не достигнет. Занятия Торой помогают лишь в случае уважения к Творцу (богобоязни), что возможно лишь при знакомстве с бесконечными, могущественными духовными силами Творца и величием созданного Им. Как сказано царем Давидом: «Познай Творца, а затем стань Его рабом».

Потому для обычных людей (душ) занятия общепринятыми частями Торы, говорящими лишь о путях физического выполнения заповедей, не приносят нужного результата. Предостерегает Талмуд, что если нет успеха в течение 5 лет, то и не будет, а так как цель – не учеба, а постижение Творца, то необходимо искать другой путь.

Основная разница между открытой и тайной частями Торы в том, что в последней изучаются непосредственно действия Творца, и потому свет Торы в ней более явственен, интенсивен – и может быстро исправить человека.

Тайная часть Торы – Каббала – состоит из двух частей: скрытой – нигде не описанной, передающейся устно, и открытой – изложенной во многих книгах. Последнюю необходимо изучать, и лишь от ее изучения зависит приход Машиаха.

Свет Торы воздействует положительно лишь в том случае, если изучающий ставит перед собой цель – достичь искоренения эгоизма, слияния с Творцом, в противном случае, т.е. используя Тору не по назначению, он лишь наносит себе неощутимый и неисправимый вред, ведущий к духовной смерти.

Невозможно немедленно настроить себя в изучении Торы на нужную цель, но она должна преследоваться постоянно в процессе учебы. Именно изучая духовные миры и действия Создателя, легче придерживаться мысли, желания слияния с тем, что изучаешь.

Ведь наше удаление от духовного мира – есть причина всех болей, невзгод, страданий и бесцельности.

Таким образом, единственное, чего не хватает нам, – явного ощущения управления.

Постижение этого проходит по четырем стадиям:
— двойное скрытие действий Творца;
— простое скрытие;
— постижение причины и следствия награды или наказания;
— абсолютное постижение (когда ясно, что все лишь для блага созданий, как хорошее, так и плохое).

Обычное, начальное состояние человека – двойное скрытие от него Творца, когда он не видит в мире никаких следствий наличия Создателя – и верит в природу. Когда же от недостаточного сближения с Творцом человека преследуют несчастья и он верит, что это следствие его поступков и результат управления Творца, – такое состояние называется простым скрытием (в данном случае он верит в преступление и наказание).

В этих двух состояниях и заключается основная работа человека по сближению с Творцом, так как ввиду Его скрытия имеется свобода воли.

И когда в силу веры идет человек навстречу Творцу, стремясь видеть Его в каждом происходящем действии, то постепенно открывается ему Творец, и ясно видит человек все причины и следствия управления миром – и уже выполняет заповеди (искореняет эгоизм), явно видя в этом необходимость и огромную пользу. И ясно, что уже не может повернуть назад, так как видит, чувствует и предвидит наказание.

И очищая себя далее, достигает уровня абсолютной взаимной любви с Творцом, и, как следствие этого, достигает абсолютного постижения Создателя – в этом и состоит конечная цель каждого, и ради нее сотворены все миры и силы, управляющие ими и их населяющие.

И указано в Торе, и это призыв: «Мир свой постигни, узри еще при жизни». И в этом вознаграждение за долгий и трудный путь в потемках, в состоянии скрытия Творца, когда свободным усилием воли, вопреки природе и обществу, преодолевает человек барьер между нашим и духовным мирами в поисках Творца. И чем с большими трудностями и с большего расстояния начинается этот путь, тем сильнее постигаемое чувство обоюдной любви.

Из предисловия к Талмуду Десяти Сфирот

И эта цель должна преследоваться постоянно при изучении и выполнении Торы – лишь тогда возможен успех, иначе занятия Торой оборачиваются против человека и лишь увеличивают его эгоизм. Отсюда происходят два названия Торы – открытая (нигле) и скрытая (нистар), так как от человека зависит, откроется ему Творец путем Торы или, наоборот, еще дальше скроется от него.

И потому так важно для нас, отдаленных, заниматься открытой частью Торы – Каббалой, описывающей действия, мысли и цели Творца и помогающей, таким образом, ближе узнать, а узнав, полюбить Его и стремиться к Нему.

И каждый обязан достичь уровня любви всеми чувствами, до полного постижения. И каждый начинает с крайне удаленной точки.

Сама Тора, с уровня ее создания в мире Ацилут, прошла также множество последовательных сокращений до ее вручения нам, но суть ее не меняется – и чем ниже уровень созданий, тем большее значение она имеет для них, помогая выйти на свободу из тела, скованного внутренними желаниями.

В нашем мире Тора облачена в оболочки: природа, живые существа, время, управляемые из мира Ацилут. Эти оболочки – источники наших страданий, поскольку именно они скрывают систему управления.

Оболочки и ими скрываемая часть в мирах Брия, Ецира, Асия называются Каббалой (скрытая часть Торы), а оболочка нашего мира называется открытой Торой. То есть до выхода из четвертой в третью оболочку в мире Ецира человек, независимо от того что он изучает, занимается скрытой частью Торы.

Но лишь когда человек входит в мир Ецира, открывается ему Тора. А Тора, начиная с мира Ецира и выше, называется уже наука Каббала – и сменяются бессмысленные имена на свет.

Таким образом, начинают Тору с тайны, пока она не становится явью: соответственно двойное и просто скрытие Творца или Торы в мире Асия, открытие в мире Ецира, достижение любви к Творцу в мире Брия, совершенное слияние в абсолютной любви в мире Ацилут. И для последовательного, безболезненного, уверенного постижения Творца написана Ари книга «Эц хаим» – «Древо Жизни», и на ее основе – монументальный труд рабби Ашлага – Талмуд Десяти Сфирот.

НЕКОТОРЫЕ КАББАЛИСТИЧЕСКИЕ ПОНЯТИЯ

Каббала – метод, путь открытия Творца созданиям, находящимся в этом мире. Каббала – от слова «лекабель»; пути живущих в этом мире – получить все то бесконечное наслаждение, для которого и создано все творение.

Чувство ближнего – во всей природе развито лишь у человека. Оно дает человеку и чувство зависти и чувство боли за другого, чувство стыда и чувство духовного возвышения. Причина создания такого чувства в нас – чтобы путем его развития мы пришли к ощущению Создателя.

Чувство Создателя – ощущение каждым Создателя в той же степени, как и ощущение ближнего. Сказано, что Моше говорил с Создателем «лицом к лицу», т.е. у него было чувство абсолютного познания Его до степени близости общения с Творцом, как с другом.

Конец действия – определяется замыслом: как человек, строящий дом, согласно этой конечной цели, составляет план, спецификации. И все его действия определяются конечной, заранее известной целью.

Так и после выяснения конечной цели творения нам ясно, что все созданное и пути управления им преследуют эту конечную цель. Цель управления – в постепенном развитии человечества до способности ощутить Создателя в той же степени, как и ощущения созданий в нашем мире.

Снизу вверх – путь постепенного постижения духовного, т.е. путь развития человека до состояния ощущения постороннего как себя, и затем до состояния ощущения духовных объектов как материальных и т.д. – до самых высших их ступеней, т.е. до самого Создателя. Это порядок постижения человеком Создателя, идущего по тем же ступеням, по которым проходило создание сверху вниз. То есть по уже готовому пути, и при постижении все более высших ступеней раскрываются во всей полноте и соответствующие им низшие.

Сверху вниз – порядок творения миров: духовных и нашего – конечного, материального мира.

Физическое выполнение законов творения – необходимое условие духовного развития, следующее из того, что исполнитель находится в нашем физическом мире.

Духовное выполнение законов творения – физическое выполнение является лишь необходимым условием, подготовкой к духовному выполнению. Необходима мысль, желание исполнителя путем их исполнения достичь цели творения – лишь тогда исполнение законов – инструмент, средство духовного совершенствования, как сказано Творцом: «Я создал в вас низменные желания и в противодействие им создал Тору».

Тора – как средство духовного самосовершенствования делится на две части:
– изучение физического выполнения законов;
– изучение духовного их выполнения.

Пути их действия в нашем и духовных мирах и их последствия. Лишь совмещением физического и духовного выполнения достигается необходимый результат. Каббала изучает пути духовного выполнения и следствие от совместного действия обеих частей.

Как следует из опыта, человек, достигший духовным развитием ощущения духовных миров, непосредственно, без чтения Торы получает о ней полное представление, поскольку все повествующееся Торой – суть законы миров.

Периоды Каббалы – с начала творения мира до разрушения второго Храма каббалисты «в открытую» занимались Каббалой. Все духовные силы ощущались в нашем мире более явно, наш контакт с духовными мирами был более значителен и тесен, в частности через Храм и проводившиеся в нем службы.

По мере нравственного падения общества мы лишились ощущения духовных миров, став недостойными (т.е. отличными по свойствам), и потому пал Храм и начался галут, и каббалисты уже втайне продолжали заниматься Каббалой, закрыв в нее доступ «недостойным».

Сказано в книге «Зоар»: «Желание Творца в том, чтобы не открывалась мудрость Его миру, но когда мир будет приближаться к дням Машиаха, даже детям откроются тайны Его и смогут высчитывать и изучать будущее, и в то время откроется Он всем».

Рабби Шимон бар Йохай был последним из Каббалистов догалутного периода и потому получил разрешение свыше написать книгу «Зоар».

Почти 15 веков Каббала была под запретом, пока не появился каббалист Ари, постигший всю Каббалу и открывший нам «Зоар», благодаря своим трудам: «...И в 600 лет шестого тысячелетия откроются наверху источники мудрости и польются вниз».

А каббалист Авраам Азулай (VI век) нашел в старинных рукописях, что «с 5300 года от сотворения мира могут заниматься Каббалой все в открытую, взрослые и дети, в будущем именно и благодаря этому придет Избавитель».

И как признак того, что мы находимся в конце дней мира, появился в наше время великий каббалист рабби Йегуда Ашлаг, который объяснил всю Каббалу понятным нам языком, методом, подходящим именно для наших душ.

Особенность Каббалы как науки заключается в том, что она включает в себя все знания о нашем мире (т.е. все науки во всей их нераскрытой полноте) как составляющие, поскольку изучает корни нашего мира, из которых он появился и управляется.

Душа – ощущаемое каждым свое «я», при подробном рассмотрении делящееся на наше тело, силу его оживляющую («животную» душу) и силу влечения к духовному (духовную, божественную душу), отсутствующую практически в духовно неразвитом человеке.

Тело человека и его «животная» душа – продукты нашего мира, и они достаточны для его познания через наши органы чувств. Развивая духовную душу (путем борьбы с «я» – эгоизмом) человек получает способность ощущения вне своего «я» («я» духовное, альтруистическое возникает из отрицания «я» эгоистического) и таким образом начинает ощущать извне более высокие, духовные колебания, пока не развивает свою духовную душу из «точки» до присущих ей «размеров».

Внутренняя суть Каббалы – по своему внутреннему содержанию это свет Создателя, исходящий от Него и по определенным законам доходящий до нас.

Закон ветвей – говорится в Каббале: «Нет зернышка внизу, чтобы не было его ангела наверху», т.е. силы, толкающей его к росту и развитию.

Все миры подобны друг другу – разница лишь в материале, из которого они созданы (чем выше мир, тем более «чиста» его материя), но законы их действия и формы одинаковы, и каждый последующий является точной копией – ветвью от предыдущего – корня.

Населяющие определенный мир способны чувствовать лишь в его пределах – поскольку органы чувств воспринимают только материал данного мира. Лишь человеку дана возможность одновременно постичь все миры.

Язык ветвей – у населяющих определенный мир есть общие ощущения в восприятии предметов их мира, и таким образом возможен обмен чувствами через их словесные обозначения. О происходящем в других мирах можно сообщать, используя тот же язык, но подразумевая, что речь идет о предметах другого мира, соответствующего как копия нашему миру. На таком языке и написана Тора.

Ступени постижения – последовательные уровни ощущения Творца, составляющие как бы лестницу от нашего мира вверх. Наинизшая ступень этой лестницы, называемая махсом, – она настолько скрывает от нас все духовные силы, что у человека совершенно отсутствует всякое их ощущение, и потому источник жизни и ее цель он пытается найти в своем мире.

Свет в духовных мирах – передача информации, чувств, наслаждений осуществляется посредством распространения или исчезновения духовной субстанции, называемой светом (по аналогии со светом в нашем мире, дающим жизнь, тепло и т.д., или свет мысли, прояснения, просветления).

Право на существование – каждая вещь в нашем мире, хорошее и плохое, и даже самое вредное, имеет право на существование. Но возложена на нас возможность исправления и улучшения. Нет ничего лишнего, ненужного. И все для блага человека в прямом смысле (хорошие вещи) или обратном («плохие»), чтобы, исправив себя, мы нейтрализовали их вредное воздействие.

Исправление – Создатель не закончил создание нашего мира. Его дополнение до совершенного, целого возложено на нас. Как горек плод в период созревания, таким видим мы наш мир. Его исправление – наша задача и цель.

Вознаграждение – наслаждение (вкус созревшего плода). В человеческих силах влиять лишь на самого себя и ни на что внешнее. Поэтому исправление возможно лишь самоусовершенствованием каждого.

Два пути исправления – путь принятия духовных законов Исправления к исполнению каждым, в первую очередь – любовь, сочувствие к ближнему, называется путем Торы. Он является предпочтительным и со стороны Творца, поскольку его цель доставить радость творениям на всех стадиях их существования (горечи плода мы в таком случае не чувствуем).

Путь страданий – путем проб и ошибок в течение определенного времени (6000 лет) все равно придти всем человечеством к необходимости исполнения законов творения.

Каббалист – каждый в нашем мире, кто путем изучения и выполнения духовных законов достигает подобия Творцу, развивает себя духовно настолько, что сам становится частью духовных миров.

Заповедь – свеча, а Тора – свет – есть две стадии выполнения законов Торы. Первая – воспитательная, когда человек выполняет всевозможные действия, которые должны привести его к исправлению и выходу в высший мир. Этот период называется «подготовительный» (зман ахана).

Но есть иной уровень выполнения заповедей – духовный: душа человека состоит из 613 желаний. Исправляя каждое из них с ее эгоистического применения «ради себя» на альтруистическое применение «ради Творца», человек получает в каждое исправленное желание соответствующий этому желанию, заповеди, свет Создателя, Его ощущение, ощущение слияния с Ним. Исправление желаний называется выполнением заповедей. Свет, получаемый в исправленные желания, называется свет Торы (свет свечи). Тора – это совокупный свет, который должен наполнить всю исправленную душу.

Постижение – происходит путем внутренней работы над собой, изучением характера и свойств духовных объектов. Необходимо предупредить, что речь идет не о психологических ощущениях типа полета, не о фантазиях и внушениях, а о действительном подъеме в мир, материал которого духовен, т.е. выше и вне всяких связей с человеческим психологическим восприятием.

Наслаждение – возможно, лишь если есть желание и стремление. Желание возможно при условии, что наслаждение известно. Стремление возможно лишь при отсутствии наслаждения в данный момент. Кто сидит, не наслаждается этим, кто не выходит из тюрьмы, не наслаждается свободой, здоровье может оценить лишь больной. И желание, и стремление мы получаем от Творца.

Единственно созданное в творении – чувство недостатка, чего нет в Творце. И чем больше человек, тем больше это чувство у него. А у детей и простых людей оно весьма ограничено. Настоящий человек хочет весь мир – и так до последнего дня. А мудрый – хочет не только наш мир, но и все другие миры.

Поговорка из Торы: «Богат – кто удовлетворяется тем, что у него есть» – говорит о пути исправления, а не о величине желания. Желание и стремление вместе называются в Каббале кли (сосуд). Само же наслаждение – ор (свет) исходит от Творца.

Чувство наслаждения – свет входит в сосуд (ощущается сосудом) в зависимости от соответствия свойств сосуда и света. Чем ближе эти свойства, т.е. чем больше способность сосуда положительно влиять, любить, радовать, и чем меньше его желание насладиться, – тем ближе он к свету и тем большее количество света ощущает и тем большее наслаждение.

Таким образом, почувствовать или не почувствовать Творца (или свет, что одно и то же) зависит только от нашей (так как каждый из нас – сосуд) близости (соответствия свойств) к Нему. Пока есть у сосуда хоть незначительное желание влиять (т.е. думать, страдать за других, любить, помогать, пренебрегая собственными желаниями), он находится (ощущает) в духовных мирах (в каком-либо из них – в зависимости от его свойств).

А когда желание влиять иссякнет в нем, считается, что находится (ощущает) в нашем мире, как пока каждый из нас. И подобный сосуд называется телом человека, и единственное его желание – заботиться лишь о себе. Мы даже не представляем себе возможность совершенно безвозмездно что-либо сделать для другого. А кто считает, что это не так, должен заняться четким анализом себя и своих чувств, что называется на языке Каббалы акарат ара (осознание зла).

Совершенство сосуда – сосуд (кли) создан светом так, что в сосуде существуют желания на все наслаждения, существующие в свете. В результате сокращения и разделения сосуда образовалось определенное количество отдельных сосудов, каждый из которых перемещается из одного положения (мира) в другое, приводя к разделению (смерти).

Задача каждого – будучи в этом мире, привести себя, т.е. сосуд, в состояние близости по свойствам к свету и получить соответствующую ему порцию света и затем вновь соединиться с остальными сосудами (душами) в единый сосуд, полностью наполненный светом (наслаждением). Такое будущее состояние называется гмар тикун (конец исправления).

Таким образом, ясно, что вся разница между людьми – в величине их желаний, и понятен запрет духовного насилия, убийства. Изучая свойства духовных сосудов, изучающий их материальный сосуд – человек – вызывает в себе желание быть им подобным, и поскольку желание в духовном мире и есть действие, то постепенно изменяясь, он позволяет свету войти в его сосуд. Свет же, находясь внутри сосуда, очищает (улучшает) его, поскольку свойство света – «влиять», и этим свойством он постепенно изменяет свойство сосуда.

Цимцум Алеф – запрет, обет, принятый на себя первым, общим, духовным сосудом сразу по его появлении. Состоит в том, что хоть со стороны Творца существует лишь желание наполнить сосуд наслаждением, последний принял на себя условие наслаждаться не ради себя, а ради Творца.

Изменилась, таким образом, лишь мысль, а не само действие. То есть сосуд получает свет не потому, что он хочет этого, а потому, что этого желает Творец. Потому и наша цель в достижении желания насладиться – хотеть насладиться, так как этого хочет Творец.

Ощущение – свойство реагировать на присутствие или отсутствие света даже в его бесконечно малых порциях. В принципе весь человек, вся его жизнь – лишь циклы всевозможных ощущений. И обычно человеку неважно, чем наслаждаться, но без наслаждения он не в состоянии жить. Почет, слава, деньги в банке – дают лишь чувство, ощущение, но как это важно для человека!

Постоянно наше состояние зависит лишь от настроения, восприятия окружающего мира, независимо от состояния этого мира. То есть важен не сам мир, а лишь его восприятие. Все наши ощущения – не продукт внутренней жизни организма и влияния окружающей среды. Их источник – сам Творец, так как каждое ощущение – это или свет, или его отсутствие.

Человек чувствует или себя, или Творца, или и то и другое в зависимости от своего нравственного состояния. И чувствуя лишь себя, может лишь верить, что Творец существует и воздействует на него. Как говорится в Торе, нет в мире ничего, кроме Творца, а то, что мы ощущаем себя независимо и даже единственно существующими, – лишь результат духовного несоответствия, удаления от Создателя.

По мере уничтожения своего «я» начинает ощущаться Творец до полного ощущения, что существует лишь Он, а мы – Его неотъемлемые части.

Мысленаправленность (кавана) – это главное в каждом действии человека, поскольку в духовном мире мысль – это действие. Да и в нашем материальном мире действий это так: один ударяет ножом другого с целью навредить и несет наказание, другой ударяет ножом с целью излечить (вскрывая рану, производя операцию) и получает вознаграждение.

Так же и в Торе: за умышленное убийство – смертная казнь, за неумышленное – возмещение ущерба, изгнание. Если выносить приговор в соответствии с абсолютными законами духовных миров, то наказание (духовное) должно следовать за каждой плохой мыслью человека. Так и происходит на самом деле.

Наше настроение, самочувствие также зависят лишь от мысленаправленности, а не от тяжести или особенности работы, материального состояния. Необходимо заметить, что человек властен лишь над своими физическими действиями, чувства он в состоянии изменить только через духовный мир.

Потому такое значение имеет молитва – по сути своей любое обращение, даже без слов, лишь сердцем, к источнику всего сущего, Творцу, перед которым все равны и желанны.

ДИАГРАММЫ

Поскольку духовный мир не ограничен рамками пространства, места, времени, перемещения, то все диаграммы следует понимать лишь как соотношения свойств духовных объектов, а не сами духовные объекты, их форму, поскольку таковой зрительно не существует.

1. **Бесконечность**

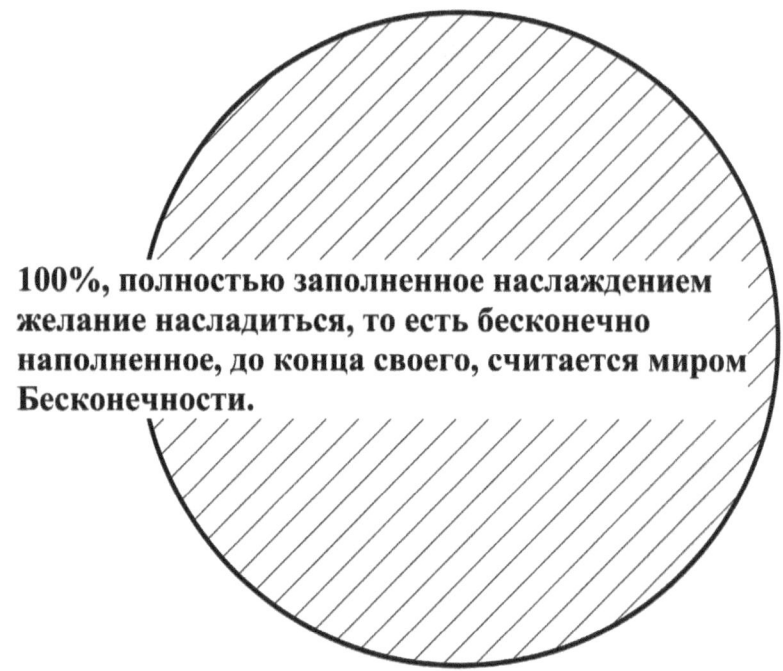

100%, полностью заполненное наслаждением желание насладиться, то есть бесконечно наполненное, до конца своего, считается миром Бесконечности.

2. Цимцум

Но получив от света (дающего жизнь, наслаждения) его свойство и потому решив быть подобным Творцу, желание наслаждаться извергло все наполняющее его наслаждение, сократило, сжало себя от получения света (цимцум) и, таким образом, осталось пустым.

3. Кав

Только прекратив получать свет, желание наслаждаться перестало быть лишь получателем. Чтобы быть похожим по действию на Творца, необходимо давать наслаждение другим, как Он. Поэтому решено получать наслаждение (получать или не получать – только эти два действия возможны у создания), но не ради себя, а ради Творца, так как такое получение эквивалентно влиянию (отдаче).

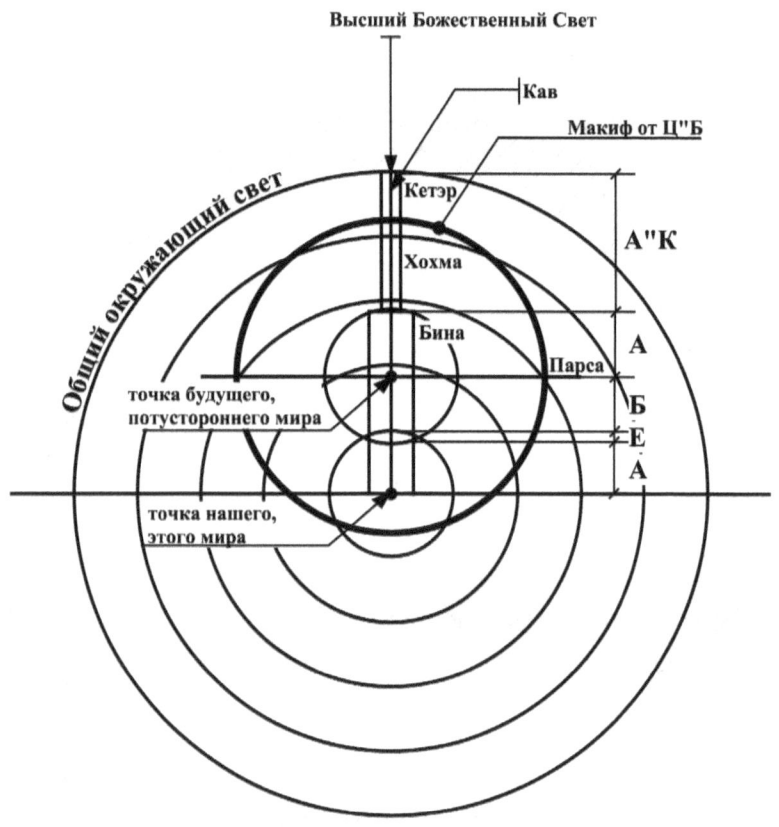

Но так как невозможно одним разом исправить себя, переделать то, что сотворено Творцом, против своей природы, т.е. перейти из первого состояния к третьему, последнему (все получать лишь ради Творца), без промежуточных, – то эта работа, называемая Работа Творца (аводат аШем), происходит постепенно, в течение 6000 лет, каждой из 600 тысяч душ, т.е. последняя ступень созданного желания раздробилась и по времени и по количеству, поскольку лишь таким образом можно полностью переделать свою природу, и эта работа называется тикун келим (исправление сосудов, душ). Сотворение миров, душ, человека сверху вниз изучается в Талмуде Десяти Сфирот. Для начинающего основные понятия строения миров изложены в книгах «Наука Каббала», ТЭ"С. Путь снизу вверх, т.е. личное постижение духовного исправлением души, описан в остальных книгах данной серии, но практически возможен лишь под руководством опытного, признанного каббалиста.

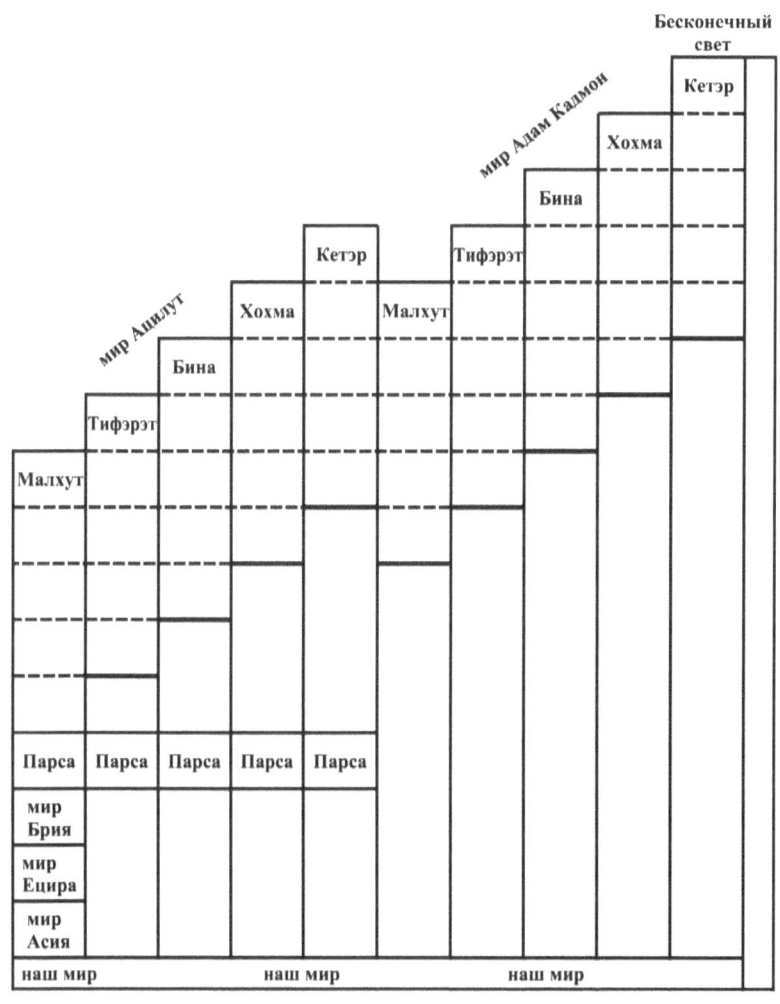

Схема мироздания

ОГЛАВЛЕНИЕ

Список сокращений 88
Предисловие 89
Несколько предварительных замечаний 92
Олам Эйн Соф 94
Сокращение первое, Цимцум Алеф (Ц"А) 104
Экран (Масах) 109
Пять уровней Экрана 128
Олам Адам Кадмон 136
Некудот СА"Г. Цимцум Бэт. Парса 150
Олам Некудим 161
Олам Ацилут 169
Миры Брия, Ецира, Асия (БЕ"А) 182
Возвышение и падение миров 190
Термины и определения 201

Пресветлый, с вершин излучающий!
Там, за завесою экрана –
Тайны праведников открываются,
Светят вместе и свет, и тьма.

Как прекрасно познать Всевышнего,
Но остерегайтесь коснуться его –
И возникнет тогда пред вами
Та особая башня Оз.

Воссияет вам чудно истина,
Лишь ее уста изрекут,
А все, что раскроется в откровении, –
Вы увидите – и никто другой.

Рав Йегуда Ашлаг

СПИСОК СОКРАЩЕНИЙ

А"А	–	Арих Анпин
А"Б	–	парцуф хохма в А"К
АБ"А	–	Ахор бэ Ахор
АБЕ"А	–	Ацилут, Брия, Ецира, Асия
АВ"И	–	Аба вэ Има
А"К	–	Адам Кадмон
АХА"П	–	Озен, Хотэм, Пэ
БЕ"А	–	Брия, Ецира, Асия
БО"Н	–	парцуф малхут в Ацилут
ВА"К	–	вав кцавот
Г"А, Г"Э	–	Гальгальта-Эйнаим
ГА"Р	–	гимэл ришонот
З"А	–	Зэир Анпин
ЗО"Н	–	З"А и нуква
КАХА"Б	–	Кэтэр, Хохма, Бина
КАХАБ"ТУМ	–	Кэтэр, Хохма, Бина, Тифэрэт, Малхут
М"А	–	парцуф З"А в Ацилут
МА"Н	–	Мэй Нуква
НаРа"Н	–	Нэфеш, Руах, Нэшама
НаРаНХа"Й	–	Нэфеш, Руах, Нэшама, Хая, Ехида
О"М	–	ор макиф
О"П	–	ор пними
О"Х	–	ор хозэр
О"Я	–	ор яшар
ПБ"А	–	паним ба ахор
ПБ"П	–	паним ба паним
ПАРДЭ"С	–	пшат, рэмез, друш, сод
Р"К	–	рацон лекабель
Р"Л	–	рацон леашпиа
СА"Г	–	парцуф бина в А"К
ТАНТ"А	–	Таамим, Некудот, Тагин, Отиет
Ц"А	–	Цимцум Алеф
Ц"Б	–	Цимцум Бэт

ПРЕДИСЛОВИЕ

Не подлежит сомнению, что человек не в состоянии жить в нашем мире без определенных знаний о природе и окружающей среде.

Так же точно душа человека не может существовать в мире будущем (олам аба), если не познает устройство духовных миров и их действия. Рождаясь на свет, т.е. появившись в нашем мире, ребенок не знает ничего, и всю необходимую для жизни информацию ему сообщают родители.

Он существует и развивается благодаря заботам отца и матери. Постепенно, подрастая и накопив знания и опыт, ребенок учится самостоятельно ориентироваться в окружающей среде. Став взрослым и научившись использовать в своих интересах приобретенные знания, человек выходит из-под родительской опеки в большой мир.

Подобные стадии развития – гильгулим (кругообороты) – проходит и душа человека, пока не удостаивается понять истинную мудрость Каббалы в ее абсолютной полноте. Без этого не может душа достичь полного совершенства. Не то чтобы знание Каббалы обеспечивало только развитие души, но такова внутренняя природа души, что не в состоянии она самостоятельно функционировать, если не запаслась определенным количеством знаний. И рост ее зависит от уровня этих знаний.

А если бы душа развивалась без знаний, она могла бы пострадать. Так Господь не дал новорожденному сил самостоятельно передвигаться. Ведь у ребенка нет разума, и если бы у него были силы, он мог бы навредить себе.

Итак, право на существование в духовных мирах получает лишь тот, кто прежде приобрел знания об их устройстве. Приступая к изучению системы духовных миров, необходимо рассмотреть, как действуют в них главные факторы нашего мира.

В высших мирах отсутствуют такие физические понятия, как время, пространство, движение (уже в нашем мире они видоизменяются при скоростях, близких к скорости света: время – к нулю, масса – к бесконечности, а пространство сжимается в точку).

Вместо времени в духовных мирах рассматриваются причинно-следственные связи, переход одного состояния в другое, одной формы в другую. Но если вы спросите, сколько времени понадобилось для этих процессов, то вопрос не будет иметь смысла, так как под временем понимается лишь последовательность действий.

Поэтому в Каббале материал изучается по цепочке – от причины каждого явления к его следствию, или, что то же самое, от начала творения до его грядущего конца.

Место – это не определенная, занимаемая телом часть пространства, а место на шкале духовных свойств, качеств, где за сто условно принимается свойство Творца, а за ноль – первоначальное свойство творения.

Таким образом, перемещение в духовном мире – это изменение духовным объектом своих свойств. Он как бы перемещается в духовном пространстве по шкале духовных ценностей (ближе или дальше относительно Творца). Но в духовном мире объект не исчезает, лишь появляется его новая форма.

Другими словами, с появлением новых качеств от духовного объекта отделяется его новая форма, а прежняя продолжает существовать, как и ранее. Было одно духовное тело, оно изменило свои свойства, тотчас же отделилось от старого тела и стало самостоятельно существовать.

Таким образом, теперь имеются два духовных тела. Так рождаются новые духовные объекты. (Кстати, и в нашем мире зародыш, находящийся в теле матери, является одновременно и частью ее организма, и отдельным новым существом. Причина же его окончательного отделения – приобретение им определенных собственных, отличных от свойств матери качеств.)

Пытаясь найти каббалистические определения понятий пространства, времени, движения, необходимо установить, какой терминологией мы можем пользоваться.

Ведь мы должны говорить о вещах, которых не видим, мы хотим передать информацию о мирах, которых не чувствуем. Как же мы можем быть уверены, что правильно поняли друг друга?

У людей в нашем мире существует общность ощущений. Но как передать знания об объекте, которого собеседник никогда

Предисловие

не видел? В таком случае мы переходим на язык аналогий: «похож на то-то», «подобен тому-то». Ну а если я пришелец из другого мира, в котором все совершенно не похоже на ваш мир? Как же мне рассказать о моем мире? Это возможно, если только есть связь миров.

Все, что существует в нашем мире, – порождение мира духовного. Поскольку все сущее исходит от Творца и, проходя через систему миров, нисходит в наш мир, то нет ничего в нашем мире, что не имело бы корня в духовном. Поэтому каббалисты сочли возможным использовать понятия нашего мира для описания объектов мира духовного.

Ведь существует строгая связь между корнем (духовным) и ветвью (материальной). И не может произрастать из одного корня несколько ветвей. Поэтому можно именами объектов нашего мира называть их духовные корни-силы, вызывающие эти ветви к жизни.

Естественно, подобный язык может разработать лишь видящий одновременно корень и ветвь, причину и следствие, т.е. находящийся одновременно в обоих мирах. Как мы увидим из дальнейшего, **человек, находясь в нашем мире, может одновременно войти и в мир духовный – бесконечный, вечный мир душ**. Жить одновременно в обоих мирах, постичь вечность, постичь духовные миры, находясь в нашем материальном мире, – это ли не достойная цель для человека!

А пока мы вынуждены использовать «язык ветвей», не видя корней. И поскольку, как было сказано, существует точное соответствие духовных и материальных объектов, нельзя произвольно менять каббалистическую терминологию. Этим можно объяснить встречающиеся в каббалистических книгах такие «неприличные» слова, как нэшика (поцелуй), зивуг (соитие) и пр.

НЕСКОЛЬКО ПРЕДВАРИТЕЛЬНЫХ ЗАМЕЧАНИЙ

1. Во многих отраслях знаний термины не переводят на другие языки, и они употребляются только на языке оригинала. Например, латинские названия в медицине, итальянские в музыке. Так и в нашей книге оказалось невозможным перевести многие каббалистические термины на русский, поскольку кроме смыслового значения слова чрезвычайно важно числовое выражение составляющих его букв (гематрия), их форма и их элементы, а также другие факторы.

И хотя желательней всего было бы оставить написание терминов ивритскими буквами, так как глубокий смысл заключен даже в форме их начертания, от этого по разным причинам пришлось отказаться.

В зависимости от звучания в тексте применяются русские падежные окончания слов: например, «в сфире», «от масаха», а во множественном числе – ивритские окончания, например, женского рода: сфира – сфирот, или мужского рода: парцуф – парцуфим.

Духовные миры не ограничены рамками пространства, времени, перемещения (места, движения), не существует в них и зрительной формы объекта. Поэтому все графические изображения – это лишь изображения соотношений духовных объектов.

2. Поскольку Каббала говорит языком ветвей, т.е. под словами, обозначающими объекты нашего мира, подразумеваются их духовные аналоги, необходимо **постоянно** помнить об этом и учиться ощущать, что подразумевается под названиями духовных действий и объектов.

3. Познание в Каббале, как, впрочем, и во всякой науке, ступенчатое, послойное: сначала усваивается верхний, наиболее легкий слой, исходные данные, упрощенные схемы, общая картина. Затем наступает второй этап – подробный анализ каждой

Несколько предварительных замечаний

детали, затем третий – соединение всех деталей в общую картину и заключительный – анализ-синтез.

Таким образом, шаг за шагом все лучше ощущается материал, вырисовывается общая картина всей системы, уточняются детали, все процессы постигаются не умозрительно, а чувственно. Ведь специалистом в любом деле можно назвать того, кто ощущает материал без приборов и чертежей, как говорится, шестым чувством.

И в Каббале требуется многократное осмысление текста и работа над собой, пока не появятся чувства, адекватные изучаемому материалу. Это можно сравнить с наслаждением музыканта, читающего партитуру, – нотные знаки дают ему полную картину музыкального произведения. Музыка звучит в его ушах без помощи музыкальных инструментов.

4. Итак, в первом чтении достаточно понять лишь последовательность создания духовных миров и нашего мира.

Во втором – причины их создания. И уже потом – путь каждого: снизу, из нашего мира – вверх, к духовным мирам, и через них – к Источнику. Это ни в коем случае не означает, как некоторые могут подумать, стремление «переселиться в мир иной», умереть. Как уже было сказано, наша задача – жить одновременно в обоих мирах, познавая Творца.

5. Не беспокойтесь, если по мере изучения материала вы почувствуете, что он становится все менее понятен – это нормально и означает правильное осмысливание и продвижение вперед.

Продолжайте занятия, и понимание придет!

6. Если какие-то места в книге покажутся вам совершенно непонятными, пожалуйста, пропустите их. Они прояснятся при дальнейшей работе над текстом и главное – над собой.

По мере духовного роста читатель сможет увидеть в уже прочитанном ранее более глубокий смысл. Поскольку текст многослоен, то новое осмысление его на более высоком уровне – показатель духовного прогресса.

7. Я не касаюсь изучения системы духовных миров в ее конечном состоянии – гмар тикун. Это отдельная сложная тема.

8. Изложение следует «хронологическому» порядку создания миров: Создатель – кли – Олам Эйн Соф – Ц"А – Олам А"К – Олам Некудим – швират келим – Олам Ацилут – Оламот БЕ"А – сотворение человека – грехопадение – Олам Азэ.

ОЛАМ ЭЙН СОФ

О Создателе нам неизвестно ничего, кроме Его воли сотворить нас и дать нам наслаждение. По Его замыслу и возникло из ничего **желание наслаждаться**. Поэтому мы и все, что нас окружает, включая духовные миры, все, кроме Творца, – лишь разные величины желания получить наслаждение.

Желание Творца создать творение и дать ему наслаждение пронизывает и окружает творение подобно венцу или короне. Поэтому оно и называется **кэтэр** – корона. Порожденное кэтэром творение можно условно представить в виде **кли** – сосуда, готового принять **ор** – наслаждение, свет Творца.

Эта стадия творения кли (сосуда) называется **хохма** (мудрость), а наслаждение, наполняющее его, – **ор хохма или ор хаим** – свет жизни. Пустой сосуд ощущает отсутствие света как различные отрицательные эмоции, а по мере наполнения светом чувствует все большую радость, полноту, беспредельное спокойствие – всевозможные положительные эмоции, которые можно обобщить словом **«шлемут»** – полнота, совершенство.

То есть в стадии хохма кли переполнено благодатью заполняющего его света. Разумеется, когда мы говорим о кли – сосуде, имеется в виду не материальная емкость, а емкость духовная, т.е. величина желания, которое свет удовлетворяет (заполняет). Ведь когда мы говорим «пустое сердце», «пустая душа» или «сердце, переполненное радостью», то мы не имеем в виду наполненность чем-то материальным, а именно духовное состояние.

Поскольку желание насладиться – единственное желание человека (все его устремления – лишь производные этого первичного желания), то, управляя этим желанием, Творец и управляет нами.

В солнечные и знойные дни израильского лета с улицы доносятся всем нам знакомые возгласы продавца арбузов, зазывающего покупателей к своей тележке. Что заставляет этого, как правило, грубого и примитивного человека так тяжело работать под палящим солнцем? Какое ему дело до семьи, детей? Создатель дал ему желание заботиться о своей семье, и это определяет его неосознанное альтруистическое поведение – заботу о других, – посредством которого Творец заставляет его исправлять мир.

Но в состоянии полного наполнения именно из-за того, что желание кли (сосуда) удовлетворено настолько, что оно не ощущает себя, а чувствует лишь наполняющее его наслаждение, – кли как бы не существует, оно словно растворено целиком в море света, каждая его мельчайшая частица наслаждается и поэтому желает лишь одного – оставаться в покое. Ведь лишь недостаток чего-то стимулирует движение. Как не видны стенки чистого прозрачного стакана, в который налито молоко, так не виден духовный сосуд (кли) в **стадии хохма**, весь заполненный, насыщенный светом.

Получая абсолютное наслаждение, как бы всасывая свет, кли одновременно с получением наслаждения воспринимает от света и его свойство – **давать наслаждение**, удовлетворять – свойство, противоположное желанию кли **получать**, брать. Под добрым влиянием света кли начинает ощущать свою эгоистическую природу как недостаток. И хотя сам Творец создал кли именно таким, оно начинает ощущать, сознавать свое ничтожество относительно Творца и света.

Итак, свет дает кли в стадии хохма кроме наслаждения еще и присущее свету свойство давать, дарить наслаждение. Это свойство противоположно природе кли и вызывает у него чувство стыда за свои эгоистические желания – настолько жгучее, что кли предпочитает отказаться от получения света. Давать кому-то наслаждение, как Творец, кли не может. Единственная альтернатива – не получать наслаждение. И кли отказывается получать свет. И так как в духовном мире нет насилия, то согласно желанию кли ор хохма покидает его.

От сознания работы, проделанной в борьбе со своей эгоистической природой, кли получает наслаждение, разумеется, также идущее от Творца. Если наслаждение от получения света называется **ор хохма**, то наслаждение от добровольного отказа получать свет – что приводит к сближению свойства кли со свойствами Творца – называется **ор хасадим**. Эта стадия развития кли называется **бина**.

Бина предпочитает «косвенное» наслаждение от стремления приблизиться к Творцу «прямому» наслаждению от получения света, и это говорит нам о том, что давать наслаждение другим – более сильное и полное чувство, чем получать его самому. Кли в таком случае не ограничено: в день можно раздать тысячу обедов – получить удовольствие тысячу раз, а съесть лишь один.

Но не желание получить более сильное наслаждение толкнуло бину на отказ от света, ведь если в результате отказа от света возникает еще большее наслаждение, то отказ – это не отказ, а лишь средство дополнительного получения. Цель же бины противоположна – достичь схожести, слияния со светом, т.е. с Творцом.

После ухода света из бины кли хоть и чувствует наслаждение от уподобления Творцу, сближения с Ним, но начинает как бы «задыхаться». Дело в том, что ор хохма – это свет жизни, подобный оживляющей наше тело витальной силе, без которой жизнь, движения, ощущения – невозможны; наступает как бы духовная смерть. Поэтому такое состояние вынуждает бину начать принимать ор хохма в минимальном, необходимом для поддержания жизни количестве.

И поскольку каждое новое желание выделяет из духовного объекта новый духовный объект – ведь именно различием желаний отличаются духовные объекты, – то как только в бине появилось желание принять жизненно необходимую ей часть ор хохма, эта часть бины выделилась в отдельный духовный объект, состоящий из небольшого количества ор хохма, допустим 10%, и 90% ор хасадим. Соотношение 10 к 90 приводится лишь для наглядности и простоты, а истинные пропорции желаний и, соответственно, светов мы поймем из дальнейшего изучения.

Итак, из бины родился новый объект, называемый **зэир анпин**. Но ощущая в себе два данных ему от рождения желания, он начинает чувствовать, что желание насладиться ор хохма естественнее, да и создан он таким образом, что каждая его «клеточка» желает насладиться лишь этим светом, а то, что бина предпочла другое наслаждение (близость к Творцу), было «противоестественно», и это бина выбрала такой путь, а не он, зэир анпин. И потому из двух желаний, с которыми он родился, зэир анпин выбирает одно – по собственному желанию получать лишь ор хохма.

А поскольку это желание новое, то выделяется и новый объект – **малхут** – царство (желаний), так как именно на этой ступени кли приобрело свое собственное, изнутри идущее желание насладиться на 100% тем светом, который дает Творец.

Ведь кэтэр – это желание Творца дать наслаждение, и поэтому возник сосуд (кли), приемник наслаждения – света хохма. Но кли хохма лишено свободы выбора: ее желание насладиться полностью продиктовано волей Создателя.

Независимое желание возможно лишь при следующих условиях:

1) наслаждение уже было испытано;
2) наслаждение исчезло, оставив воспоминание – **решимо** (от слова «рошем» – впечатление, запись).

Когда свет ушел из бины, он оставил решимо – воспоминание о том, что он дает кли все – жизнь, счастье, и поэтому бина в конце концов должна была вернуть хоть часть этого света, поняв, что вообще без света невозможно. И таким образом родился зэир анпин. А зэир анпин, свободно выбирая из двух желаний, сам захотел насладиться небольшим, ограниченным количеством света. И лишь малхут – первое, самостоятельно действующее, сознательное творение, в котором желание уже пригодно для замысла Творца: само творение хочет насладиться, и именно тем и в том количестве, что дает Творец.

Но мне возразят: что значит само творение хочет? Так оно создано! Ведь в конечном итоге ор (свет) породил кли (сосуд). Верно. Разумеется, все идет от света, от Творца, но никто этого не чувствует. В стадии малхут сосуд чувствует лишь, что он желает наполниться наслаждением, а не то, что его таким создали. Малхут сама тянется к свету, жаждет его.

Итак, стадии творения и развития кли следующие:
КЭТЭР. Желание Творца создать и дать наслаждение кли.
ХОХМА. Рожденное светом, но еще не осознанное, несамостоятельное желание наслаждения, как бы связанные вместе ор и кли. Еще нет самостоятельного желания со стороны кли. Естественно, что в стадии хохма доминирует ор, так как его желание дать наслаждение первично, оно породило кли. Поэтому самостоятельные движения, т.е. самостоятельные желания, в кли хохма отсутствуют.

БИНА. Впитывая весь ор хохма, кли приобретает и его желание «давать», предпочитает быть подобным свету, давать

Творцу, как дает Творец, и потому рождается новая стадия – бина, которая получает все наслаждение не от света, а от чувства отдачи Творцу. Это наслаждение называется ор хасадим. Бина – это первая самостоятельная реакция творения.

ЗЭИР АНПИН (З"А). Чувствуя, что не в состоянии существовать только с ор хасадим (ведь ор хохма дает ей жизнь), бина решается на компромисс: получать лишь необходимое для жизни количество ор хохма, а остальное по-прежнему отдавать. И эта новая стадия называется зэир анпин.

МАЛХУТ. Чувствуя, что ор хохма дает ему жизнь, З"А стремится заполнить им всего себя, как в стадии хохма. И тогда возникает следующая стадия – малхут – настоящее кли, творение, самостоятельно стремящееся получить все то наслаждение, которое Творец желает дать. И потому лишь малхут называется кли-создание-творение, а предыдущие, предшествующие стадии – лишь этапы его развития. Такова воля Творца – создать кли, которое бы само желало насладиться Его светом. Малхут в состоянии полного наполнения светом называется олам Эйн Соф – мир Бесконечности.

Мы уже понемногу привыкаем к каббалистическим определениям:

Величина желания определяет емкость кли, и чем больше желание, тем больше емкость кли. Впрочем, и человек, говоря, например, что нет места в желудке, имеет в виду отсутствие желания его наполнить. Ведь подчас и при пустом желудке нет чувства голода.

Движение – это изменение желаний, приводящее к появлению, рождению новых келим (сосудов).

Время – это последовательность действий в духовном мире.

Когда мы говорим **«мир Бесконечности»** (олам Эйн Соф), то имеем в виду сосуд, полностью (безгранично, бесконечно) наполненный наслаждением, где нет предела, т.е. неудовлетворенного желания. С этой точки зрения 200-граммовый полностью, доверху наполненный стакан тоже находится в состоянии Эйн Соф. Таким образом, под бесконечностью подразумевается состояние бесконечного, безграничного насыщения, без предела, без границы, когда все запросы удовлетворены.

В таком состоянии и находится кли малхут. И поэтому, с точки зрения Создателя, программа творения на этом завершена.

***

Божественной целью творения является создание новой, ранее отсутствовавшей субстанции, называемой в дальнейшем творение, или создание, и наполнение его огромным, абсолютным наслаждением. Поэтому в природу своего создания Творец заложил огромное, всепоглощающее желание получать это наслаждение.

Желание получать – рацон лекабэль (Р"К) образно можно представить в виде сосуда (кли), емкость которого соответствует величине желания, а получаемое наслаждение – количеству света, наполняющего этот сосуд.

Следует отметить, что свет, исходящий от Творца, существовал и ранее, до начала творения. Он является неотъемлемой сущностью самого Творца. Желание же получать наслаждение в самом Творце отсутствует, оно относится к вновь созданному.

Различные величины Р"К представляют собой всю окружающую нас действительность. Все миры, с прообраза начальных стадий до конечного оформления, все многообразие созданного, известное и еще не раскрытое нами, есть не что иное, как различные степени, т.е. формы, различные проявления желания насладиться светом Творца.

И мы, как части этого кли-малхут, созданы так, что тянемся к теплу, пище и другим удовольствиям – микродозам света в нашем мире. Попробуйте убедить себя, что желание насладиться не ваше, что таким оно дается свыше, – это не поможет, ведь мы его ощущаем как свое «я». И потому мы изучаем и постигаем лишь воздействие света на кли, чувствуем лишь нашу реакцию на свет. Наше познание замкнуто на нас самих. Для Творца все мы абсолютно совершенны, а вот относительно нас самих мы еще должны пройти долгий путь исправления...

Я настоятельно прошу читателя попытаться **именно сердцем** почувствовать состояние кли, ибо так можно развить духовные качества, необходимые, чтобы ощутить духовные миры, вплоть до самого Творца.

Оценивать что-то можно лишь в сравнении. Понять, что такое темнота, можно, лишь имея какое-то представление о свете. Как говорится в молитве: «Лишь в свете Твоем увидим свет...». То есть как в нашем мире невозможно ориентироваться в темноте, так без духовного света невозможно познать и оценить себя и окружающее, духовно продвигаться.

Но чтобы почувствовать духовный свет, необходимо развить в себе особые способности. Все мы буквально купаемся в море волн – световых, звуковых, радио, рентгеновских и прочих. Но какую малую часть из них мы можем воспринять нашими органами чувств! Для того чтобы расширить возможности человеческого организма, мы создаем приборы.

Но все мы окружены также океаном духовного света, эманируемого Творцом. Для его восприятия не нужно никаких аппаратов. Необходимо лишь развить в себе определенные качества, чтобы почувствовать Божественный свет. В этом и помогает Каббала.

Вообще же все, что ощущает человек, он получает от Творца. Но воспринимая ощущения нашего мира, мы можем (пока!) лишь верить (но не чувствовать непосредственно), что их первоисточник – Создатель.

Итак, любое создание желает лишь одного – устранить ощущение недостатка – насладиться. Поэтому, задавая человеку «программу», меняя в течение жизни его потребности, желания тела, Творец вызывает строго определенные, нужные ему действия, поступки – а человеку кажется, что он поступает по своему желанию, выбору. **И если, осознав эту зависимость своего поведения от желаний тела, человек начнет им противиться, т.е. вступит с телом в борьбу, то он сможет освободиться от желаний тела и перейти в духовный мир, жить в соответствии с потребностями души.**

Наслаждение – это реакция кли на воздействие света, следствие от наполнения кли (сосуда) светом. В нашем мире духовный свет явственно отсутствует, а его небольшая искра (нэр дакик) облачается в различные предметы, потому и притягивающие нас своими таящимися в них наслаждениями.

Возможность насладиться или избавиться от страдания – недостатка наслаждения – и руководит всеми нашими мыслями и действиями. По-другому, т.е. вопреки своей природе, мы не в состоянии ни думать, ни поступать. **Духовные же миры состоят из альтруистических келим, способных укротить свой эгоизм, т.е. поступать вопреки своей природе. Если человек осознает собственный эгоизм как зло, приносящее ему лишь страдания, он может попросить Создателя**

изменить его природу, т.е. дать силы подняться выше природы, начать совершенно свободно мыслить, решать и действовать.

Тактика борьбы с телом, т.е. с желанием неограниченно насладиться, такова: тело реагирует лишь на два состояния – назовем их условно «горькое» и «сладкое» – навязываемые извне. Но есть еще два состояния – назовем их условно «правда» и «ложь», где «правда» – все, что хорошо для духовного развития человека, а «ложь» – все, что мешает такому развитию.

Почему хорошо то, что способствует развитию? Да просто потому, что по воле Творца человечество именно в итоге своего развития придет к состоянию полного исправления, т.е. перейдет от эгоизма к альтруизму, а наш выбор, свобода воли состоит в выборе пути к этому полному исправлению. Мы можем по собственному желанию выбрать хоть и трудный, но правильный и краткий путь Торы или кажущийся «сладким», но ведущий в тупик и потому долгий путь проб и ошибок – путь страданий, все равно выводящий нас, в конце концов, на путь Торы.

И поэтому Тора, т.е. Творец, советует выбрать путь правды, путь самоисправления, очищения. Эгоистические желания у каждого свои, и поэтому у каждого есть свой путь исправления, хотя общие для всех законы правильного развития души мы рассмотрим далее.

В нашем мире все мы неосознанно воспеваем свет, несущий наслаждение: наши песни о любви, романы, страсти, страдания, красоты природы – все это не что иное, как описание ощущений, вызываемых в нас светом, находящимся лишь в разных одеяниях – в природе, в звуках, в красках, в представителях противоположного пола – во всех потому и притягивающих нас объектах.

Каббала сводит все объекты, дающие нам наслаждения, к единственному их источнику – свету. Вместо того чтобы называть бесчисленные объекты, дающие человеку удовольствие, называется его источник – свет (ор). А все множество желаний насладиться обобщается одним словом – сосуд (кли).

Таким образом, все многообразие желаний, характеризующих творения, сводится к одному – желанию света. А все мыслимые виды наслаждений сводятся к получению света. И кроме этого нет ничего, так как существует лишь Создатель и творение – ор и кли – наслаждение и желания.

Поскольку желание насладиться – самое существенное в человеке, то, именно управляя нашими желаниями, управляет нами Творец. Создавая недостаток чего-то, Создатель заставляет нас действовать, добиваться того, чего нам недостает. Как говорится, «любовь и голод миром правят». То есть все поступки в жизни человека вынужденны.

Дети умерли бы с голоду, если бы Творец не дал матери наслаждение от процесса кормления. Ни один из нас не захотел бы и сдвинуться с места, если бы не стремление к новым наслаждениям, к достижению лучшего состояния. Эволюция, прогресс, духовные поиски отражают наше стремление найти удовлетворение своих желаний. Сами же желания даются нам Творцом по Его программе нашего развития, конечная цель которой – дать нам абсолютное наслаждение.

Если человек не уверен, что в результате какого-то действия он получит выгоду, он не в состоянии это действие совершить. Таким образом, лишь уверенность в том, что своими действиями он улучшит свое положение, заставляет человека работать. Без этой уверенности он не сможет совершить ни одного физического или духовного действия.

Поясню это примером. У меня есть знакомый – владелец ресторана. Он с утра до вечера весь в мыслях, как вкуснее накормить посетителей, создать им лучшую обстановку для отдыха – в общем, он живет заботой о гостях своего заведения. Не правда ли, настоящий альтруист!

Но так как наслаждение от одной только заботы о других людях он, как и любой другой «неисправимый» человек, не может испытать, то, чтобы заставить его поступать должным образом, Творец дал ему другое наслаждение, другую цель – получение и накопление денег.

Таким образом, мой знакомый неосознанно выполняет программу творения. Правда, задача состоит в том, чтобы **осознанно** претворить в жизнь цель Создателя, но, как мы увидим далее, «неосознанная», предварительная стадия необходима. Насколько быстро человек сможет перейти к конечной стадии и закончить свою миссию в этом мире, чтобы душа его не возвращалась в этот мир, – зависит от его духовного развития.

А пока истинное наслаждение одето в подходящую, понятную нам эгоистическую оболочку. Желание же Творца – дать нам абсолютное, бесконечное наслаждение без скрывающих и ослабляющих оболочек. Получение его зависит от нас самих, от успеха нашей борьбы с эгоизмом.

Но кроме вынужденной, направляемой свыше нашей деятельности пожелал Творец, чтобы мы часть работы делали без всякого вознаграждения – лишь в силу веры и в результате свободного выбора. А это возможно, когда работа не приносит наслаждения. Таковы заповеди Творца.

Изымая нэр дакик, Создатель может привести нас даже к вере, т.е. к наслаждению от предвкушения вознаграждения в будущем, которое уже в настоящем позволяет испытать радость. Так, тяжело работающий человек заранее предвкушает удовольствие от будущего получения зарплаты. И здесь также все зависит от срока ожидания, величины предполагаемого наслаждения, уверенности в получении вознаграждения.

Это предвкушение радости в будущем, как мы узнаем позже, возможно потому, что нас окружает так называемый ор макиф (окружающий свет), который издали (заранее) дает наслаждение.

Мы уже говорили, что в конце поколений настоящая Каббала становится доступной всем (речь не идет об астрологии и суевериях), но лишь избранные будут способны оценить ее значение.

Так, крупный делец не принимает во внимание дневные колебания спроса, тогда как мелкий торговец тут же хочет перепродать товар, т.е. немедленно получить прибыль-наслаждение, и потому его заработок мал.

Солидный бизнесмен, глядя вперед, покупает дешево то, что сегодня на рынке не в цене, планируя продать через месяцы или годы, когда поднимется цена на его товар. Он знает настоящую цену своему товару и заранее радуется будущей большой выручке.

Так настоящий каббалист испытывает радость от будущего окончательного исправления, потому что уверен в нем уже сегодня, предчувствует его уже сейчас.

Каббала необходима, поскольку в ней изучаются цель и план творения, размеры вознаграждения за исправление эгоизма. Две силы толкают человека к цели: испытываемое в данный момент страдание и ожидаемое впереди наслаждение – оба они, как два паровоза, двигают тяжелый состав – один тянет вперед, а второй толкает сзади. Это и есть силы нашего развития.

СОКРАЩЕНИЕ ПЕРВОЕ, ЦИМЦУМ АЛЕФ (Ц"А)

Мы остановились на том, что первое настоящее кли – малхут – появилось в результате развития первоначального желания Творца (кэтэр) через стадии хохма, бина, зэир анпин.

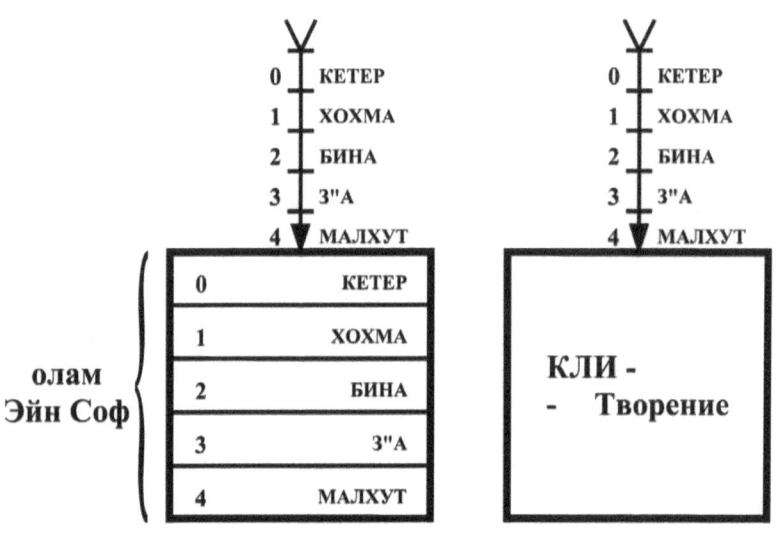

Малхут самостоятельно хочет получить уготованное ей наслаждение, сама стремится к нему, испытывает чувство страдания без него. И согласно ее желанию, свет заполняет ее полностью, насыщая все ее желания. Малхут называется олам (мир), и такое ее состояние насыщенности светом называется олам Эйн Соф – мир Бесконечности – бесконечного, безграничного наслаждения.

Сокращение первое, Цимцум Алеф (Ц"А)

Мы видим, что настоящее желание появляется лишь при выполнении двух условий:

1) желание конкретизировано, так как именно это наслаждение уже испытано и оставило определенное впечатление (решимо);
2) в данный момент этого наслаждения нет.

И наоборот: невозможно настоящее наслаждение без предшествующего ему настоящего желания.

Таким образом, лишь малхут может ощутить в полной мере все виды наслаждений, которые несет в себе свет. Так, лишь выходящий из тюрьмы по-настоящему наслаждается свободой, выписавшийся из больницы – ощущением здоровья.

Чем интенсивнее желания человека – тем больше его духовный потенциал. Самый честолюбивый атеист желает весь наш мир, а самый честолюбивый верующий – еще и духовные миры. И человек так воспитывается, особенно в детстве, что на первый план выходят его желания, а не их ограничение.

Ограничение – это уже путь исправления. Но без кли, желания, нечего исправлять. Желания – это вся наша суть. Они разные у каждого из нас, и потому мы не в состоянии понять друг друга. Каждый ищет свои наслаждения, но лишь этим люди отличаются друг от друга, так как все мы – части малхут.

Наслаждение одно – от Творца, но в нашем мире оно облачается в разные одежды: богатство, секс, почести, слава. Во всех случаях это лишь нэр дакик (слабая свечка) – микродозы Божественного света, а мы гонимся за объектами, в которых они спрятаны.

Человек – раб своих желаний, и Творец, разжигая его желание обладать определенным объектом, заставляет работать, учиться, воспитывать детей, любить и терпеть, страдать и даже идти на смерть...

Всем командует наслаждение или ожидание наслаждения в будущем. Поэтому ни о какой свободе воли не может быть и речи, пока человек не поднимется выше желания наслаждаться.

Как это возможно? Так же, как это произошло в стадии хохма: оттого, что кли наполнилось светом, идущим от Творца, оно приобрело и свойства Творца – давать наслаждение. В нашем мире этого можно достичь, изучая Каббалу.

Свет, скрытый в Торе, действует постепенно на кли – душу человека, вызывая в ней желание давать другим. «Ор махзир ле мутав», что можно перевести как «свет возвращает к Источнику». В этом и состоит особая цель изучения Каббалы – возбудить желание стать подобным высшим творениям.

У того, кто изучает свойства высших келим (сосудов), постоянно возникают соответствующие желания, вызывающие воздействие на его душу света, который и приводит к появлению желания давать, т.е. к совпадению с Творцом по свойствам и, таким образом, к слиянию с Ним. Напомним, что в духовном мире совпадение или различие свойств духовных объектов и определяют расстояние между ними.

Все исходит от Творца. Он – корень, источник всего сущего. И потому от слияния с Творцом кли получает бесконечное (неограниченное его емкостью, желанием) удовольствие, большее, чем от получения «прямого» наслаждения. Но как получить наслаждение от Творца и в то же время слиться с Ним?

Слияния можно достичь лишь одним способом: единственным желанием кли должно стать желание дать наслаждение Творцу. То есть не само наслаждение будет давать удовлетворение, наполнять кли, а то, что наслаждаясь оно тем самым доставляет радость Творцу. Тогда и у кли будет та же цель, что у Создателя, – наслаждение другого.

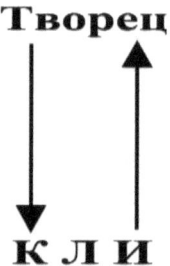

Кли получает теперь, **чтобы дать** наслаждение Создателю. Оба дают, близки по свойствам и потому сливаются в одно целое.

И кли получает:
1) наслаждение от всего света, идущего от Творца;
2) наслаждение от слияния с Творцом (что во много раз больше первого наслаждения).

Сокращение первое, Цимцум Алеф (Ц"А)

Такое состояние называется в Каббале гмар тикун – окончательное исправление. К этому состоянию обязаны прийти все творения к концу 6000 года от сотворения мира (путем Торы или путем страданий).

Каким образом? Мы уже говорили, что источник всего – Творец. Он создал желание насладиться – кли. Но желание это противоположно свойствам Творца, и потому кли бесконечно удалено от Него.

Прийти к состоянию гмар тикун возможно, если выполняются два условия:
1) для себя, т.е. для самонаслаждения, кли не получает ничего (хотя желание велико);
2) ради того чтобы доставить радость Творцу (так как Его желание – дать наслаждение), кли получает и наслаждается.

И чем больше наслаждения сможет получить кли, тем большую радость доставит оно этим Творцу. И в таком случае кли получает двойное наслаждение – от получения света и от того, что, получая его, оно доставляет радость Творцу.

Но откуда кли, т.е. 100-процентное желание насладиться, получает силы так противоестественно действовать? Ответ прост: все идет от Творца – и желания, и возможность им противостоять, и свет, наполняющий эти желания.

Ор создал кли, и он же дает кли желания, в том числе и желание давать, свойственное ему, т.е. силу противодействовать природе кли – эгоизму. Поэтому как хохма, получив свойство света, изгнала его, так и малхут мира Эйн Соф, наполнившись светом, получила его свойство «давать».

До воздействия света кли чувствует только эгоистическое желание. Но как только свет начинает передавать ему свои альтруистические свойства, кли сразу ощущает свой эгоизм. И чувство стыда и желание слиться со светом, Творцом (следствие влияния света) приводят к решению: для собственного удовольствия свет больше не принимать! И свет удаляется из малхут, так как Творец хочет дать наслаждение, а это возможно только добровольно.

Отказ принимать свет из альтруистических соображений называется в Каббале Цимцум – сокращение (желания), а так как это первое подобное действие, то оно называется Цимцум Алеф (Ц"А).

Сокращая желание, кли выполнило лишь первое условие по пути к Исправлению (гмар тикун), к Творцу – уничтожение эгоизма. И вот теперь, когда кли опустошилось, оно может выполнить и второе условие – получать свет лишь ради Творца, получать постепенно, не сразу, так как получить не ради себя все 100% наслаждения (действовать против своей природы) кли за один раз не может. Это возможно лишь постепенно и небольшими порциями.

Изучение этого процесса – постепенного получения наслаждения не ради себя, и законов, по которым он идет, – и составляет предмет изучения Каббалы. Естественно, что если бы кли в состоянии насыщения (в олам Эйн Соф), не почувствовало, что оно противоположно Творцу, удалено от него, то весь процесс, конечно, остановился бы на этом состоянии: творение полностью – на 100% – насыщено и наслаждается.

Зачем же Создатель сделал так, чтобы кли почувствовало стыд в самом разгаре наслаждения? Чтобы дать возможность кли прийти к абсолютному, неограниченному даже его емкостью наслаждению. (Ответ более глубокий относится к тайнам Торы.) Опустошенная малхут после изгнания света называется олам Цимцум.

Итак, начиная с Цимцум Алеф и до конца исправления кли (до гмар тикун), мы – хотим или не хотим, путем Торы или путем страданий, сознательно или бессознательно, постоянно, ежеминутно, с нашего рождения и до смерти, в этой жизни и после нее – занимаемся и будем заниматься лишь одним: превращением эгоизма (первородного желания получить наслаждение для себя) в альтруизм – желание давать наслаждение другим и наслаждаться ради Творца.

Далее мы рассмотрим, как идет этот процесс от Ц"А до наших дней. И мне хочется верить, что следствием изучения изложенного здесь материала будет безболезненное и быстрое исправление наших келим.

ЭКРАН (МАСАХ)

Итак, достигнув последней стадии своего развития, кли сформировалось как эгоистическое стремление к наслаждению. Этим оно полностью противоположно Творцу. Следовательно, творение – оно же кли, оно же создание, – достигнув «запланированной» конечной стадии своего развития, оказалось максимально удаленным от Творца полной противоположностью свойств.

Чем же это плохо для творения? Ведь оно полностью удовлетворено!

Однако это не так. Поясним притчей. Богач, встретив после долгой разлуки бедного друга, ведет его к себе домой, кормит, поит, одевает, выполняет все его желания. Как-то раз, желая сделать еще что-то приятное другу, он спросил его, чем бы мог еще ему услужить. Тот ответил, что единственное неудовлетворенное его желание, которое никто не сможет удовлетворить, – это получать не из милости, а заработанное своим трудом.

Очевидный вывод – «дармовые» блага не приносят полного счастья.

Откуда же у творения возникает чувство стыда и горечи от получения «чужого» хлеба? Оно возникает потому, что свет, наполняющий кли, являющийся частью Творца, придает кли свои свойства и таким образом возбуждает в кли чувство стыда за незаслуженное вознаграждение. Только совместившись по свойствам с Творцом, создание может достигнуть состояния максимального наслаждения.

Для того чтобы преодолеть это состояние стыда и бесконечного удаления от Творца, творение само наложило запрет на удовлетворение своего желания. Суть этого запрета, получившего название Цимцум (сокращение), состоит в том, что создание, т.е. малхут (или кли, что одно и то же), безмерно желая получать свет от Творца, само отказалось от получения этого света.

Если ранее свет полностью наполнял кли, то теперь, вследствие Цимцум Алеф, свет удалился.

На первый взгляд, здесь повторилась ситуация, которая привела к появлению стадии бина. И здесь кли отдает свет, не желая получать его для себя, т.е. стремится быть похожим по свойствам на Творца. Но отдавая в стадии бина свет, кли еще не знает, как он ей нужен и желаем. В стадии же малхут, совершая Ц"А, зная, какую благодать несет ей свет, кли уже сознательно все-таки отвергает его.

Свет продолжает стремиться войти в кли, ибо такова его сущность – желание усладжать. Но кли, изгнав свет, закрыло ему доступ внутрь себя.

Эта преграда на вход света в кли называется масах (экран). Масах отражает приходящий сверху свет, не давая ему войти внутрь кли.

Мы уже говорили, что в духовном мире ничего не исчезает: все, что было, – остается существовать, а то, что рождается, – добавляется к прошлой картине, как бы накладывается на прошлое.

Старое продолжает существовать, из него появляется новая форма. Поэтому одновременно существуют все прошедшие стадии кли – 1, 2, 3, 4, Олам Эйн Соф, Олам Цимцум. И все они являются продолжением один другого. Все прежние формы кли остаются, а теперь, после Ц"А, существует еще и пустое кли – малхут. И оно решает принимать свет, наслаждаться лишь ради Творца, так как лишь принимая от Него свет, может дать Творцу наслаждение.

То есть действие не изменилось – кли по-прежнему будет принимать свет (ведь только в решении – принимать или нет – состоит его свобода выбора), но теперь, после Ц"А, изменилась цель получения наслаждения – не ради себя (хотя в этом исконное желание кли), а лишь ради Творца.

Таким образом, не меняя действия, а лишь изменив цель получения наслаждения, его мотивацию (кавана), кли из получающего превратилось в дающего.

Итак, главное теперь после Ц"А – мысль, с которой кли получает наслаждение. Эта мысль (кавана) и определяет действие кли – получает оно или дает. А сила этой мысли определяет количество света (наслаждения), которое кли может получить не ради себя, а ради Творца. Но поскольку цель получать лишь ради Творца – противоестественна для кли, то оно может позволить

Экран (Масах)

себе получить ровно столько света, не рискуя начать самонаслаждаться, насколько сильна в ней эта мысль, это намерение. То есть кли должно постоянно контролировать свои желания и точно рассчитывать получаемую внутрь порцию света.

Объясняя языком Каббалы (в четком описании чувств и духовных движений), у кли появляется свойство задержать, не впускать или допускать в себя – принимать лишь определенную порцию света. Это свойство называется масах (экран). До Ц"А взаимодействие света с кли можно изобразить графически следующим образом (см. чертеж на следующей странице).

Поясним чертеж: свет (наслаждение) исходит из Творца (прямой свет – ор яшар, О"Я), проходя через все стадии кли – от кэтэр до малхут, – доходит до самого кли-малхут и наталкивается на экран (масах) перед ним (т.е. на решение творения на стадии малхут не впускать свет ради себя, для самонаслаждения).

Экран, отталкивая все наслаждения, имеющиеся в свете, создает отраженный свет (ор хозэр, О"Х). Этим действием кли соблюдает первое условие, условие Ц"А – не получать для себя. Затем с помощью экрана кли рассчитывает, какое количество света оно может принять, т.е. при каком максимальном количестве света может удержаться от самонаслаждения. И только это количество света кли разрешает получить.

Чем большее количество света может получить в таких условиях малхут и чем большее наслаждение тем самым дает оно Творцу получением света, тем ближе оно к Творцу.

Если ранее свет бесконечно наполнял кли, то вследствие Ц"А он удаляется из кли. Свет исходит от Творца постоянно и постоянно стремится войти внутрь кли. Однако действие кли теперь находится под самоконтролем: кли оценивает величину поступающего наслаждения и свою способность противостоять получению его ради себя.

А теперь вернемся к изучению работы экрана на классическом примере Каббалы.

Обычный человек по природе своей склонен к чувству сострадания, при этом необходимость получения помощи от другого вызывает у него неприятные ощущения.

Простой пример. Попав в гостеприимный дом, человек, как правило, вежливо отклонит приглашение откушать, потому что ему неприятно ощущать себя получателем. Но если он услышит настойчивые приглашения, причем неоднократные, т.е. если ему

Схема мироздания

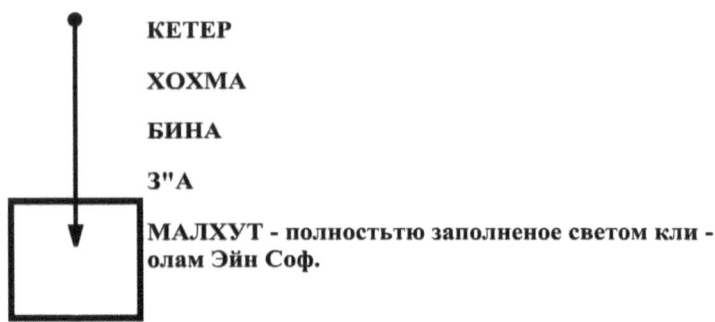

то после Ц"А свет удалился из кли:

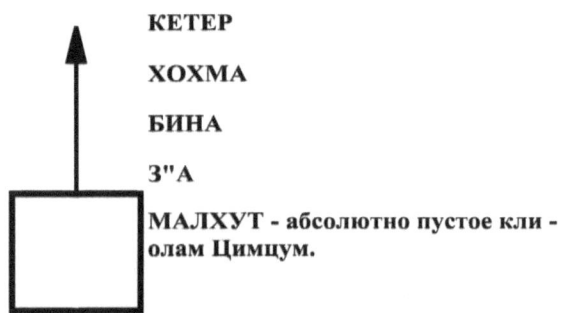

а частичное получение внутрь наслаждения можно изобразить следующим образом

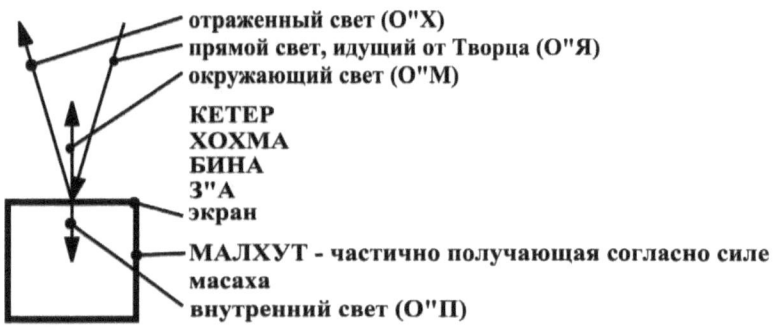

станет ясно, что он доставит удовольствие хозяину и окажет ему услугу тем, что примет приглашение, то он согласится и сядет обедать, потому что уже не будет чувствовать себя получателем, а хозяев дома – дающими.

Экран (Масах)

Наоборот, он уже ощущает, что как бы делает одолжение, доброе дело, соглашаясь пообедать. То есть он **дает** тем, что **получает**. Голод, желание кли наполниться осталось тем же. Но отклонив несколько раз предложение пообедать, обратив этим получение пищи в оказание услуги тому, кто ее дает, он чувствует, что доставляет радость хозяину, и чем больше он съест, получит – тем большее удовольствие доставит хозяину. И все это благодаря отказу от пищи – отталкиванию, созданию отраженного света (ор хозэр).

То есть отказ становится условием к получению последующего – уже без чувства стыда – наслаждения.

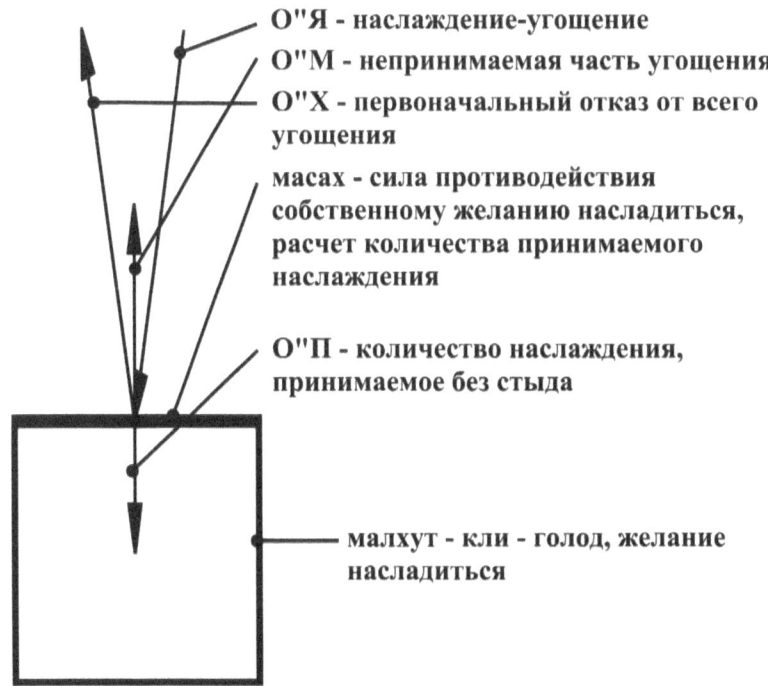

А теперь сопоставим этот пример с нашими объектами – ор и кли (см. чертеж).

Явление Ц"А может показаться на первый взгляд парадоксальным – ведь согласно цели творения, отказываясь от получения света, кли препятствует осуществлению этой цели. Однако из приведенного выше примера видно, что проявив впервые собственную волю (Ц"А) и изменив условия получения света (с помощью масаха), кли способствует цели творения в еще большей степени, так как избавляется от стыда и, таким образом, дополняет наслаждение светом наслаждением от слияния с Творцом.

Свет, исходящий из Творца, един, т.е. в нем не существует никаких различных наслаждений – наслаждение едино и абсолютно. Кли же извлекает из этого наслаждения какое-либо определенное, частное, в зависимости от своих свойств. Это – как манна небесная в Синайской пустыне, в которой каждый находил вкус, который хотел ощутить.

Но вне кли, т.е. вне анализатора, вне потребителя, вне того, кто ощущает, мы не знаем и не можем ничего сказать о свете, о манне. Даже для утверждения, что она безвкусна, нужен кто-то, ощущающий это отсутствие вкуса и передающий это ощущение нам.

Единственное свойство света, известное нам вне творения, – желание насладить его (кли-творение). Но каким видом наслаждения – это уже зависит от кли, оно само выбирает, в зависимости от величины своего экрана.

От рождения у человека есть, как у кли до Ц"А, лишь желание получить наслаждение, заполнить, удовлетворить все свои потребности. Естественные желания человека, находящегося в этом мире, ограничены этим миром. Лишь к тому, что мы видим, возникает у нас тяга – «материальное» желание насладиться. Желание же насладиться духовным, т.е. светом, отсутствует.

Мы не знаем, что такое духовное наслаждение, свет, т.е. наслаждение без материальных оболочек в виде еды, богатства, секса, славы.

Если человек начинает, сознавая никчемность этих наслаждений, отталкивать их, то свыше ему дают еще большее удовольствие в этих материальных оболочках. Это делается для того, чтобы взрастить в человеке его экран (масах).

Человек создает запрет (цимцум) на свои желания... и тут же желания эти увеличиваются – чтобы он сделал еще больший цимцум и так далее – до состояния, когда он сможет оттолкнуть все наслаждения нашего мира, так как его цель – выйти в духовный мир.

Праведники знают это и проходят через такие темные мысли и соблазны, которые простому слабому грешнику, «обычному» человеку, и не снились. Поэтому говорится, что у большого человека и большие желания (но он может устоять против них и именно потому они даются ему).

Еще одна притча-иллюстрация. Королю захотелось выбрать самых подходящих слуг из всех подданных его королевства. Он дал знать всем жителям страны, что каждый может явиться к нему в замок и поступить на службу. При этом он поставил на всех дорогах, ведущих к замку, множество стражников, приказав им указывать неправильную дорогу и всячески путать и усложнять движение к замку.

Жители страны, услышав, что есть возможность жить в замке короля и служить лично ему, устремились вперед. Но строгие стражники всячески задерживали их, сбивали с пути, отказывали по многу раз.

И чем ближе к замку, тем все тяжелее было продвигаться к заветной цели. Лишь преодолевшие все трудности, сомнения и отчаяние и, таким образом, победившие строгих стражников своим терпением и желанием – достигли ворот замка, открыли их и предстали пред ликом короля.

И после этого у них уже не было необходимости воевать со стражниками, омрачавшими весь их долгий путь, поскольку они заслужили возможность соединиться с королем и заняться настоящим делом... А все эти стражники – лишь для подготовки духовного роста человека, развития его, поднятия до уровня духовных объектов.

И потому путь вверх начинается с того, что человек начинает воспринимать все в жизни как возможность, средство, сигнал, помощь или помеху сверху, от Творца, чтобы подняться, – и так каждое мгновение в жизни. Знай, что тебя ждет твой Творец, ждет твоего обращения к Нему, проси масах и расти...

Соблазны жизни кажутся праведникам огромной горой, а обычному человеку тонким волосом: ведь пока он не начинает работать над собой, он не может ощутить, насколько трудно перебороть первородный эгоизм, и не только трудно, а самому просто невозможно.

Для чего же тогда бороться с ним? Чтобы поняв и почувствовав, что это невозможно, мог человек дойти до крайней точки, когда, не видя выхода из создавшегося положения, он кричит из глубины сердца к Творцу. И вот это-то обращение к Творцу и открывает путь света в эгоистическое кли, вопреки запрету

Ц"А, так как желание человека – исправиться. А свет, уже войдя в кли, дает ему свою природу, и появляются силы и тяга соблюдать Ц"А – и тут же открываются глаза в духовный мир и душа выходит из галута.

Для чего необходимо Творцу, чтобы мы могли выйти из галута только с его помощью, только воззвав к Нему от всего сердца? Да просто потому, что таким образом мы находим, наконец, связь с Ним и начинаем приближаться к Нему, как к источнику, попадая в поле исходящих от Него наслаждений.

Зная, насколько трудно бороться с собственным злом, великие духом праведники всегда бережно относились к простым людям, так как на себе чувствовали, насколько трудно устоять против эгоизма. Из этого принципа и родились все хасидские рассказы.

И конечно, тот, кто работает над собой, видит ничтожность своей природы и слабость воли, постоянно борется с собственным злом, обращая все свои мысли к Творцу, – не в состоянии такой человек указывать, читать нравоучения другим, пренебрегать, презирать хоть кого-либо из людей, «поучать» других.

Ведь чем дальше продвигается он, т.е. чем больше света входит в него, – тем большую разницу видит он между светом и собой – между абсолютным альтруизмом и абсолютным эгоизмом, и постигает величие Творца и собственное ничтожество, и видит, что **мир вокруг совершенен, а исправлять надо лишь самого себя.**

Но настоящий каббалист всячески скрывает себя, даже свои хорошие качества. И потому настоящего «поднимающегося» праведника простым глазом не увидеть, хотя все его желание – сделать хоть что-то в духовном мире за нас и ради нас...

О путях приближения к Творцу, стадиях на этом пути и повествует Каббала. По сути своей, Каббала исследует созданное Творцом желание насладиться, анализирует его, делит на составные части и изучает возможности исправления для достижения кли свойств света, т.е. Творца.

При этом язык чувств – желаний, страданий, наслаждений душ – переводится на физико-математический язык, на котором говорится о величинах и направлениях желаний и их совместных действиях. То есть так же, как обычная наука анализирует материальную природу, так Каббала анализирует душу человека, определяя структуру ее строения.

Экран (Масах)

И хотя говорится о чувствах, но Каббала – это наиточнейшая наука, как мы увидим в дальнейшем.

Любая наука оценивается согласно ценности ее выводов, результатов. Невозможна какая-либо наука без определенной цели, и лишь значимость цели придает вес, ценность науке. А поскольку цель любой науки – получение результатов, приносящих пользу лишь в нашем материальном мире, и лишь в его рамках она существует, то любая наука – временна, как и сам наш мир. Каббала изучает высшие, вечные миры и дает нам результаты исследования всего механизма мироздания. Каббала объясняет устройство, цель, управление вечными мирами Творцом.

Цель, преследуемая наукой Каббала, – постижение и слияние с Творцом. В этом цель всего творения и внутренний смысл всех наук, который еще раскроется в будущем.

Согласно своей природе, кли может совершать действие: получать или не получать свет с определенным намерением – ради себя или ради Творца. Причем получение ради Творца эквивалентно отдаче, т.е. действию, обратному природе кли.

Изменяя свои намерения без изменения действия, кли как бы меняет действие на обратное, становится дающим, каковым может быть лишь Творец...

Человек ударяет другого ножом. Преследуемая цель – убить, т.е. получить для себя что-то, что является эквивалентом наслаждения. Но возможна и другая цель – вылечить с помощью операции, дать другому облегчение, выздоровление, т.е. насладить другого. Действие то же самое – удар ножом, но мысль, намерение, мотивация изменяет его на обратное. И поэтому самое главное – цель действия.

Выявить цель, намерение – эту миссию выполняет экран. Он предварительно проверяет намерение – получить удовольствия для себя или ради слияния с духовным миром. И лишь во втором случае решает принять свет.

Отсюда видно, что в возможностях кли есть два действия – наслаждаться самому, думать о себе, т.е. получать, или наслаждаться ради Творца, думать о Нем, т.е. давать.

Другими словами, есть лишь одна заповедь – отдавать и лишь один грех – получать. И это основа всех многочисленных и подчас непонятных нам повелений и запретов, налагаемых Торой. Но в основе всей Торы лежит один-единственный принцип – отдавай другому, возлюби ближнего, выйди из рамок эгоизма.

Причиной того, что большинство заповедей кажутся нам бессмысленными, является наша неспособность увидеть их духовную сущность – взаимодействие света с экраном. Но лишь тогда, когда человек выполнит условие Ц"А, т.е. решит получать не ради себя, – лишь тогда откроются у него глаза, он увидит и ощутит духовный мир и источник заповедей – Творца.

Лишь обладание экраном – силой сопротивления эгоизму – дает человеку возможность быть воистину свободным в своих поступках, а не оставаться слепым рабом своего тела.

Первая стадия работы над собой у желающего духовно возвыситься называется акарат ра – осознание зла (собственного), т.е. эгоизма. Осознание возможно, лишь если человек стремится совершать хорошие – альтруистические поступки. Именно тогда он обнаруживает, – вернее, ему раскрывают это свыше, – что он не в состоянии этого делать.

Ступени в осознании собственного зла:
1) Могу физически и духовно желать и делать альтруистические поступки.
2) Не могу ни желать, ни делать альтруистические поступки.
3) Не хочу ни желать, ни делать альтруистические поступки.

И когда человек постигает во всей полноте собственное бессилие, единственное, что у него остается, – требовать от Творца помощи. Ведь лишь Тот, кто сотворил нашу природу, лишь Он и способен ее изменить!

В общем же путь поднимающегося состоит из четырех стадий:
1) Стремиться все получать для себя.
2) Стремиться отдать ради себя.
3) Стремиться отдать ради Творца.
4) Стремиться все получить ради Творца.

1 – это наше исходное состояние, такими мы появляемся в этом мире.

2 – начало движения, состояние, называемое «ло ли шма» – когда физические действия вроде бы альтруистичны, но их цель – собственная выгода (в том числе собственное продвижение вперед, желание личного духовного постижения).

В состояниях 1 и 2 человек выполняет программу творения «ло ми даато», т.е. не по собственной воле, а как робот. Все его движения направлены лишь в сторону привлекающих его наслаждений.

Экран (Масах)

После выполнения условия Ц"А человек преодолевает махсом – врата в духовный мир. О его пути на третьей и четвертой стадиях мы поговорим в дальнейшем, при изучении миров БЕ"А.

Но в чем же может быть свобода наших поступков, если наше сознание – лишь желание насладиться? Свобода выбора состоит в том, чтобы желать избавления от эгоизма. А так как это избавление возможно лишь под воздействием света (как стадия хохма-бина, например), то право выбора состоит в стремлении к свету. **Необходимо желать света, но не ради наслаждения, а ради очищения.**

Как же призвать, притянуть свет к себе? Проси об этом Творца. Ведь согласно запрету Ц"А в эгоистическое желание свет войти не может: общее кли – первичное творение – еще в мире Бесконечности установило для себя этот запрет. И он действует во всех частях и на всех уровнях творения, кли, в том числе и в нас. Ц"А не аннулируется никогда, свет никогда не войдет в кли, наполненное желанием самонасладиться. А так как кли (человек) рождается лишь с таким желанием, и лишь под действием света внутри кли появляется желание давать – то возникает вопрос: как и с чего начать?

Лишь маленькая искра света – нэр дакик – будет светить эгоисту для поддержания в нем жизни, «чтобы было ради чего жить», – ведь если кли не получает удовлетворения, человек стремится к самоубийству.

Существуют лишь две субстанции: Творец и творение – ор и кли. Есть я – эгоист от рождения, и есть духовный свет, даже не ощущаемый мною. Он, этот свет, если бы вошел в меня, сделал бы из меня духовное существо, жителя всех миров, приблизил бы меня к вечности и Творцу, дал бы мне возможность бесконечно наслаждаться светом, чего подсознательно только и хочет все мое существо. Но пока я эгоист и не могу выполнить условие Ц"А, свет и я бесконечно далеки друг от друга...

Чтобы избавить творения от этого беспредельного отдаления от духовного, дать возможность первоначального соприкосновения, получения очищающего света, дана нам Тора. Именно Тора позволяет, вопреки запрету Ц"А, войти в кли первой микропорции света, вызывающей в кли желание очищаться и далее от эгоизма.

Название «Тора» происходит от слов ор – свет и ораа – указание, инструкция. Тора по сути своей – не цель, а средство достичь определенной цели. Поэтому в ней и сказано: «Хотел Творец очистить евреев, потому дал им Тору и Заповеди» (Талмуд Макот, 23).

У каждого человека в жизни есть шанс – Творец дает ему первоначальный толчок. Ведь у абсолютного эгоиста, каковым каждый из нас является от рождения, не может появиться даже мысль о духовном возвышении. Но дается Творцом каждому – ситуация, книга – в общем, возможность приблизиться к высшему. А использовать этот шанс или нет – зависит уже от самого человека.

Необычайно красочно описана встреча со светом в книге «Московщина» Юрия Вудки: «... Пожалуй, меня спасло необычайное событие, самое яркое и необычное в моей жизни. Случилось это, когда я, обессиленный многочасовым зябким курсированием из угла в угол каменного гроба, прикорнул у стола в перекрученной, неудобной позе. Не знаю, спал я или нет. Не знаю, сколько прошло времени (часы отбирали еще у входа в тюрьму).

Когда я поднял голову, матовое окошечко было окрашено ультрамариновым цветом вечера. Еще явственнее оттенялся зарешеченный отсвет лампочки на потолке. Клеточки тени были трапециевидные: узкие внизу и все более широкие вверху. Все осталось на месте, и в то же время преобразилось непередаваемо. Карцер стал как бы сквозным; весь мир и меня самого пронизывало сияние неземного блаженства. Пыточный гроб всеми фибрами своими трепетал от такого нечеловеческого счастья, что я, переполненный ликованием, бросился на пол с горячей молитвой, мешая русские и еврейские слова.

Это была молитва благодарности. Я ощущал все необычайно явственно. И невыразимо четко сознавал, что никогда в своей земной жизни не испытывал и наверняка не испытаю ничего, даже отдаленно похожего на это чистое, святое, невозможное блаженство. Это было дыхание вечности, в котором бесследно растворялось все злое, наносное, второстепенное. Это был не тот внутренний огонь, который подобен жесткому пламени в черной пещере, а тихий, неугасаемый светильник. Это состояние уходило медленно, постепенно слабея и замирая день за днем. Оставляло неизбывную память. Остывало неспешно, как море. Никогда не забуду, с какой улыбкой величайшей радости засыпал я на голых досках. Ни голода, ни боли, ни зла, ни смерти для меня не существовало. Мне не только ничего больше не

Экран (Масах)

было нужно, но наоборот, я не знал, на кого и как излить переполняющее меня блаженство. Лишь через несколько дней, когда теплился только его слабый остаток, я вспомнил о голоде...».

Это прекрасное, красочное описание духовного ощущения верно для всех – именно так впервые каждый воспринимает свет. Так же передают нам свои впечатления люди, пережившие клиническую смерть, прошедшие коматозные состояния.

И можете верить или нет, но есть в нашем мире люди, ощущающие в миллионы раз больше и постоянно... Но от первой проходящей встречи со светом до его постоянного ощущения есть период создания экрана – длительной работы над собой.

Я не желаю запутывать здесь читателя, но как уже говорилось – все исходит от Творца. Да и нам уже ясно, что и желание, и его насыщение – от Творца, Он создает кли и дает ему свет. Но «я» чувствую, это «мое» чувство, «мои» радость и боль. И потому мы говорим о чувствах кли, хотя все эти чувства и дает ему Творец. А в наших возможностях лишь просить Его изменить «наши» чувства и желания.

Тогда дано будет человеку увидеть проявление Творца во всем, что окружает его, во всем, что составляет его жизнь, его быт, его «прекрасные порывы», его самые низменные желания – во всем он увидит лишь Творца.

Но и желание изменить мои чувства я получаю также от Него. Все от Него! Так где же я сам?

Царь Давид (псалом 139) говорит об этом так:
«Господи, Ты изучил меня и узнал. Ты знаешь, когда сяду я и встану, понимаешь наперед мысли мои.
Путь мой и ночлег окружаешь и знаешь все пути мои.
Даже нет слова в языке моем, как ты знаешь меня.
Сзади и спереди объемлешь меня и сверху возложил на меня руку Твою.
Удивительно знание для меня – не могу его постичь. Куда уйду от духа Твоего и куда от Тебя убегу? Поднимусь в небеса – там Ты, постелю себе в преисподней – вот Ты!
Возьму ли крылья утренней зари, поселюсь ли на краю моря –
И там рука Твоя поведет меня и держать будет десница Твоя.

И скажу я: только тьма скроет меня, и ночь — вместо света для меня!
Но и тьма не скроет меня от Тебя, и ночь, как день, светит, тьма — как свет.
Ибо Ты создал меня, соткал во чреве матери моей. Славлю Тебя, потому что удивительно устроен я, знает это душа моя.
Не скрыта от Тебя суть моя, когда созидаем был втайне я, образуем в глубине земли.
Еще не созданным уже видели меня глаза Твои и в книге Твоей, где записаны дни,
Когда каждый сотворен будет — мне означен один из них.
Но как трудны мне помыслы Твои, Боже, как велико число их!
Стану считать — многочисленней песка они. Пробуждаюсь — и все еще я с Тобой...
Исследуй меня, Боже, узнай сердце мое, испытай меня, узнай мысли мои.
Посмотри, не на печальном ли пути я, и веди меня по пути вечному!»

...Вот именно, «сзади и спереди объемлешь меня и сверху возложил на меня руку Твою...». Все мои мысли — от Тебя, все мои желания — от Тебя, и все же я чувствую, что они — мои. Творец захотел создать творение, которое чувствовало бы себя независимым «я», причем настолько независимым, что не чувствовало бы и даже не верило в Него.

Но когда говорится в Торе: «Слушай, Израиль, Господь един» или «Нет никого, кроме Него», то имеется в виду, что существует только Творец... И потому высшая степень мудрости — простая вера, так как разум — ничто.

Но эта простая вера дается лишь мудрым, после долгого трудного пути поисков, а не так, как хотел бы считать каждый неуч, что именно потому у него простая вера, что он неуч. К этой простой вере и приведет нас, в конце концов, эволюция и прогресс (т.е. путь страданий) или путь возврата к вере (т.е. путь Торы).

... Рабби Давид Лейкес, ученик Бааль Шем-Това, спросил у хасидов своего зятя рабби Мотла из Чернобыля, вышедших навстречу ему за город: «Кто вы?». Они сказали: «Мы — хасиды рабби Мотла из Чернобыля». Тогда он спросил: «Верите ли вы своему учителю неколебимо?» Те промолчали, ибо кто решится сказать, что вера его неколебима.

«Так я хочу рассказать вам, – продолжал он, – что такое вера. Однажды в субботу затянулась третья трапеза у Бааль Шем-Това, как это часто бывает, до позднего вечера. Потом мы благословили пищу и сразу же произнесли вечернюю молитву и авдалу над чашей и сели за трапезу проводов Царицы-субботы. А все мы были очень бедны, и не было у нас ни гроша, тем более в субботу. И все же когда Бааль-Шем-Тов после трапезы проводов Царицы сказал: «Давид, дай на медовый напиток!», – я сунул руку в карман, хотя знал, что там ничего нет, и достал оттуда золотой. Я дал эту монету, чтобы купили медовый напиток...»

В принципе, это самая сложная и в общем-то единственная задача, стоящая перед каждым, решившим подняться, – идти вперед можно лишь в случае, если вера в цель больше желаний тела.

На иврите это условие выражается словами «эмуна лемала ми даат» – «вера выше знания». Здесь под знанием подразумевается все, что говорят человеку его разум и тело. А они утверждают, что надо спокойно жить, думать о деньгах, семье, детях и т.п. Но уж никак не о том, чтобы наперекор всему миру, всем родным, знакомым, а главное, вопреки себе – выбрать целью духовное высшее постижение Источника, слияние с Ним. Да еще при том, что до преодоления барьера (махсома) Ц"А, до вступления в духовные миры все говорит против Торы и веры. И эти «мешающие» мысли и обстоятельства постоянно посылаются самим Творцом, ведь именно преодолевая их, человек увеличивает свою веру в цель, а сама вера и есть духовное кли, в которое он затем получит свет.

Мы изучим впоследствии, что духовный сосуд состоит из двух частей: рош (голова) и гуф (тело), где рош – вера, а гуф – желание отдавать другим. Мы же от рождения представляем собою сосуд, кли, где рош – знание, а гуф – желание самонаслаждаться. Идти наперекор собственному бессилию (поскольку это против желания тела) и разочарованию можно, если постоянно контролировать и заботиться о выполнении основного правила «эмуна лемала ми даат». Лишь тогда «все, что делает Творец, – все к лучшему», так как определяющая цель – слияние с Творцом.

Схема мироздания

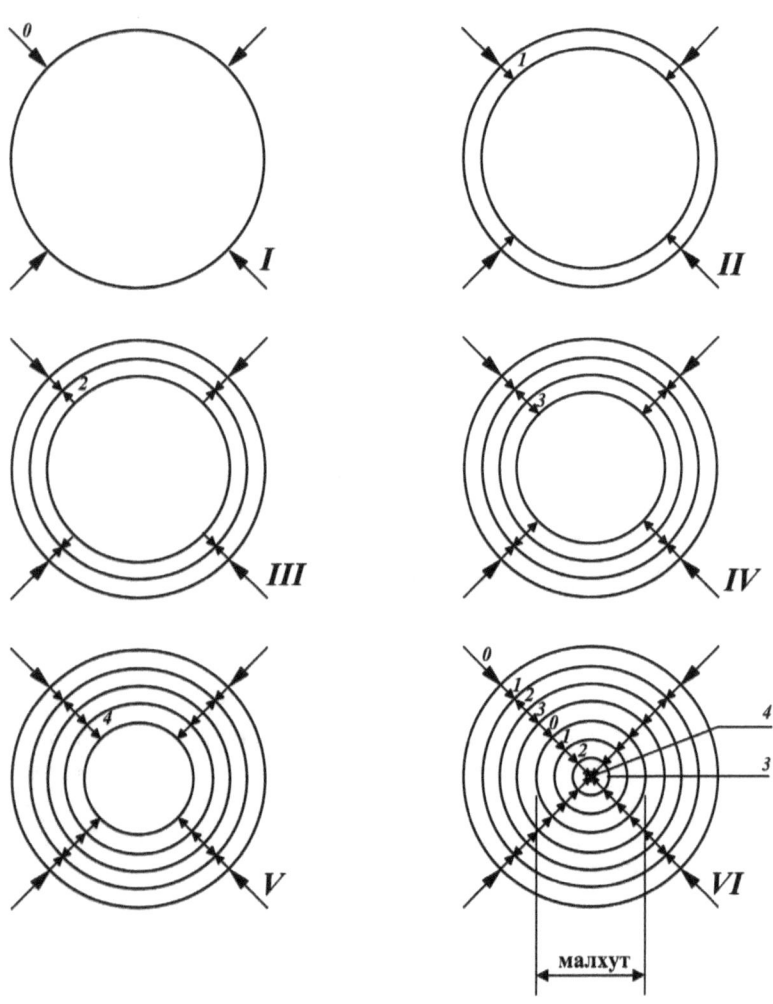

Экран (Масах)

I
: 0 – исходящий из Творца свет (кэтэр – желание Творца сотворить создания, дабы насладить их) порождает первичное творение.

II
: 1 – первичное творение (хохма) – желание насладиться исходящим из Творца светом.

III
: 2 – наполнившись исходящим из Творца светом (0), творение (1) получило свойство света «наслаждать» и потому отказывается более получать свет: стадия 2 (бина).

IV
: 3 – поняв, что изгоняя свет, творение не выполняет этим желание Творца, оно решается на компромисс – получить лишь часть света: стадия 3 (З"А).

V
: 4 – З"А как самостоятельная стадия взвешивает, что ему лучше: со светом-наслаждением или без оного, и решает принять, как в стадии хохма, весь свет в себя. И это желание получить, идущее уже из самого кли, а не от Творца – как в стадии 1, называется малхут (4).

VI
: малхут целиком наполняется светом из всех предыдущих стадий, и поэтому в ней образуются ее подстадии, отсеки, получающие свет соответственно из стадий 0 – 3, а в стадию 4 – малхут – поступает свет, предназначенный ей самой. Малхут в максимально, неограниченно наполненном состоянии называется олам Эйн Соф – мир Бесконечности.

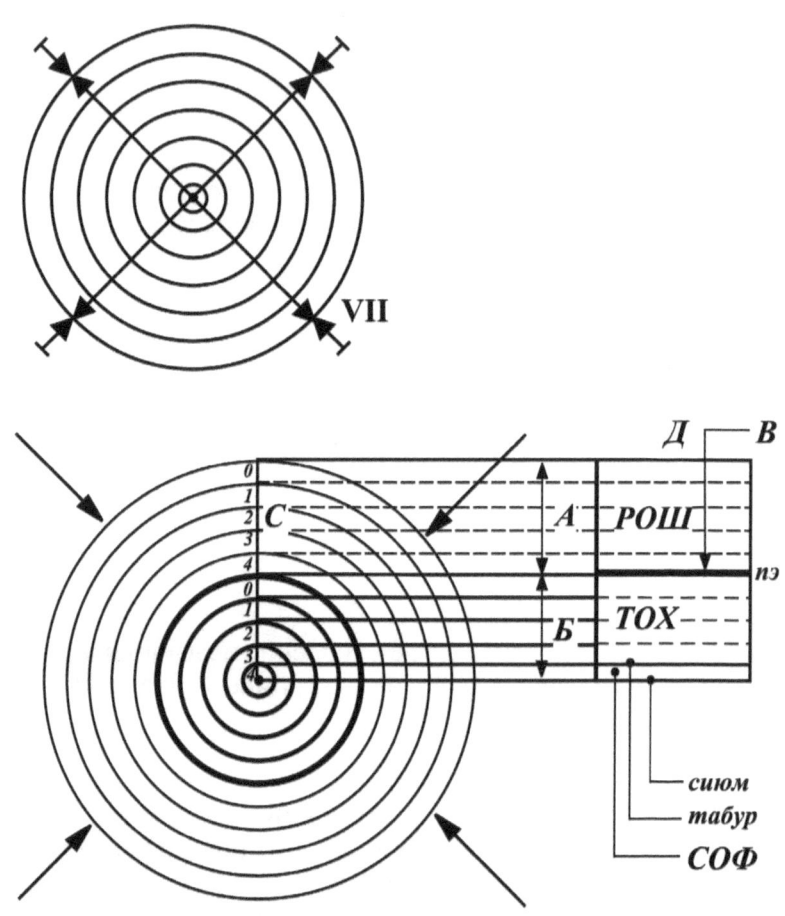

VII

: получив от наполняющего света свойство «давать» – противоположное ее природе, малхут решает не принимать свет ради самонаслаждения. Это решение и его следствие – исход света из малхут – называется «сокращение первое» – Ц"А (Цимцум Алеф). Опустошенная малхут называется – «мир сокращения» (Олам Цимцум). После исхода света в малхут остались воспоминания, записи (решимот) о свете-наслаждении.

Экран (Масах)

А – рош, сфирот: кэтэр, хохма, бина, З"А, предшествующие малхут;

Б – сама малхут. Тох – кэтэр, хохма, бина, З"А в малхут. Соф – малхут в малхут.

В – масах.

После Ц"А и решения получать свет лишь согласно наличию масаха малхут условно изображается не в виде круга, а в виде линии (С), так как в состоянии получать лишь небольшие порции света,

Д – увеличенное по горизонтали изображение линии С (условное изображение малхут).

Все, что мы можем познать, о чем можем говорить, что можем исследовать, – лишь реакцию малхут на получаемый свет. То, что существует вне малхут, – вне нашего постижения.

ПЯТЬ УРОВНЕЙ ЭКРАНА

Надеюсь, читатель простит мне многочисленные отступления и побочные (вроде бы) рассуждения. Я повествую о сотворении миров, т.е. веду повествование сверху вниз, от Творца к человеку, от начала – Источника творения через все его стадии к цели творения – человеку в этом мире.

И если мой рассказ о творении будет содержать только информацию о строении мироздания – для этого не стоило бы и начинать писать книгу.

Ведь смысл, цель Каббалы (всей Торы и всего мироздания) не в повествовании о духовных мирах и процессах их творения, а в обучении человека правилам духовного восхождения – сближения, слияния со светом и его Источником.

Как мы узнали, для создания настоящего кли свет должен пройти четыре стадии:

0 – наслаждение – ор – кэтэр;
1 – первичное кли – хохма;
2 – отказ получать наслаждение – бина;
3 – компромисс – зэир анпин (З"А);
4 – настоящее кли – малхут.

Малхут получает свет от всех предыдущих стадий – от кэтэра, хохмы, бины, З"А. Таким образом, родившись, она постигает все, что было до нее: она родилась от З"А, З"А появился из бины, бина из хохмы, а хохма из кэтэра.

А так как постижение возможно только при получении информации – света – внутрь кли, то в самой малхут появляются пять подразделов (частей, отсеков), каждая из которых постигает, т.е. получает свет от определенной, соответствующей ступени, находящейся до малхут, и эти отсеки в малхут называются по именам (номерам) источников света.

Свет, получаемый в отсек кэтэр, находящийся в малхут, называется ехида; свет, получаемый в отсек хохма (в малхут),

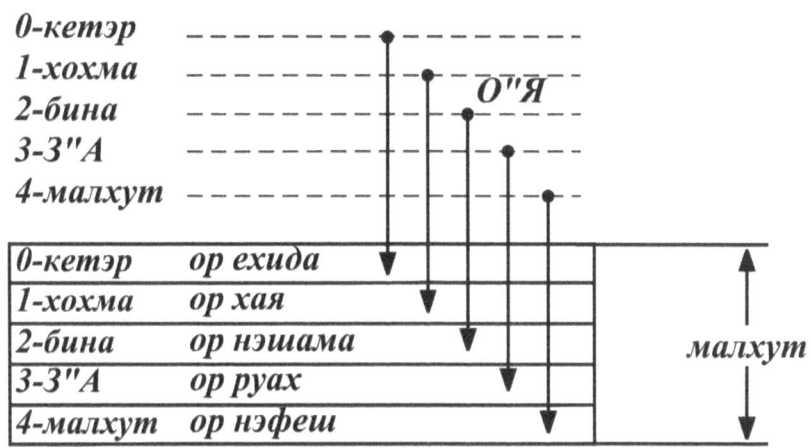

называется хая; свет, получаемый в отсек бина (в малхут), – нэшама; свет, получаемый в З"А (в малхут), – руах, и свет, получаемый в сектор малхут, находящийся в малхут, называется нэфеш.

Таким образом, в малхут есть пять различных видов, уровней желаний на пять разных входящих светов. Поэтому после Ц"А малхут создала пятислойный заградительный экран (масах), т.е. в масахе появились пять различных уровней плотности, жесткости (авиют) – пять сил отталкивания, отторжения света-наслаждения.

И как следствие отталкивания приходящих в малхут пяти лучей прямого света, рождаются пять лучей обратного, отраженного света. Как уже говорилось выше, этот отраженный свет – ор хозэр – условие последующего получения света внутрь кли. Поэтому когда нет в масахе силы оттолкнуть какой-либо из приходящих светов – видов наслаждения, то именно этот свет малхут, конечно, не может получить.

Чем сильнее наслаждение (чем больше свет), тем большую силу воли (жесткость экрана) должен иметь человек (кли, малхут), чтобы оттолкнуть это наслаждение (свет).

Итак, свет приходит через четыре стадии к малхут и ударяет в масах, стоящий перед ней. Малхут состоит из пяти отсеков – желаний с масахом соответствующей силы отталкивания в каждом. Самое слабое желание – в отсеке кэтэр, находящемся в малхут. Более сильное – в отсеке хохма в малхут и так далее, а самое сильное – в отсеке малхут в малхут.

Схема мироздания

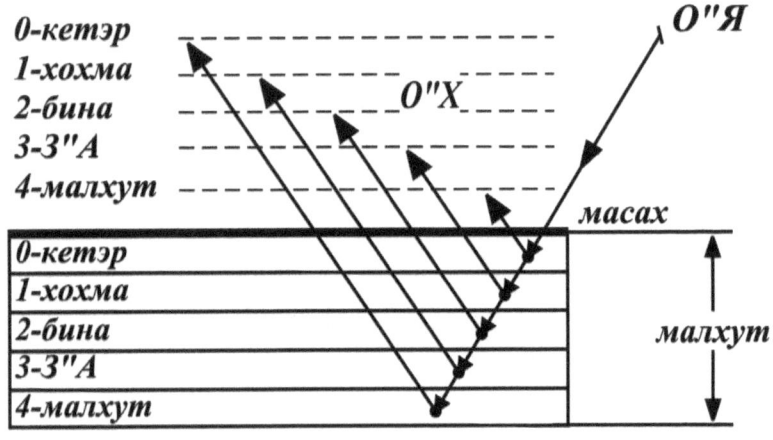

Если в кли есть лишь масах силы 0, т.е. его максимальная способность сопротивления – на желание уровня кэтэр в малхут, то только в эту часть малхут может принять наслаждение – свет. А на остальные свои части должна произвести цимцум (сокращение, отталкивание света) и не получать: ведь если получит в них, то получит ради себя, и вследствие отсутствия масаха это будет самонаслаждение, запрещенное условием Ц"А.

Если же в малхут есть сила не получить ради себя, а получить ради Творца, т.е. она может противодействовать двум и более частям – «желаниям», находящимся в ней, то в них она, соответственно, и сможет принять свет.

То есть в зависимости от силы, жесткости масаха малхут может принять то или иное количество света. Таким образом, мы видим, что малхут использует из всей своей толщины (желаний) лишь ту часть, на которую у нее есть масах, и только эта часть заполняется светом, а остальные пустуют, вернее, в них есть ор хасадим, как в бине до Ц"А, т.е. наслаждение от слияния с Источником, от подобия Ему. В той же части малхут, которая заполняется светом, есть и ор хасадим (наслаждение от слияния), и ор хохма (наслаждение от самого света).

Малхут «видит» перед собой с помощью отраженного света – ор хозэр, как и мы в нашем мире. Поэтому чем больше или меньше масах и, соответственно, больше или меньше ор хозэр, тем больше или меньше света перед собой видит (ощущает, что

Пять уровней экрана

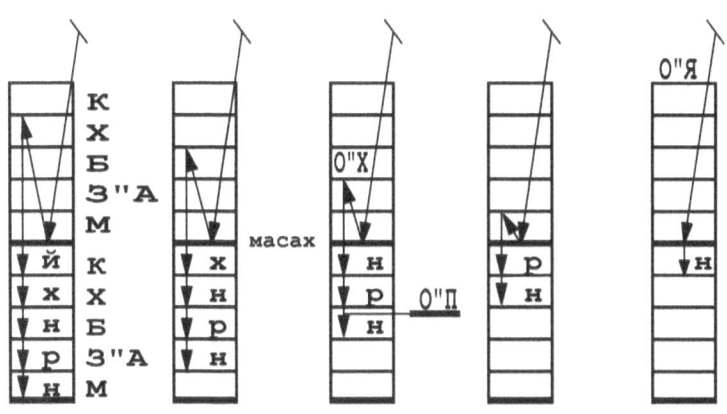

О"Я-ор яшар, **О"Х**-ор хозэр.
НАРАН"ХАЙ: н-нэфэш, р-руах, н-нэшама, х-хая, й-йехида (ехида).

к-кетэр, х-хохма, б-бина, З"А-З"А, м-малхут.
4———3———2———1———0◄
                        сила масаха

он есть) малхут и, естественно, тем больше или меньше света может принять внутрь.

А если в малхут, т.е. в желании самонасладиться, совсем нет масаха – то она ничего не видит. Так и те из нас, кто еще не создал масах, – не видят, т.е. не ощущают духовные миры, так как находятся под запретом Ц"А: свет в эгоизм не войдет – так решило первичное творение, первое кли, – малхут в олам Эйн Соф, и этот закон непреложен для всех ее частей, т.е. и для нас.

И поскольку мы не видим источников – причин происходящего в нашем мире, мы можем лишь верить в существование Творца и не можем оправдать кажущееся нам бесцельным существование тех, кто населяет наш мир (а если верить в Творца, его доброту и любовь, то трудно оправдать их страдания и ничтожность). И ответа для не соблюдающих условие Ц"А нет – возможна только слепая вера, настойчиво превозносимая выше сомнений, специально посылаемых нам Творцом для развития масаха.

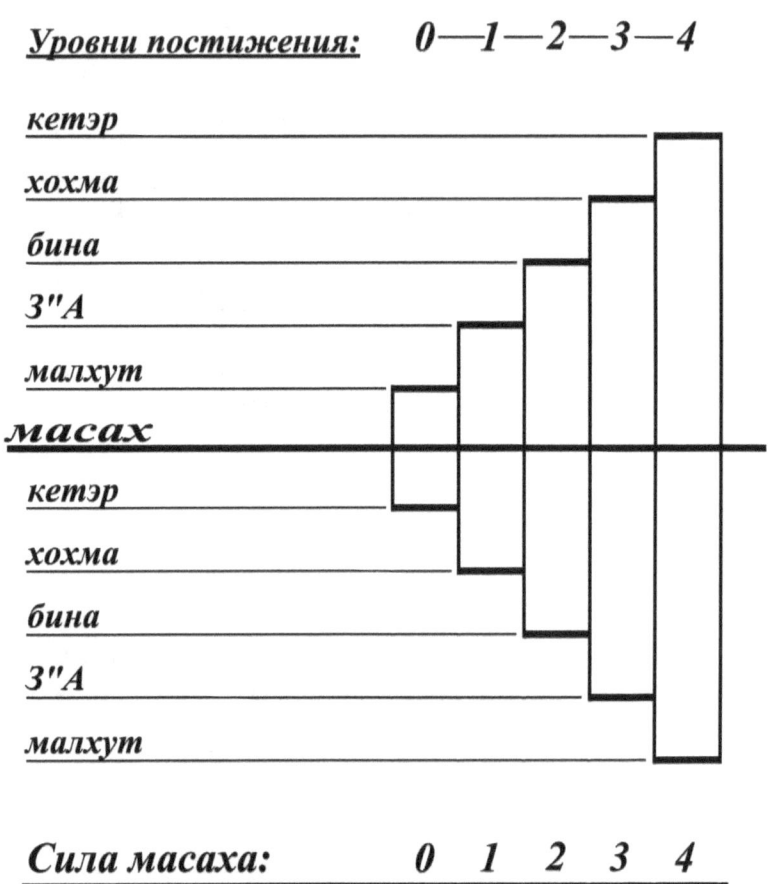

И лишь созданный таким образом масах позволяет увидеть... Увидеть посредством нового, полученного вместе с масахом духовного зрения. И тогда все становится ясно, и человек получает все ответы на все вопросы. Но это происходит лишь после долгого пути во тьме. Потому что настоящее духовное кли – выше эгоизма и строится на превосходстве веры над знанием («эмуна лемала ми даат») – даже в духовных мирах. Но там эта вера заключается в том, что человек должен верить, что есть состояние совершеннее, чем то, в котором он находится в данный момент, поскольку любое состояние в духовном мире совершенно.

И без веры в большее совершенство нет возможности двигаться выше. Единственный путь постижения – добровольное предпочтение сокрытия Творца. Поэтому, закрыв глаза, Моше удостоился увидеть самого Творца.

Из следующего рисунка видно, что если в малхут нет масаха на отсек 4, куда входит свет малхут, то малхут лишается не света малхут, а света кэтэр. Это оттого, что есть обратная зависимость между светом и сосудом – ор и кли: высшие кли рождаются первыми: от кэтэр к малхут, но в них, в эти высшие кли, входят сначала низшие света: от ор малхут к ор кэтэр.

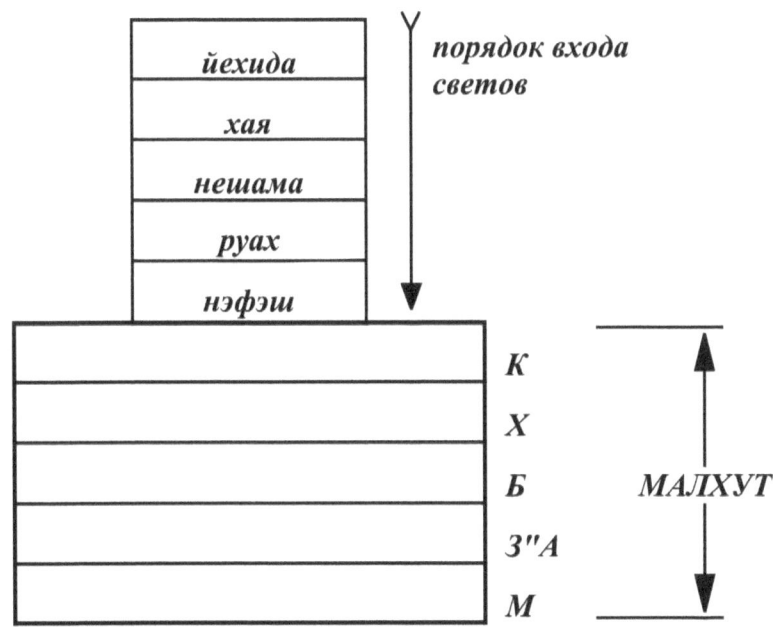

Допустим, что в малхут создан масах лишь на самое слабое желание – на кэтэр в малхут (состояние пятой стадии). В таком случае в этот отсек (кэтэр малхут) входит свет – ор малхут. А если появляется масах на хохму в малхут, то ор малхут, который был в отсеке кэтэр (в малхут), спускается в хохму, что в малхут, а сверху, в кэтэр малхут входит ор З"А.

И так далее: чем больше масах у кли, тем больше света входит в малхут, поскольку на все более низкие, грубые желания малхут создает масах. То есть существует обратная зависимость света, входящего в кли, и части малхут, в которую этот

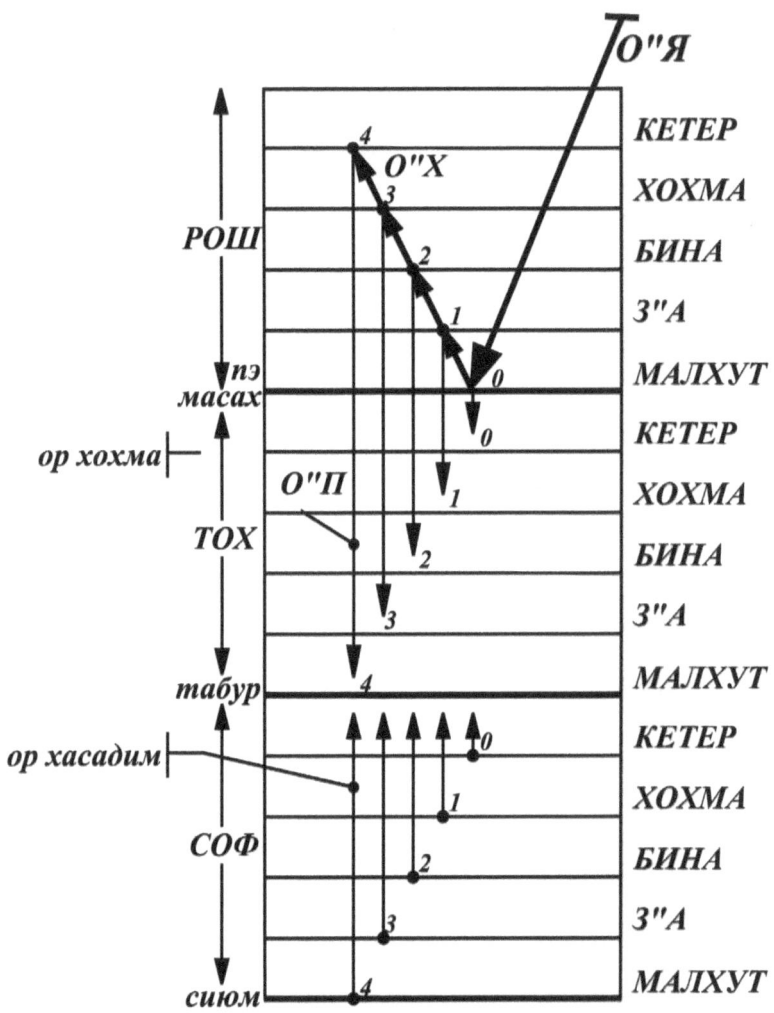

Глубина заполнения тох парцуфа в зависимости от величины масаха: 0-1-2-3-4

свет входит. Приобретая масах, кли как бы растет от жесткости 0 до жесткости 4. Поэтому в таком порядке мы и называем сфирот: кэтэр, хохма, бина, З"А, малхут (КАХАБ"ТУМ). Но по мере роста кли свет входит в нее в обратном порядке – от слабого к сильному: от ор нэфеш до ор ехида. И поэтому мы называем света в обратном порядке: нэфеш, руах, нэшама, хая, ехида (НаРаНХа"Й).

Видно, что лишь ор хозэр, сила воли, сила сопротивления желаниям определяют состояние, духовную высоту кли. Чем на большее желание у кли есть сопротивление (масах), тем больше света может получить кли и тем выше оно, ближе к Источнику.

Отсюда еще раз видно, что по мере духовного роста человека у него появляются более низкие желания. Но это лишь потому, что он в состоянии преодолеть их... И соответственно этому человек возвышается.

ОЛАМ АДАМ КАДМОН

Итак, мы узнали, что:

1) Ор создал кли в пять этапов: кэтэр, хохма, бина, З"А, малхут.
2) Только последний этап – малхут называется кли – сознательное желание самонасладиться.
3) Наполненная светом малхут называется олам Эйн Соф.
4) Малхут сократила желание самонасладиться (Ц"А) – это состояние называется Олам Цимцум.
5) После Ц"А малхут решает получать только согласно силе своего масаха – силе преодоления желаний.

Итак, после Ц"А осталась опустошенная, без света малхут с желанием получать свет-наслаждение ради Творца. И если этого она не может, то не принимает свет вообще.

Свет, как и до Ц"А, согласно своему желанию насладить кли стремится войти в малхут. Но масах, стоящий перед малхут, поначалу отталкивает весь приходящий свет, как бы говоря: «Сам я не хочу насладиться тобою, хотя весь горю от желания».

Этим малхут выполняет условия Ц"А. Закон, установленный в высшей стадии, является обязательным для всех низших, не желающих выйти из духовной среды. Как мы далее увидим, часть духовных объектов не смогла выполнить условия Ц"А и потому отделилась от духовного, образовав наш материальный мир.

После отторжения всего света, когда малхут убедилась, что может оградить себя от самонаслаждения, она желает стать подобной Источнику – Творцу, дать Ему наслаждение, как Он желает дать ей. Но так как малхут может совершить лишь два действия – получить свет или не получить, то она находит новый способ получения, способ, эквивалентный отдаче, – получить свет, но не ради себя, т.е. получить свет не потому, что она желает самонасладиться, а потому, что Творец желает дать ей наслаждение, т.е. создать для Творца условия сделать это.

И тогда малхут получает наслаждение не только от света, но и оттого, что Творцу приятно, что малхут получает свет.

Такое получение эквивалентно обратному действию – отдаче. Поэтому чем больше теперь малхут получает, тем больше «дает» этим наслаждение Творцу.

Но поскольку это действие противоречит природе самой малхут – ее желанию самонасладиться, то она в состоянии получить лишь небольшую порцию света.

Если до Ц"А малхут получила все 100% света, то после Ц"А масах ограничивает получение света в соответствии со своей силой воли, силой противодействия желанию и потому пропускает в малхут лишь часть, допустим 20% (случайная величина), от приходящего света.

Четыре стадии, рождающие малхут, находящиеся до масаха (в них находится весь приходящий свет – прямой свет – ор яшар, О"Я, и отталкиваемый, отраженный масахом свет – возвращающийся свет – ор хозэр, О"Х), образуют часть кли, называемую рош – голова.

Место нахождения масаха перед малхут называется пэ – рот. Здесь малхут решает, согласно жесткости, толщине, силе своего масаха, сколько света из находящегося в рош она может получить внутрь себя. Это количество света, допустим 20% от каждой из пяти стадий-сфирот (сфира – от слова светящийся), проходит через масах из рош в малхут.

Как уже указывалось, сама малхут также состоит из пяти частей, и в каждую из них она получает свет из соответствующей сфиры-стадии, находящейся в рош.

Заполнившаяся этим светом часть малхут называется тох – внутренняя часть.

Оставшаяся незаполненной часть малхут называется соф – конечная часть, так как здесь, в этой части кли ставит преграду, границу – соф, конец – на получение света.

Граница, разделяющая тох и соф, называется табур – пуп, а тох и соф вместе образуют гуф – тело.

Свет, заполняющий тох, называется ор пними, О"П – внутренний свет.

Оставшиеся снаружи 80% света называются ор макиф, О"М – окружающий свет.

Как уже указывалось, цель творения – получить с помощью масаха все 100% света (т.е. и 80% ор макиф) внутрь малхут.

Такое состояние называется гмар тикун – конец исправления (эгоизма).

Но получение ради Творца, т.е. с помощью масаха – противоестественно природе кли, его стремлению к самонаслаждению. Поэтому лишь небольшими порциями – постепенно, последовательно, раз за разом преодолевая свою эгоистическую природу, кли может начать получать свет-наслаждение ради Творца.

Эти порции получения света и образуют парцуфим (духовные объекты, духовные тела). Серия из пяти парцуфим образует олам – мир, а серия из пяти миров образует творение.

Порционное получение света происходит следующим образом: после получения первой порции света тох – часть малхут от пэ до табура – наполнилась О"П. На табур, т.е. на то место, где малхут ограничивает дальнейшее получение света, действует двойное давление:

1) О"П изнутри как бы говорит: «Смотри, какие наслаждения даю я тебе, и какие есть еще в тех 80%, которые ты не согласна получить».

2) О"М «давит» на малхут снаружи, и малхут точно знает, какие наслаждения оттолкнула (так как должна была «взвесить» их).

Это двойное давление малхут не способна выдержать, постоянно находиться в таком состоянии не представляется возможным. А получить что-либо из 80% О"М – значит нарушить условие Ц"А. Поэтому единственная альтернатива для малхут – совершенно избавиться от света. И малхут исторгает свет, возвращаясь как бы к исходному состоянию.

Может возникнуть вопрос, как это малхут может устоять против 100% света, не принимая его вообще, а против 80% О"М не может устоять? Все дело в том, что 20% света вошли внутрь малхут, дают ей наслаждение и этим ослабляют ее. Каждый из нас знает, что легче на расстоянии удержаться от соблазна, не получить его вообще, чем получить его малую часть, а против остальной части продолжать сопротивляться. Остановиться на полпути намного труднее, чем вовсе удержаться. Поэтому малхут, приняв 20% наслаждения, не может оставаться в таком напряженном состоянии и вынуждена полностью изгнать его.

Возврат к исходному состоянию, т.е. изгнание света, происходит постепенно: масах из табура по ступеням поднимается до пэ. И соответственно, с подъемом масаха из тох (внутренней

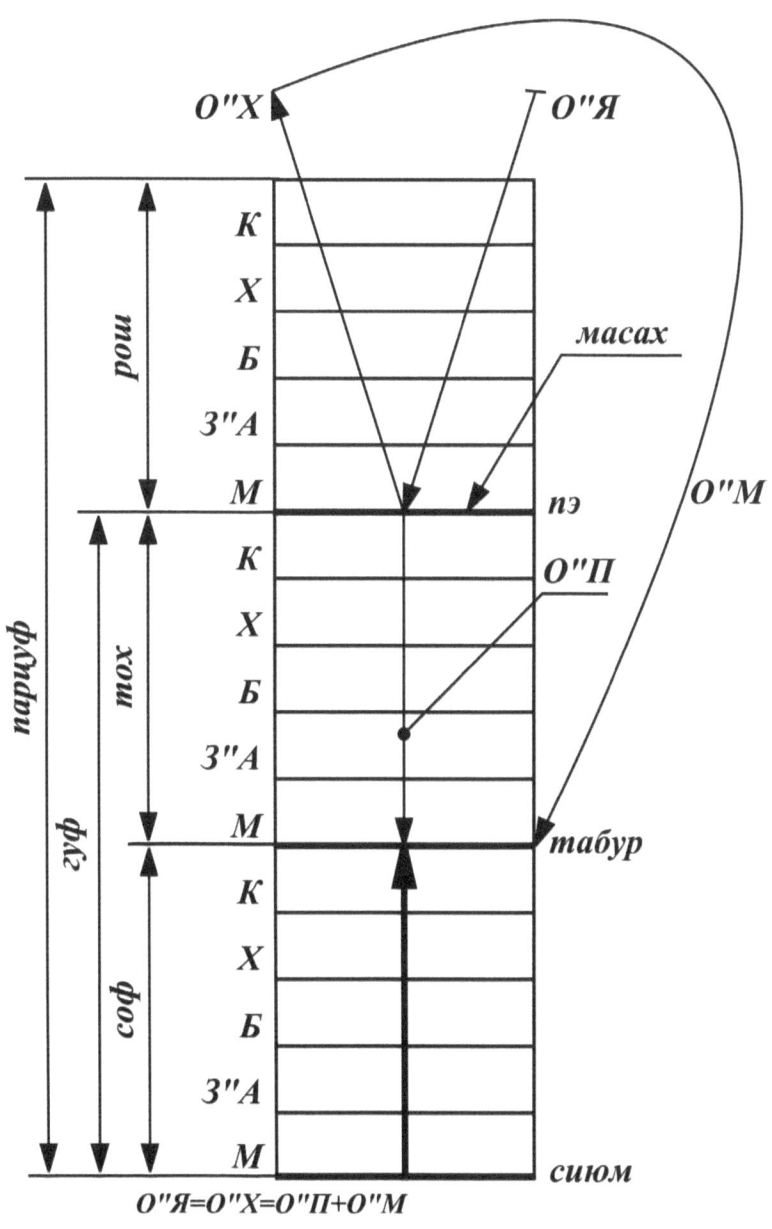

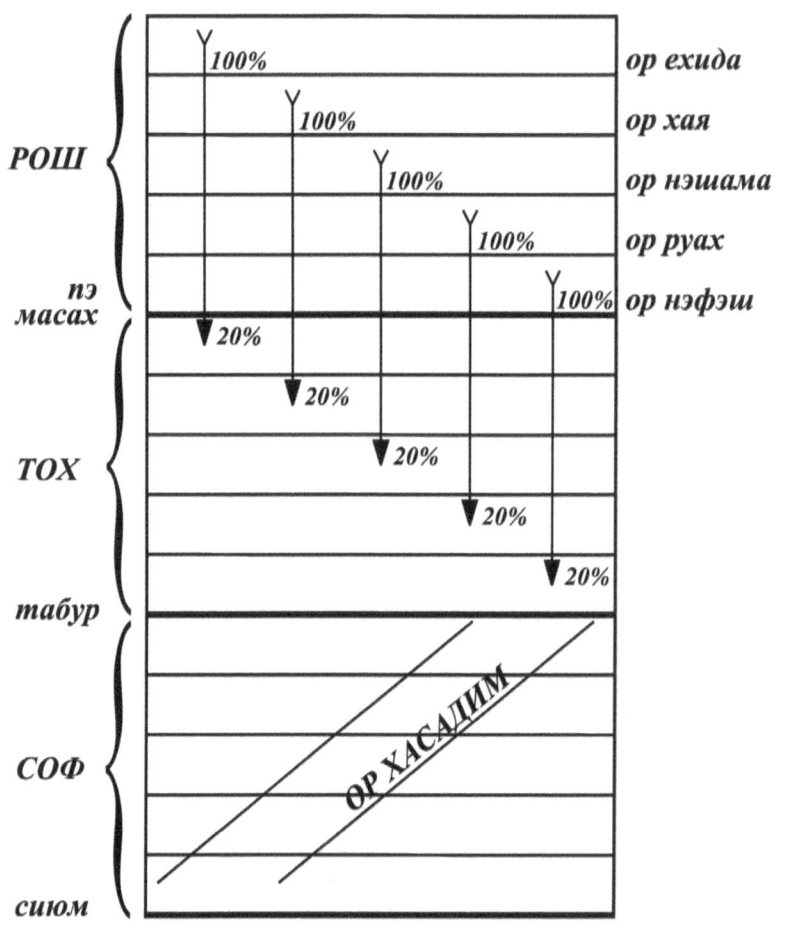

части) изгоняется О"П (внутренний свет) в следующем порядке: выходит ор кэтэр, затем ор хохма и так далее. Эти ступени исчезновения, удаления света из тох называются некудот – точки (знаки огласовки в ивритском алфавите), так как удаление света происходит из точки-малхут. Малхут же называется некуда-точка, так как родилась без света, из ничего (небытия).

Прямое, от пэ до табура, распространение света в тох называется таамим (от слова таам – вкус; знак музыкального тона и длительности в тексте Торы). Как мы уже говорили, исчезая, свет оставляет воспоминания, следы, называемые решимот (решимо –

Олам Адам Кадмон

запись). Решимот от таамим называются тагин («короны» в буквах текста Торы). Решимот от некудот называются отиет (буквы).

В иврите (см. чертежи стр.142):
таамим – знаки над буквами;
тагин – короны букв;
отиет – буквы;
некудот – знаки огласовки.

Итак, масах из табура поднимается в пэ, вытесняет весь свет О"П и возвращается таким образом в исходное состояние. Но поскольку в духовном мире ничего не исчезает, то и прежняя форма – наполненная на 20% – остается, и теперь к ней добавляется новая форма – опустошенная малхут, которая как бы надевается на предыдущую, скрывая ее.

Итак, полученные 20% света уже «записаны» в счет гмар тикун. Но остается получить таким же образом еще 80%. Поэтому, поднявшись в пэ, малхут снова просит у света: «Дай мне силы получить не ради себя».

Но помня, что, получив 20%, она не выдержала давления О"П и О"М, малхут просит теперь меньшую порцию света. Если мы возьмем за начало отсчета максимальное первое получение света, как уровень кэтэр – 4, то теперь малхут просит и получает в себя лишь на уровне хохма – 3.

Поскольку после рождения, еще в олам Эйн Соф, малхут получила свет от четырех предшествующих ей стадий, то и сама она делится на 5 частей, где соответственно получает свет, т.е. по 20% от каждой из этих предшествующих ей стадий.

В первом приеме света малхут получила свет во все свои 5 частей от пэ до табура. Теперь же, получая вторую порцию света, она хочет получить меньше на одну ступень – лишь четыре вида света, исключив ор кэтэр.

От предыдущего состояния в малхут остались решимот:
1) От света, который был в ней, – это решимо называется решимо итлабшут (решимо от наполнителя – света).
2) От масаха, который принял этот свет, – это решимо называется решимо авиют (решимо от силы масаха, благодаря которой и вошел свет в кли).

Эти два вида решимот всегда остаются в кли после ухода света. Эти решимот – информация, память о прошлом состоянии (обычно пожилые люди вспоминают, какими энергичными

Схема мироздания

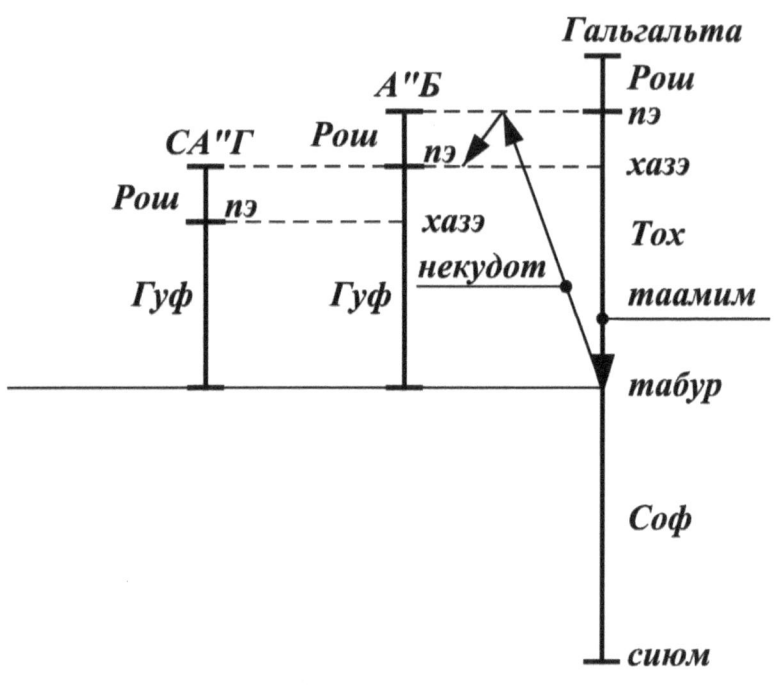

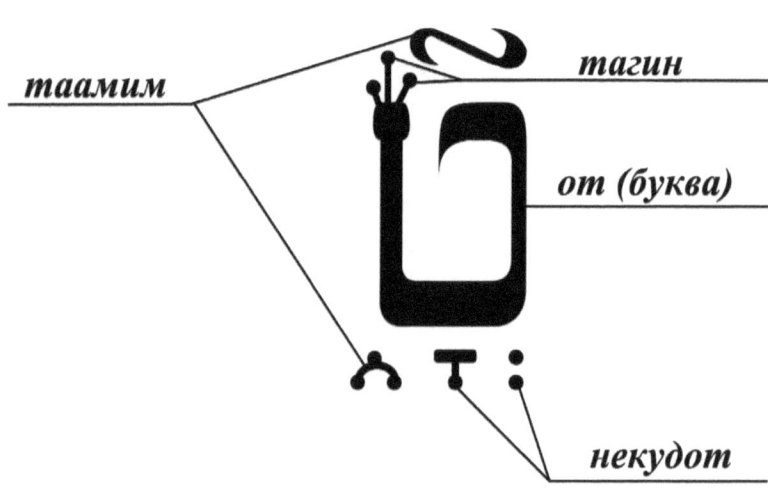

они были в молодости – решимо авиют – и сколько зарабатывали, как приятно проводили время – решимо итлабшут).

Без решимо невозможно никакое действие в будущем, так как лишь на основе прошлых навыков и знаний может действовать кли, как духовное – в духовном мире, так и человек в нашем мире. Если стереть все решимот из памяти, то кли, человек, уподобляется новорожденному.

После Ц"А в малхут остались два решимо: от величины ее желания насладиться и от величины света-наслаждения, наполнявшего ее до бесконечности. Решив принять свет после Ц"А, малхут помнит, что такое свет, знает, каким образом его отвергнуть и сколько можно его принять.

Теперь же, решив, что и 20% получить и удержаться от самонаслаждения невозможно, малхут, как и в Ц"А, исторгает свет из тох. И в ней также остаются два решимо: от света – решимо 4, но от масаха – лишь решимо 3. Ведь когда малхут решила изгнать О"П, то сразу же решила, что если в будущем и примет свет, то меньшее количество – на один уровень меньше, так как на уровне 4 не могла удержаться от давлений О"П и О"М.

Поэтому после изгнания О"П масах поднимается из табура в пэ с решимот 4, 3, где 4 – решимо итлабшут, а 3 – решимо авиют. И так как высший свет все время давит на масах, стремясь войти в малхут, то последняя решает принять его согласно решимот 4, 3, где в соответствии с авиют 3 максимальный свет будет не свет кэтэр, а свет хохма.

Поэтому первый парцуф называется парцуф кэтэр или Гальгальта, а второй – парцуф хохма или А"Б. И соответственно, второй парцуф ниже первого, так как его ор хозэр достигает лишь уровня хохма.

Рождение А"Б происходит так: масах просит у света (Творца) силы принять свет согласно решимот 4, 3. Так как это решимо из тох первого парцуфа, то масах из пэ – авиют 4 спускается на уровень, соответствующий авиют 3. Это место называется хазэ – грудь. Здесь масах останавливается, отражает бьющий в него свет, создавая таким образом рош – от хазэ до пэ, а затем частично принимает свет внутрь себя, образуя тох – от пэ до табура нового парцуфа, оставляя пустым часть кли – соф.

Рассмотрим взаимное расположение этих двух парцуфим: парцуф А"Б на голову ниже парцуфа Гальгальта и заканчивается на уровне ее табура. Ниже первого он потому, что не использует самую «тяжелую» часть малхут – отсек 4. И потому у него отсутствует ор кэтэр. И по длине он короче – он заканчивается на уровне табура предыдущего парцуфа и не может распространиться ниже его табура, так как под табур даже у первого парцуфа не было сил получить свет, а тем более – у второго.

А"Б не хочет получать ор кэтэр, отталкивает его и получает света, начиная с ор хохма. Поскольку он делает это ограничение по собственной воле, то часть от ор кэтэр, отталкиваемого им, распространяется в его тох, совместно с остальными светами.

После того как тох наполнился таамим, табур ощущает, как и в парцуфе Гальгальта, двойное давление от ор пними (внутреннего света) и от ор макиф (окружающего света) и вынужден изгнать свет из своей внутренней части (тох). Масах поднимается от табур А"Б в его пэ, и в нем остаются решимот 3, 2.

От этих решимот рождается третий парцуф, где наивысший свет – ор бина, так как в масахе максимальная толщина, прочность, сила сопротивления – авиют – 2. И потому этот парцуф называется парцуф бина, или СА"Г.

И снова на его табур воздействуют ор пними и ор макиф, убеждая получить весь свет, который есть в рош. И как в предыдущих случаях, парцуф решает избавиться от света, поскольку противостоять такому давлению у него нет сил, – масах поднимается от табура к пэ, изгоняя свет. В нем остаются решимот 2, 1, от которых образуется парцуф, называемый М"А Элион. А от решимот 1, 0, оставшихся от М"А Элион, появляется последний парцуф – БО"Н Элион.

Эта серия из пяти парцуфим, возникших в результате приема пяти порций света, называется олам Адам Кадмон (А"К).

Так как предыдущий парцуф не исчезает, то всякий последующий как бы надевается на него и потому называется левуш (оболочка, покрытие, одежда).

По принципу итлабшут – надевание частей друг на друга – построено все мироздание, и каждый последующий видит, т.е. чувствует, только предыдущий парцуф, внутренний, на который он надевается. Поэтому подчас нам кажутся несуразными многие понятия, требования, категории – они не из соседних с нами частей Мироздания.

Например, вся Тора говорит о том, как постичь духовные миры, т.е. как постичь десять сфирот света, находящиеся в каждой части творения. На эти десять сфирот света, находящиеся в

Олам Адам Кадмон

каждой части творения, надеваются духовные парцуфим: нэшамот (души), затем левушим (одеяния), затем эйхалот (пространства) – как на луковице.

Например, сказания из Торы (агадот) повествуют о самых внутренних десяти сфирот света, и потому эти сказания нельзя было описать другим, более «серьезным» языком и прокомментировать, как остальные части Торы. Мы же в исходном состоянии находимся в самой крайней оболочке всего Мироздания.

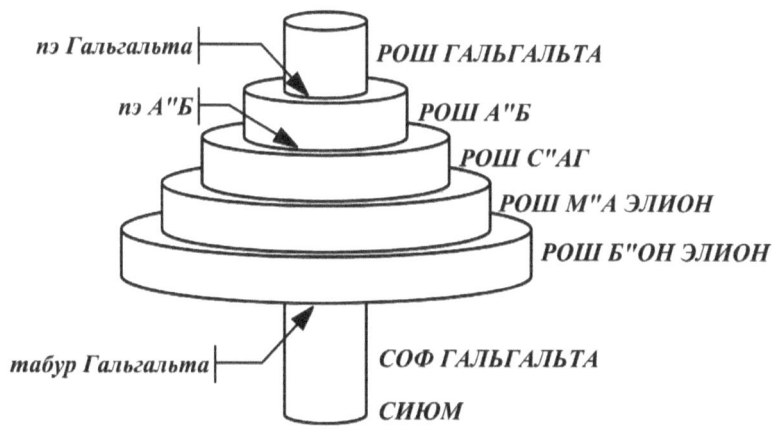

Схема мироздания

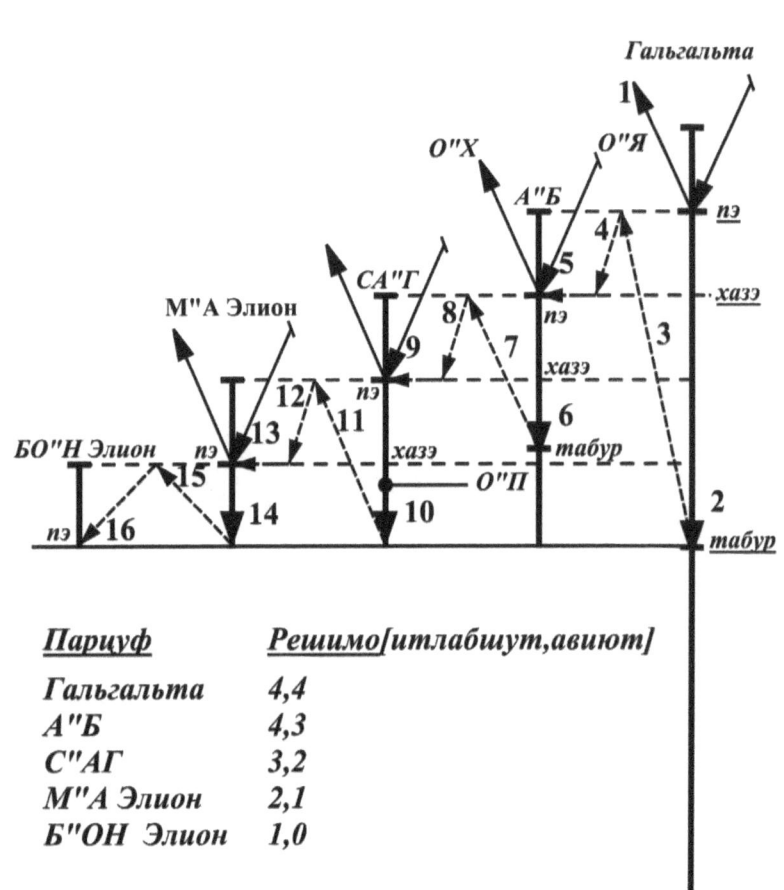

Парцуф	Решимо [итлабшут, авиют]
Гальгальта	4,4
А"Б	4,3
С"АГ	3,2
М"А Элион	2,1
Б"ОН Элион	1,0

Олам Адам Кадмон

1) После Ц"А весь приходящий к малхут свет отталкивается масахом, не желающим принять его для себя.
2) Ради Творца малхут, в соответствии с силой имеющегося масаха, решает принять определенное количество света. Этот свет – ор пними, или ор хохма. Распространение света от пэ к табур называется таамим.
3) Малхут, не имея сил оставаться в частично наполненном состоянии, изгоняет свет. Исторгающийся свет называется некудот.
4) Масах спускается с пэ – четвертого уровня авиют до хазэ – третьего уровня авиют.
5) На новом месте масах также сначала отталкивает весь свет, не желая принять для себя.
6) Ради Творца малхут принимает определенное количество света. Этот прием света образует парцуф А"Б.
7) Подобно тому, как описано выше, в пункте 3, масах поднимается в пэ, не будучи в состоянии выдержать давление ор пними и ор макиф.
8) Масах спускается с третьего уровня авиют до второго уровня авиют.
9) Подобно пунктам 5 и 1.
10) Подобно пунктам 6 и 2.
11) Подобно пунктам 7 и 3.
12) Подобно пунктам 8 и 4 и т.д.

При рождении последнего парцуфа БО"Н Элион в масахе больше не остается силы сопротивления наслаждению, таящемуся в свете, – решимо авиют его 0. И поскольку он в состоянии лишь оттолкнуть свет – образуется рош без гуф.

На этом все пять отсеков малхут закончили свое действие: в первом парцуфе, в Гальгальте – на все пять отсеков (а главное, на самый грубый, толстый из них – малхут в малхут, четвертый отсек) был масах, и поэтому в рош этого парцуфа ор хозэр достиг уровня кэтэр, и все пять светов, находящиеся в рош, распространились в тох.

Во втором парцуфе, А"Б – масах есть лишь на четыре отсека авиюта малхут, и поэтому он короче на голову (что соответствует – на ор кэтэр) парцуфа Гальгальта – и так далее, пока не заканчивает серию последний, самый «прозрачный» отсек малхут – кэтэр малхут.

На этом все развитие должно было бы закончиться. Но еще не все 100% света вошли в малхут за эти пять последовательных приемов – соф Гальгальта осталась пустой. И чтобы продолжить до гмар тикун – до полного получения света и развития системы – произошел еще один цимцум – Цимцум Бэт (Ц"Б) – вторичное сокращение малхут на получение света.

Мы видим, что все действия кли, если смотреть со стороны кли, направлены на то, чтобы максимально выполнить программу творения – получить максимальную порцию света каждый раз при максимальном сближении с Творцом – и так, пока не иссякают все силы у масаха, кли максимально отдает. И это единственный закон его действий и единственная их причина.

Каждая сфира в тох парцуфа получает свет от соответствующей ей сфиры из рош парцуфа:

I – от А"Б
II – от СА"Г
III – от М"А Элион
IV – от БО"Н Элион

Олам Адам Кадмон

НЕКУДОТ СА"Г. ЦИМЦУМ БЭТ. ПАРСА

Все, что мы изучаем в нашем кратком курсе, отобрано из огромного по объему и глубине материала с целью преподнести читателю лишь самые необходимые данные, которые помогают составить общее представление о картине и цели Мироздания.

Процесс дальнейшего развития, начиная с парцуфа СА"Г, повернул по совершенно другому пути.

Система развития парцуфим закончилась рождением пяти парцуфим мира А"К, т.е. малхут приняла в себя количество света, которое в сумме вошло в эти пять парцуфим. Но большая часть малхут осталась пустой, так как эти пять парцуфим наполнили лишь часть малхут, от пэ до табур Гальгальты, а от табур до сиюм Гальгальты малхут осталась незаполненной светом. И даже у Гальгальты не было достаточно сильного масаха, чтобы получить свет в эту часть малхут.

Поэтому верны два подхода к происшедшим далее событиям: еще в момент создания первого кли Творцом была заложена возможность дальнейшего развития системы – ведь Он хотел на 100% насладить кли и поэтому предусмотрел, чтобы свет, создавая кли, дал ему возможность достичь этого конечного состояния.

Со стороны же кли, которому неизвестны замыслы Творца, существует второй, «технический» подход к объяснению событий: все, что происходит, происходит так вследствие свойств кли, заложенных в его природе.

Оба этих подхода верны, но отрицают один другой, и их отличие в относительности взгляда – относительно кого мы говорим: как это планирует Творец или как это чувствует творение. Нам проще, ближе, практичнее второй подход, но и первым нельзя пренебрегать, так как знание целей Творца помогает сравнить с ним наши взгляды и контролировать себя. Мы же ничего не можем знать о Творце.

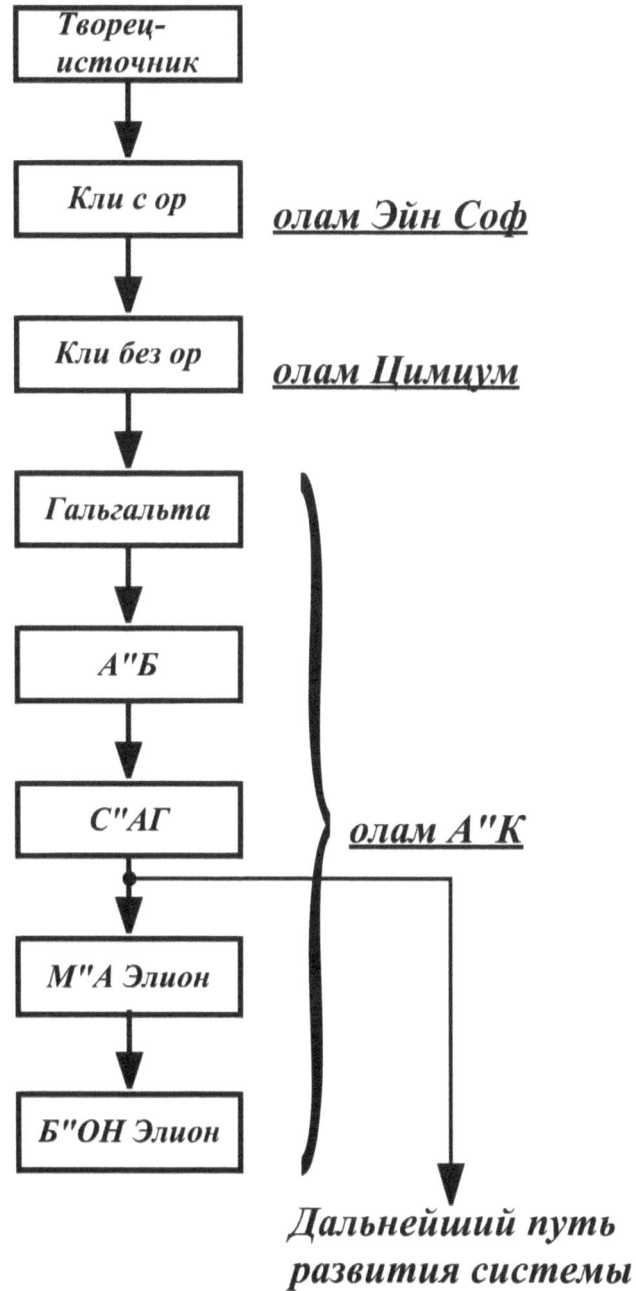

Так как же удалось малхут дальнейшее самоисправление, ведь осталась наиболее грубая ее часть – от табур до сиюм, где даже у Гальгальты, т.е. у самого большого, сильного и плотного масаха, не было сил получить свет, и потому эта часть малхут осталась пустой. Как же удалось этой части малхут дальнейшее самоисправление?

После рождения парцуф СА"Г распространился до уровня табур Гальгальты, как и парцуф А"Б. Ниже табура Гальгальты оба этих парцуфа спуститься не могут. А"Б с желанием – авиют 3 и с масахом 3 не устоит перед наслаждением 4, находящимся в Гальгальте, и захочет их для себя. Ведь у Гальгальты против этих желаний есть масах 4, отсутствующий у А"Б. И поэтому он благоразумно не позволяет себе спуститься под табур.

Мы уже говорили, что все решается силами желания и воли или – что то же самое – величиной кли и масаха. Если масах слабее, чем желание, у парцуфа нет никакой возможности избежать соблазна – он желает его для себя. Если масах сильнее или равен соблазну – лишь тогда есть возможность устоять. Таким образом, все решает в итоге простой расчет.

Если А"Б, как и Гальгальта, еще может получить ради Творца, то СА"Г с масахом, имеющим показатель плотности-силы 2, в состоянии лишь противостоять наслаждению, не получать свет. Поэтому в нем распространяется не ор хохма, а наслаждение от света хасадим – от соответствия Творцу, и называется он парцуф бина, так как похож на стадию бина до Ц"А.

Там бина не захотела получать свет, чтобы быть Ему подобной, и здесь малхут не в состоянии получить свет ради Творца и поэтому ограничивается тем, что не получает свет. От этого действия кли получает наслаждение, называемое ор хасадим.

На это наслаждение нет запрета: Ц"А был лишь на ор хохма, на наслаждение от самого света. А так как СА"Г создает масах на получение ор хохма, согласно решимот 3,2 (3 – соответствует хохме), то в его внутренней части – тох кроме ор хасадим есть и слабое свечение ор хохма. И поскольку в таамим СА"Г есть немного ор хохма, они не спускаются под табур.

Под давлением внутреннего и окружающего светов (ор пними и ор макиф) СА"Г изгоняет внутренний свет и возвращается к своему исходному состоянию с решимот 2, 1.

Рассмотрим этот процесс подробнее: как только в табуре принято решение об изгнании света, сразу исчезает свечение ор хохма, поскольку, как известно, присутствие света определяется соответствующим желанием кли. Решимо 3,2 уменьшается до 2,2 – решимо света, итлабшут, исчезает. Решимо масаха – авиют – лишь в пэ уменьшается с 2 до 1. То есть некудот СА"Г имеют уровень 2,2, что, как известно, бина.

А так как бина – это желание кли ни в коем случае не получать свет, то ее свет – ор хасадим – может распространиться и в соф Гальгальты. Ведь там хотя и есть огромное желание насладиться, соответствующее силе-авиют 4 (а в некудот СА"Г есть масах всего лишь силы 2), но кто ничего не желает – может быть в любом месте, и поэтому некудот СА"Г распространились в эту часть малхут – до сиюм Гальгальты.

Парцуфим Гальгальта и А"Б, наполненные ор хохма, не могут спуститься в соф Гальгальты. Парцуфим М"А Элион и БО"Н Элион, хоть и не получающие ор хохма из-за отсутствия масаха, также не могут спуститься в соф Гальгальты ввиду слабости масаха: существует вероятность ошибиться в расчетах и нарушить Ц"А, вдруг возжелать самонаслаждения.

Некудот СА"Г – это бина, и поэтому лишь они могут спуститься в соф Гальгальты. Бина состоит из двух частей: первая

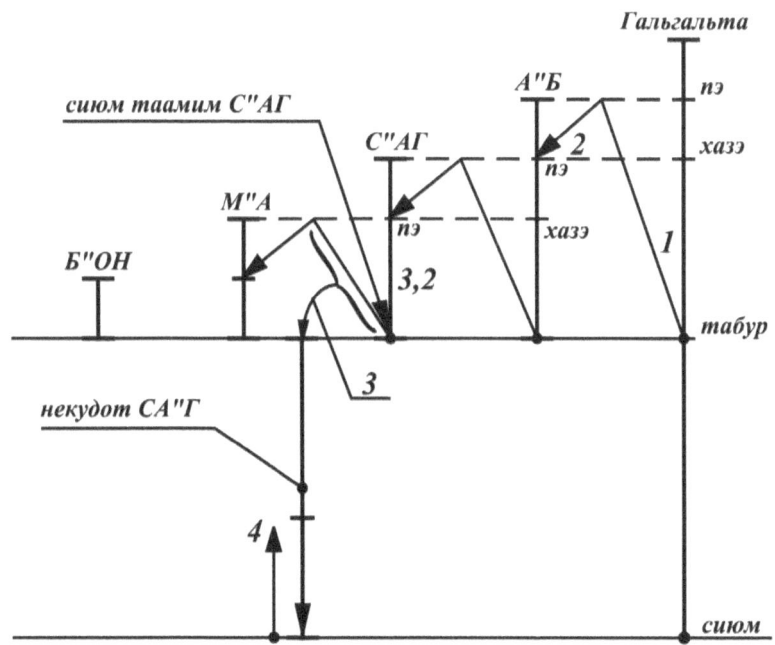

ее часть ничего не желает получать, изгоняет свет и поэтому наполнена ор хасадим. Вторая ее часть желает получить свет, но, конечно, не для себя, а чтобы передать его в зэир анпин (З"А).

Если мы разделим бину в свою очередь на десять частей – сфирот, то первая часть бины состоит из первых трех сфирот – кэтэр, хохма, бина – и поэтому называется ГА"Р (гимэл ришонот – три первых), вторая часть бины называется ЗА"Т (заин тахтонот – семь последних). Когда некудот СА"Г распространились под табур Гальгальты, то первая их часть осталась со своим желанием ничего не получать, а вторая соблазнилась большими желаниями, которыми объята малхут в соф Гальгальта.

Но Гальгальта, благодаря масаху 4, может противостоять своим желаниям, а у ЗА"Т бины, загоревшейся теми же желаниями, нет соответствующего масаха противодействовать этим желаниям. Ее масах – сила сопротивления получению не для себя, а ради других (З"А) – соответствует лишь уровню авиют 2. Попав же в зону более сильных наслаждений, она не может им противостоять и желает их для себя. Ведь бина – это то же желание самонасладиться, та же малхут, но с масахом, с силой сопротивления этому желанию. А теперь желание оказалось больше силы сопротивления ему.

Поясним это на примере. Есть два человека: один – как ГА"Р бины – не желает ничего. Другой – как ЗА"Т бины – желает, но не для себя. Допустим, оба работают. Если первому совершенно не важен размер зарплаты – он ее не получает, работает безвозмездно, то второй заинтересован в большой зарплате, допустим, чтобы разделить ее среди нуждающихся. И поэтому его можно соблазнить большей зарплатой и переманить на другое место работы – ведь его удовольствие не в отказе от наслаждения, как у ГА"Р бины, а от услаждения другого. Поэтому он заинтересован в приобретении. И поэтому, видя большие наслаждения, загорается желанием приобрести их для услаждения других. Но отдавать он способен лишь до определенного уровня зарплаты-наслаждения. Если же наслаждение-зарплата выше его масаха, то в нем возникает желание получить это наслаждение для себя, а не для передачи другим.

Чтобы не позволить ЗА"Т бины нарушить условия Ц"А, ее малхут-сиюм тут же поднялась и отделила ЗА"Т бины от ГА"Р, образовав новый сиюм – границу распространения света.

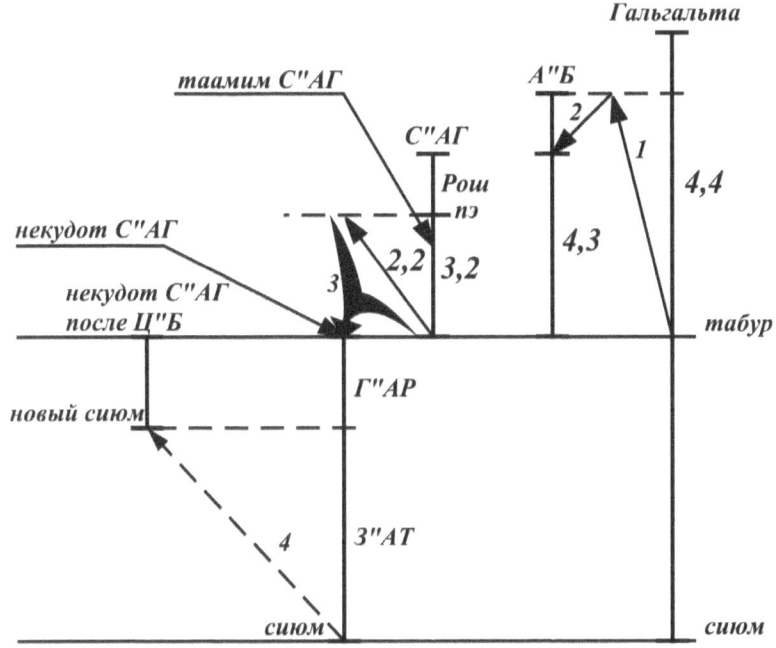

1 – *некудот Гальгальты.*

2 – *спуск масаха с четвертого уровня авиют на третий уровень авиют.*

3 – *некудот СА"Г спускаются и заполняют соф Гальгальты.*

4 – *сиюм поднимается и ограничивает собою распространение света в ЗА"Т некудот СА"Г, чтобы предотвратить в них получение для себя.*

ГА"Р – *место, где малхут может получить свет.*

ЗА"Т – *место, где малхут еще предстоит произвести исправление для того, чтобы иметь возможность получить свет.*

Это сокращение кли на получение света называется Цимцум Бэт – второе сокращение (Ц"Б).

В итоге спуска некудот СА"Г под табур Гальгальты и Ц"Б в них свет может распространиться под табур, но лишь в месте ГА"Р бины, до новой границы, в то время как ранее свет вообще не мог заполнить никакую часть малхут, находящуюся ниже табура. Спустившись в эту часть малхут и наполнив ее светом хасадим, бина придала этой части малхут свои свойства – давать – и потому сделала ее пригодной получить и ор хохма.

Рассмотрим подробнее вышеописанное явление:

1. Как указывалось, под действием света кли проходит четыре стадии преобразования до своего окончательного оформления:

2. Малхут, последняя стадия, получает свет через все предшествующие ей стадии, т.е. получает все пять светов высшего света. В малхут, таким образом, различаются как бы пять отсеков, содержащих указанные света:

3. В кли обязательно должны присутствовать все пять составляющих: кэтэр, хохма, бина, З"А, малхут.

Каждая составляющая, рассмотренная как самостоятельное кли, в свою очередь состоит из пяти стадий. Разделение можно продолжить до бесконечности в виде некоего универсального древа.

В сумме же все эти мини-кли образуют исходное, первозданное в мире Эйн Соф кли – малхут. Лишь эта малхут и есть творение, и все миры и населяющие их – ее части.

Другими словами – нет ничего, кроме Творца, исходящего из Него света и малхут, которую этот свет создал по замыслу Творца.

4. Все творение в целом, любая его часть – сфира, кли, олам – состоят из десяти частей, каждая из которых делится в свою очередь на десять и т.д. Эти десять частей (отсеков, сфирот) соответствуют пяти стадиям (частям, отсекам):

5. З"А, как видно, состоит из шести частей:
   1. Хэсэд.
   2. Гвура.
   3. Тифэрэт.
   4. Нэцах.
   5. Ход.
   6. Есод.

Отсюда и его название – зэир анпин – маленькое лицо. Поскольку в З"А отсутствуют кэтэр, хохма, бина, то:

1. Хэсэд – кэтэр, он выполняет функции кэтэра у З"А.
2. Гвура – хохма у З"А.
3. Тифэрэт – бина у З"А.
4. Нэцах – сам З"А.
5. Ход – малхут у З"А.
6. Есод – сумма всех предыдущих частей.

6. Поскольку любая часть творения, как и все творение в целом, состоит из десяти сфирот, то в зависимости от аспекта рассмотрения можно произвольно делить любую часть на 10:

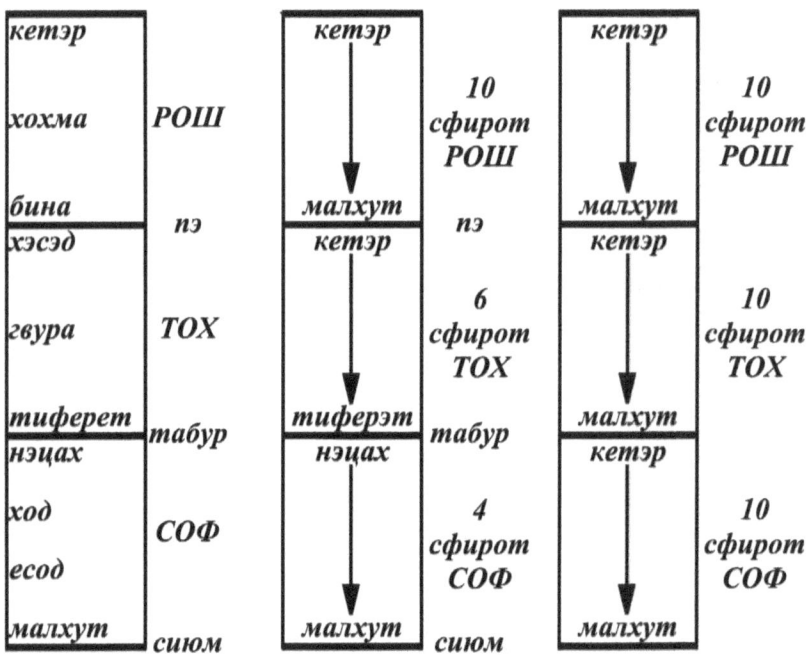

7. Сопоставление в духовных мирах ведут относительно первого парцуфа – Гальгальты. И все последующие парцуфим должны в сумме заполнить Гальгальту своим светом, вследствие того что гуф Гальгальты и есть общая для всех малхут (творение).

А"Б – парцуф хохма – как бы нанизывается на хохму Гальгальта, СА"Г – парцуф бина – на бину Гальгальта. И еще неизученные нами М"А (олам Некудим) и БО"Н (олам Ацилут) – не путать с М"А Элион и БО"Н Элион – соответственно надеваются на находящиеся ниже табура З"А и малхут Гальгальты. Для того чтобы заполнить соф Гальгальты, т.е. довершить исправление малхут, и спустились некудот СА"Г под табур.

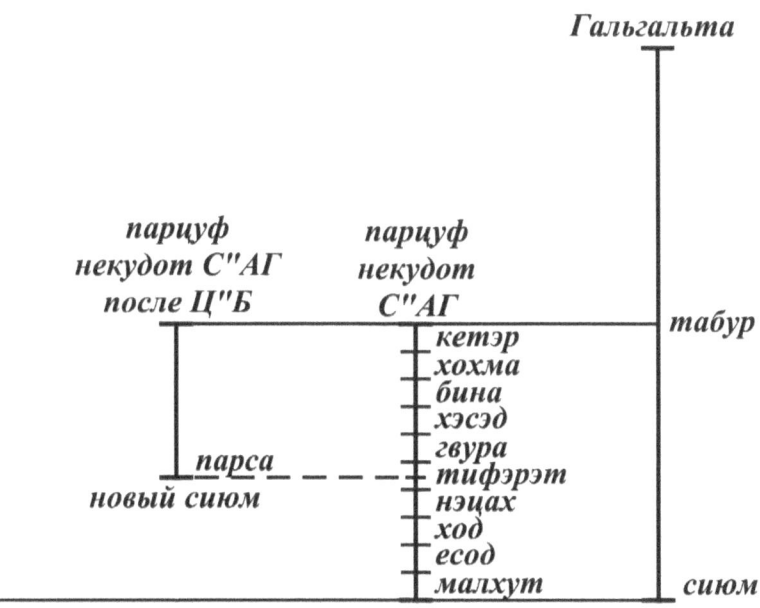

8. Любое кли состоит из десяти сфирот. Из самой природы образования кли в Эйн Соф до Ц"А следует, что первые три сфирот – кэтэр, хохма, бина – не желают получать свет, и лишь в З"А есть небольшое желание его получить, и на 100% получить свет есть желание в малхут.

Поэтому, согласно пункту 5 настоящего раздела, в самом З"А три первые сфиры – хэсэд, гвура, тифэрэт играют роль сфирот кэтэр, хохма, бина соответственно. Поэтому из десяти сфирот кли первые шесть – кэтэр, хохма, бина, хэсэд, гвура, тифэрэт – не желают получать свет. И лишь нэцах, ход, есод, малхут имеют желание получать ради Творца.

Поэтому, когда некудот СА"Г образовали свой парцуф от табура до сиюма и попали под влияние решимот 4,3, находящихся в соф Гальгальты, то этим желанием «заразилась» лишь та часть парцуфа – от нэцах до малхут – которая желает получить не ради себя, а ради Творца.

Но это желание – получить ради Творца – действует лишь на небольшую порцию приходящего в некудот СА"Г света. На большое же наслаждение нет сопротивления-масаха, и кли начинает желать его для себя.

И чтобы предотвратить такое получение света, срабатывает закон Ц"А, утвержденный еще в начале творения и потому имеющий силу до его конца: в кли, в которых появляется желание самонасладиться, масах поднимается и ограничивает доступ наслаждения-света.

Так происходит и с нами, находящимися под властью желаний самонасладиться. И потому не доходит к нам духовный свет. Но чтобы кли все же могло до совершения им самоисправления существовать, ему даются небольшие – ничтожные относительно духовных – удовольствия. Ведь без микродоз света нет жизни, даже его уменьшение уже приводит человека к самоубийству.

Так и в парцуф некудот СА"Г: как только келим каббала (получающие) – нэцах, ход, есод, малхут – возжелали самонаслаждения, масах поднялся и ограничил их – создал новую границу распространения света в кли. Эта новая граница, новый сиюм света получил особое название – парса (разграничение, разделение).

Положительное же следствие Цимцум Бэт (Ц"Б) состоит в том, что теперь от табура до парса, т.е. в кли ашпаа (дающем) – от кэтэр до тифэрэт – может распространиться и ор хохма, как над табуром Гальгальты. То есть табур – граница распространения ор хохма – спустился как бы до нового уровня – парса.

Как и в таамим СА"Г, ор хохма может здесь находиться, так как СА"Г не желает этот свет. То есть существует уверенность, что СА"Г не получит ор хохма ради себя, и потому последний может в нем присутствовать. Теперь ор хохма может наполнить и соф Гальгальты от табура до нового сиюма, поскольку эта часть малхут получила свойства бины и не желает ор хохма – т.е. даже при его наличии как бы не замечает его.

Рождающийся после некудот СА"Г олам Некудим наполняет место ГА"Р некудот СА"Г светом хохма. А родившиеся вслед за ним миры Ацилут, Брия, Ецира, Асия заканчивают с нашим участием исправление творения – создают масах и наполняют светом ЗА"Т некудот СА"Г.

ОЛАМ НЕКУДИМ

Некудот СА"Г – это свет, удаляющийся из парцуфа СА"Г. Во время удаления внутреннего света (ор пними) из парцуфа СА"Г, некудот СА"Г спустились под табур и вследствие этого приобрели желание получить свет ради себя (от соф Гальгальты), вследствие чего в них произошел Ц"Б.

Все это произошло во время исторжения света из парцуфа СА"Г (подъема масаха из табура в пэ). И если обычно в возвратившемся масахе остается одна пара решимот – решимо от света (решимо итлабшут) и решимо от масаха (решимо авиют), то здесь, после исторжения света из СА"Г, в его пэ поднялись три пары решимот:

1) Решимо от света, распространившегося до табура в парцуфе СА"Г – 2,1. От него затем образовался парцуф М"А Элион.

2) Решимо от света, распространившегося под табур – 2,1 с информацией о Ц"Б (о том, что можно использовать кли только до сферы тифэрэт). От него затем образовался катнут (уменьшенный) олам Некудим.

3) Решимо от света, наполнявшего соф Гальгальта – 4,3 (заразившее своим желанием некудот СА"Г и приведшее к Ц"Б). От него образовывается гадлут (увеличенный) олам Некудим.

В таком порядке на эти решимот и происходит рождение новых парцуфим из рош СА"Г:

1. Сначала от решимо 2,1 (оставшееся от света, распространившегося от пэ СА"Г до табура) рождается М"А Элион. Затем из него рождается БО"Н Элион. На этом данный этап развития заканчивается.

2. Из решимот от некудот СА"Г из-под табура – 2,1 + Ц"Б (с информацией о Ц"Б) рождается в рош СА"Г новый парцуф.

Схема мироздания

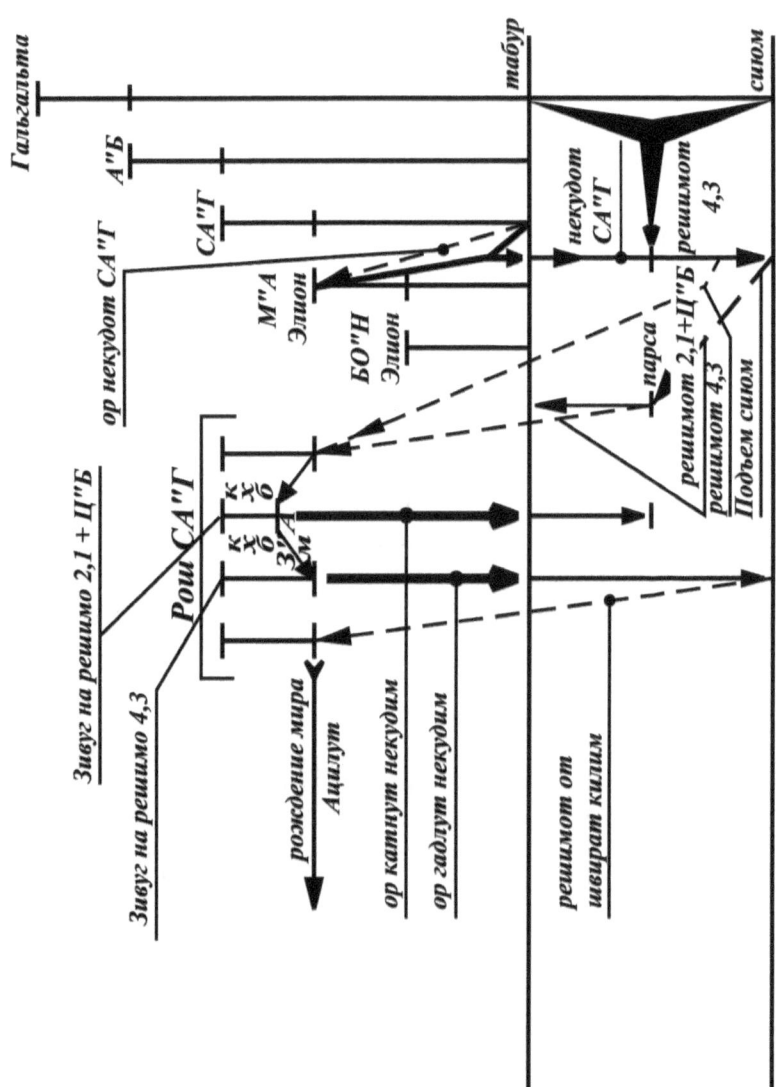

Кроме информации о величине масаха авиют 1 в данном решимо есть требование, чтобы в новорожденном парцуфе были лишь келим ашпаа – дающие, но не получающие свет.

Чтобы выполнить это требование, масах из пэ рош СА"Г поднялся и стал под биной рош СА"Г и сделал зивуг с прямым светом (ор яшар), отразил его и затем частично принял в себя. Этот свет спустился под табур и заполнил пространство от табура до парса (откуда и поднялись решимот 2,1 + Ц"Б с требованием получить свет), образовав таким образом новый парцуф.

И поскольку этот парцуф укорочен по длине на четыре оставшиеся под парса сфирот – нэцах, ход, есод, малхут, – он называется катан (малый).

Этот парцуф называется катнут олам Некудим (уменьшенный олам Некудим).

3. Теперь масах может удовлетворить желание решимо 4,3, полученное им из соф Гальгальты, т.е. получить на них порцию света. Так как решимо 4,3 получено из соф Гальгальты, т.е. оно еще не несет информации о Ц"Б, то зивуг на него обычный, и потому масах, стоящий в рош СА"Г, спускается из бины обратно в пэ и делает зивуг с внутренним светом (ор яшар) согласно этому решимо с показателями 4,3.

Но решимот 4,3 – это требование ор хохма. У СА"Г же есть лишь ор хасадим, так как он парцуф бины.

Решимот 2,1 + Ц"Б требовали лишь ор хасадим, и поэтому СА"Г мог самостоятельно их в этом обеспечить.

Чтобы удовлетворить решимо 4,3, парцуф СА"Г обращается к парцуф А"Б с просьбой получить у него ор хохма. Это взаимодействие А"Б, дающего свет – ор хохма, с получающим этот свет СА"Г называется зивуг А"Б – СА"Г, в отличие от обычного взаимодействия света с масахом, которое называется зивуг дэ-акаа – ударное сочетание. Слово «зивуг» – совокупление – в духовном своем смысле синоним слова «ихуд» – единство, слияние, так как в порыве к единению с Творцом кли (человек) делает огромные усилия, превозмогая собственную природу в ударном слиянии со светом.

Итак, на требование решимот 4,3 следует зивуг А"Б – СА"Г, и СА"Г, получив ор хохма от А"Б, позволяет масаху, спустившемуся в пэ, сделать зивуг и взять с собой под табур (откуда поднялись решимо 4,3) определенное количество ор хохма.

Этот ор хохма может распространиться под табур до парсы, так как там находятся сфирот ашпаа (от кэтэр до тифэрэт), желающие лишь давать, а не получать свет. Поэтому они как бы не реагируют на вливающийся в них ор хохма, ведь они получают наслаждение от света хасадим, заполнившего их на решимот 2,1 + Ц"Б.

Таким образом, в некудот СА"Г начал поступать ор хохма. И обычно, даже еще до Ц"А, ор хохма дает кли силу получать не ради себя – ведь именно распространение ор хохма в кли обратило первую ступень – хохму – во вторую ступень – бину, а затем, вследствие наполнения ор хохма в малхут, привело последнюю к решению совершить Ц"А.

Так и в парцуфе некудот СА"Г у кли появилась уверенность, что уж теперь оно сможет получить свет ради Творца, так как ор хохма сам дает ему масах, т.е. силу.

Действительно, когда начал поступать сверху, из рош СА"Г, ор хохма, кли начало получать его с помощью масаха, но оно не учло, что этот ор хохма, дающий силы масаху и наполняющий ее, т.е. выполняющий сразу две роли, не может распространиться под парсу – так как там нет предварительной «подготовки» кли – отсутствует ор хасадим.

И потому, хотя парса и спустилась со своего места обратно до сиюм Гальгальты и позволила, таким образом, ор хохма войти в сфирот нэцах, ход, есод, малхут, но как только ор хохма начал поступать в эти кли, они тут же начали получать его ради себя.

И хотя сразу же сработал запрет Ц"А и свет тут же поднялся вверх, в рош СА"Г, откуда снизошел, но этого соприкосновения света с эгоизмом было достаточно, чтобы произошло разбиение сосудов (швират келим).

То есть кли пришло в негодность: от принятия наслаждения оно разбилось, аналогично сосуду в нашем мире. Негодность сосуда говорит о том, что заполняющее его содержимое изливается наружу. В духовном понятии наружу – значит из кдуша (святости) в клипа (нечистые силы, эгоизм). При этом разбились семь сфирот некудот СА"Г, их осколки перемешались между собой, и все они, даже находящиеся выше парсы, упали под нее.

Швира (разбиение) кли приводит к его смерти – исчезновению ор хохма – света жизни. Подобно тому, как исчезновение ничтожного количества света жизни, находящегося в нас, его воспарение вверх, лишает нас жизни.

Но швира не затронула кли в сфирот кэтэр, хохма, бина, так как они по своей природе совершенно чисты, свободны от эгоизма. Разбились, таким образом, лишь семь сфирот от хэсэд до малхут.

Чем выше была сфира, т.е. чем больше было ее желание + масах до разбиения (швира), тем ниже упали ее осколки, лишившись масаха. Разбиение произошло от появления в кли желания самонаслаждаться – желания, свойственного малхут. И потому эти разбитые кли называются малахим (малах – ангел) от слова «малхут».

Итак, всего разбилось семь сфирот. Но так как сфира тифэрэт была разделена парсой пополам – на ГА"Р и ЗА"Т (так как тифэрэт-бина в гуф парцуфа), то всего появилось восемь разбитых малахим.

В каждой сфире, как известно, в свою очередь есть свои частные десять сфирот с четырьмя ступенями авиюта каждая.

Таким образом, в результате разбиения кли – олама Некудим – появилось 320 (числовое значение «шах») осколков. Эти части, осколки от разбитых келим, называются нецуцим (искры).

В этих 320 нецуцим есть 32 от сфиры малхут (числовое значение «ламэд-бэт»).

Нецуцим остальных сфирот: 320 – 32 = 288 (числовое значение «рапах»).

Эти искры света упали в разбитые келим, и потому возможно «воскрешение мертвых» – восстановление кли с масахом из осколков и во всех стадиях, в том числе и в духовно мертвом человеке.

Напомним, что духовно живой – значит получающий свет посредством масаха. То есть если в духовно мертвом есть лишь потенциальная точка, то в ожившем кли (желание + масах) есть свет. Оно видит свет в рош и получает его в тох своего духовного тела. У духовно мертвого – духовное тело, парцуф, отсутствует.

Наше материальное тело оживляется искрой света – нэр дакик в ожидании, что такое существование даст возможность человеку когда-нибудь духовно родиться.

Эти 288 осколков кли исправляются постепенно (т.е. соединяются, приобретают масах и наполняются светом) каждым из нас в течение 6000 лет существования миров. В конце 6000 лет, после исправления 288 нецуцим, происходит их соединение, и

Схема мироздания

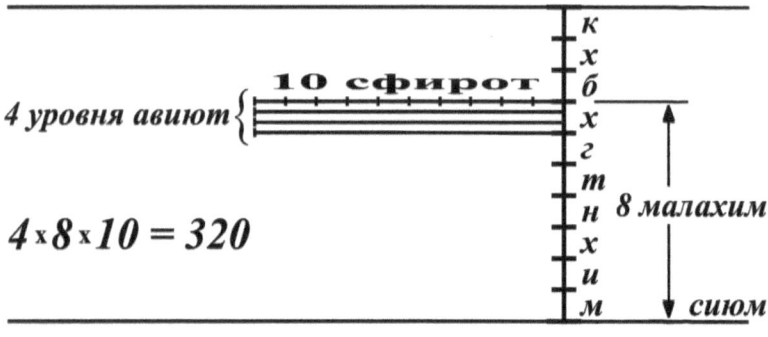

Олам	Сфира	Авиют Сфиры	Авиют Масаха
А"К	кетер	0	4
Ацилут	хохма	1	3
Брия	бина	2	2
Ецира	З"А	3	1
Асия	малхут	4	0

8 малахим х 4 ступени = 32.
32 х 10 частных сфирот = 320.

тогда одним разом исправляется и сама малхут – оставшиеся 32 осколка. Это состояние и называется гмар тикун – конец исправления.

Почему конец? Да потому, что до парсы ор хохма уже может наполнить общую малхут. Малахим распространились под парсу, но не выдержали света, который был больше, чем вместимость их келим, т.е. больше силы сопротивления масаха. Если теперь под парсой из осколков кли соберутся вновь целые сфирот и, приобретя масах, наполнятся светом, то этим вся малхут мира Эйн Соф перейдет в третье состояние – гмар тикун.

Если швира произошла по причине того, что свет был больше емкости кли (масаха), то исправление – тикун кли – возможно получением небольших порций света в большие келим (большой масах). Лишь в таком случае существует уверенность в том, что швира больше не повторится.

Эта работа по исправлению кли совершается нами с помощью миров АБЕ"А – Ацилут, Брия, Ецира, Асия.

И снова возникает вопрос, как и прежде с Ц"А и Ц"Б: неужели Творец не предвидел этих действий? Конечно же предвидел, и не только предвидел, но и сознательно запрограммировал их в природе света и сосуда – ор и кли. Ведь что вообще существует, кроме Творца!

Лишь пока нам кажется, что кроме нас, нашего мира нет ничего, потому как находимся мы во тьме вследствие запрета Ц"А. Но все миры проходят через сердце человека, и когда оно раскрывается перед светом, постигая Единство и Совершенство, то обнаруживается, что нет никого, кроме Источника. А вся окружающая нас действительность, якобы отрицающая Его существование, исчезая, раскрывает именно Его.

Исчезновение совершенства произошло вследствие Ц"А. Далее, в соответствии с воспоминаниями (решимот), искрами света (нецуцим), зародышем духовного в сердце человека (некуда ше ба лев), развивается творение, и любой несовершенный объект состоит из хорошего и дурного начала. А постигается, осознается совершенство в возврате части дурного к хорошему. И для того сотворено дурное начало (ра), чтобы, уничтожая его, обратить в доброе (тов).

И подобно тому, как из тьмы появляется стремление к свету, так и совершенство постигается нами лишь из его начального отсутствия – такова уж природа кли. Поскольку кли может постичь ор-совершенство только из противоположности тьме, то и вся работа человека начинается с постижения абсолютной духовной тьмы.

Причем желая создать человеку все условия для свободы воли, необходимо было создать добро и зло (тов и ра) равными по величине. А также создать в человеке ецер тов (добрые побуждения) и ецер ра (дурные побуждения), попеременно одерживающие победу друг над другом и переводящие, таким образом, осколки келим из миров БЕ"А в мир Ацилут, где они соединяются и наполняются светом.

Именно вследствие этих процессов – борьбы между добром и злом – возникает в нас ощущение движения времени: свет-тьма, день-ночь, добро-зло, геула-галут, возрождение-падение. Но кроме этих действий есть еще одно особое действие – тшува (возвращение, покаяние), когда вся сила, могущество и влияние ецер ра (дурного начала – эгоизма) могут быть уничтожены.

И из этого следует, что все виды наказаний – не что иное, как подстегивание человека к покаянию – его обращению к духовному, а не материально-техническому развитию.

Ведь именно страдания доказывают человеку ничтожность, временность, зыбкость его мирка и подталкивают к желанию избавиться от давления тела – от желания самонасладиться. Ведь отсутствие наслаждений вызывает страдание, а потому вызывает и стремление человека избавиться от самих желаний, т.е. от эгоизма.

Творец не обладает желанием, недостатком. И если говорится: «воздай почести Творцу», «все, что создал Творец, Он создал для того, чтобы Его почитали», – и подобные выражения, из которых кажется, будто Творец в чем-то нуждается, – то все это говорится лишь относительно кли.

Если кли настроит себя таким образом, что воздаст почтение Творцу, то должно будет при этом, естественно, принизить собственный эгоизм – а это-то и есть цель, так как этот эгоизм и мешает кли получить наслаждение, а Творцу – дать наслаждение. Поэтому, якобы для себя, и требует почитания Творец.

Представим себе, будто у вас появилось, например, желание угостить кого-то хорошим, с вашей точки зрения, обедом. Вы приготовили изысканные кушанья. Теперь вам лишь не хватает, чтобы кто-то их отведал. То есть необходимо создать кого-то, в ком можно развить желание именно к вашей пище.

Хорошо, если бы он хорошенько проголодался, т.е. у него появилось бы огромное стремление к вашему угощению, причем его вкусы, привычки, желания должны и качественно, и количественно совпадать с предлагаемым вами наслаждением. И еще одна проблема – наслаждение должно быть абсолютным, ничем не ограниченным. А ваш гость стесняется, чувствует неудобство.

Так что вам необходимо каким-то образом избавить его и от чувства стыда. Для этого необходимо внушить ему мысль, что, поглощая ваши угощения, получая ради вас, он якобы оказывает вам воистину огромное одолжение, тем большее, чем больше наслаждается сам. В общем, поставьте себя на место Творца, а затем на место Создания – ваше настоящее место – и начните готовить себя к будущей трапезе...

Инструкция по подготовке к трапезе, предлагаемой Творцом, потому и называется Каббала (получение), поскольку выясняет условия получения настоящего, абсолютного, вечного наслаждения.

ОЛАМ АЦИЛУТ

После разбиения келим в мире Некудим все решимот вновь поднялись в рош СА"Г. Так как олам Некудим образовался от решимот 2,1 + Ц"Б (катнут) и 4,3 (гадлут), то после столкновения, удара внутреннего света с окружающим светом (битуш ор пними и ор макиф) и шеират келим, в рош СА"Г поднялись решимот 1,0 + Ц"Б (катнут) и 4,3 (гадлут). Решимот 4,3 остались неизменными, так как они не относятся непосредственно к олам Некудим, а заимствованы им из соф Гальгальты.

Рош СА"Г делает зивуг сначала на решимот 1,0 + Ц"Б, так как это решимот самого парцуфа. А уж потом, когда новый парцуф рождается от этих решимот в катнут (так как есть Ц"Б), то производится зивуг в рош СА"Г на решимот 4,3 и рождается гадлут. Так было и при рождении олам Некудим. Разница лишь в том, что если при рождении олам Некудим масах стоял в эйнаим рош СА"Г, так как было решимо авиют 1, то теперь, когда осталось решимо авиют 0, масах поднялся до мэцах (лоб Гальгальты) рош СА"Г.

Все миры и их парцуфим – это одно и то же кли малхут, и отличаются они между собой лишь силой масаха и представляют собой не что иное, как постепенное ослабление масаха от уровня 4 до уровня 0, создающего соответствующий уровень высоты (духовного постижения) парцуфа – от уровня кэтэр до уровня малхут.

Сначала, после Ц"А, масах со всей своей силой мог противостоять всей малхут, оттолкнуть весь свет и принять в себя его часть (20%) – этим образовался парцуф Гальгальта. Высота этого парцуфа зависит от величины масаха – силы воли, противодействия эгоизму. Лишь величина масаха отличает духовные объекты и отделяет их друг от друга. Изменением величины масаха и рождается из парцуфа новый парцуф.

Все зависит от того, на какую часть малхут есть у масаха силы противодействовать – на все 100%, как у Гальгальты, на

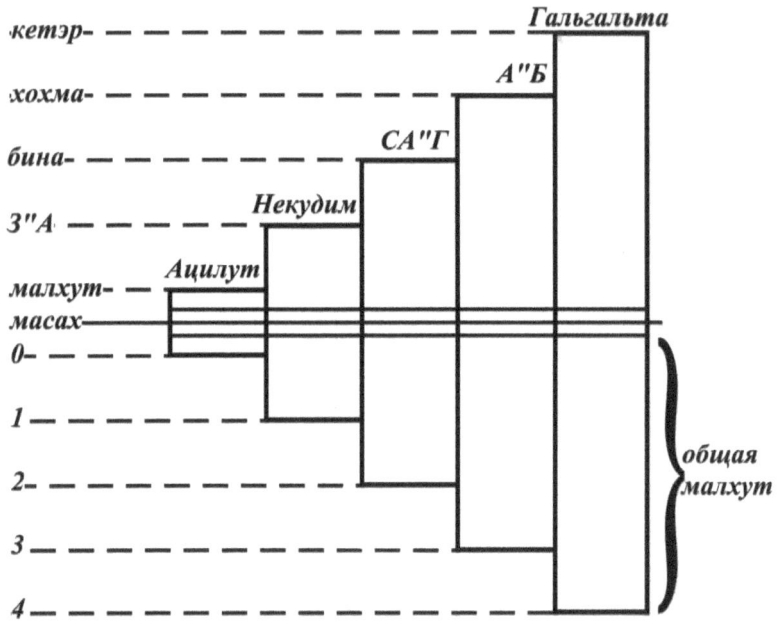

80%, как у А"Б, на 60%, как у СА"Г, на 40%, как у олам Некудим, или на 20%, как у олам Ацилут. (Цифры взяты произвольно.)

Если нет масаха, то малхут называется черной точкой, так как не может получить свет. Это – состояние каждого из нас в нашем мире. Если путем работы над собой создается масах – сила противодействовать наслаждению, таящемуся в свете (масах на Ц"А), то кли, т.е. человек, вернее, его духовное состояние, равносильно одной сфире.

Эгоизм, желание получить, созданное Творцом в мире Эйн Соф, не исчезает. В том же объеме оно существует и в каждом из нас. Но мы не чувствуем этого желания к наслаждению, таящемуся в Высшем Свете, ввиду ограничения, скрытия – астара, налагаемого на нас Ц"А. И лишь по мере создания масаха у человека появляются желания на Высший Свет и постепенно открываются глаза, по мере изменения величины масаха, т.е. силы сопротивления части желания малхут Эйн Соф.

Получение минимума, необходимого для поддержания жизни – существования себя, семьи, – не считается наслаждением, так как это необходимое условие для существования;

лишь после этого можно вообще говорить об излишествах применительно к наслаждениям.

От мертвого невозможно требовать масаха – лишь после того, как творение существует, т.е. получило минимум для поддержания жизни, можно говорить о его духовном состоянии. Так как в нашем мире, в отличие от духовных миров, требуется для поддержания жизни материальная пища, воздух, вода и т.п., то минимум, необходимый для существования, не считается «получением».

В духовных мирах, где материального тела не существует, говорится лишь о состоянии души. В нашем мире если же тело умирает – перестает функционировать, то и душа отделяется от него, а поскольку душа может быть лишь в живом теле, то минимум, необходимый для поддержания жизни, не считается получением наслаждения, так как это необходимо для совместного функционирования тела и души. А весь вопрос заключается в том, что делает человек с собой, как он относится к жизни, какова его цель и духовные потребности после получения минимума.

Поэтому человек, работающий 8 часов, отдыхающий после работы и занятый по дому, считается все это время как бы невольником. Весь вопрос, что делает человек в оставшиеся 1-2 часа в сутки, когда он сам выбирает род своих занятий. А также каковы его мысли во время бодрствования, если они не заняты выполняемой им работой. Стремился ли он к духовному или нет – лишь это спрашивают у души умершего.

Допустим, человек в состоянии во время молитвы сконцентрировать свою волю и мысли на духовном. Обозначим, в таком случае, его масах авиют 0, а свет, который он получает, – ор нэфеш.

Если он может с подобными мыслями также и заниматься, то это говорит о том, что у него появился масах авиют 1 и, соответственно, ор руах. Если же он может с такими высокими мыслями и работать, то масах его – авиют 2, а получаемый ор – нэшама. Если же с мыслью о других он остается и при общении с людьми, то его масах 3, а постигаемый ор – хая.

Ну а если он может оставаться с высокими мыслями, допустим, и во время еды, то масах его – авиют 4, а ор, получаемый им, – ехида. Но этот ор ехида он постигает не во время еды, а во время молитвы. Ор, постигаемый во время еды, – лишь ор нэфеш.

То есть человеку надо проверять себя в ситуации работы с самыми низкими желаниями – лишь там видна его сила воли. И

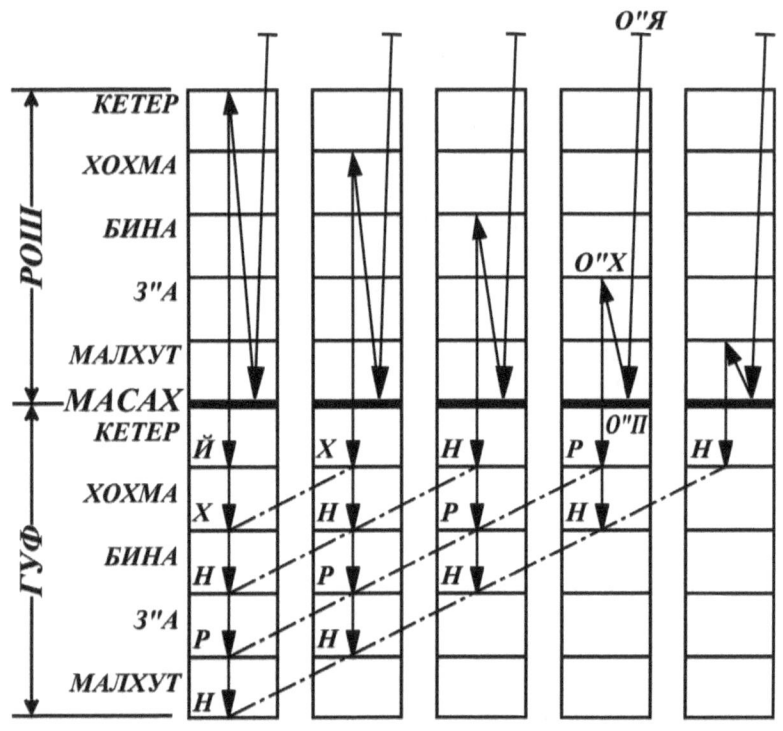

если она есть, то, конечно, он справится с более легкой задачей и, соответственно, достигнет при этом уровня Высшего Света.

Из прилагаемого рисунка видно, что света постепенно входят в гуф: сначала входит самый маленький свет, а потом постепенно входят и более высокие – большие света. Отсюда видно, что чем ниже чувства и мысли человека, на которые он может сделать масах, тем больший свет он получает.

У выполняющего условия Ц"А открываются глаза, так как отраженный свет «получает» внутрь ор хохма. А после Ц"А возможно увидеть лишь в ор хозэр.

Если же кроме выполнения Ц"А, т.е. отказа от получения света ради себя, человек может получить его ради Творца (т.е. он сумел создать масах, способный не только оттолкнуть наслаждение, но и получить не ради себя), тогда духовное состояние из сферы превращается в парцуф, состоящий из рош, тох, соф, высота которого зависит от величины масаха.

С ростом же масаха поступающий свет раскрывает человеку еще большие наслаждения, на которые последовательно необходимо создавать все новый и новый масах – и таким образом духовно растет человек, вплоть до слияния с Творцом – «Шуву бней Исраэль ад ашем Элокейха».

Каким образом? Устремляя всего себя к Творцу. Подобно тому как Творец не испытывает недостатка и думает лишь об усладе душ, так и наслаждение человека должно быть от услады Творца и других.

Важно не **что** получать, а от **Кого** получать. Только при таком условии человек может духовно расти. Как же этого достичь? Если я бескорыстно желаю кому-то добра, то мне совсем неважно, что я получу от этого, неважно, я или кто-то другой даст это добро человеку, и если даже ни меня, ни моих мыслей получающий не узнает – главное, чтобы ему было хорошо.

Такое возможно лишь при постижении величия Творца. Если я преклоняюсь перед Ним, то любая услуга, которую я смогу Ему оказать, любая, самая тяжелая работа, если я могу сделать ее ради Него, – сама она уже награда, сама возможность услужить – и есть вознаграждение.

Давайте, для примера, представим, что прилетает известный рав. Он сходит с самолета и из всего огромного числа встречающих выбирает одного человека, вручает ему свой чемодан и просит проводить его до машины. И, садясь в машину, достает кошелек и собирается уплатить за услугу.

Как бы вы отреагировали? Ведь все наслаждение от самой услуги вы получаете за счет величия рава в ваших глазах. И это – награда, а не ожидаемое денежное вознаграждение (даже если бы вы получили и в сотни раз больше полагающегося носильщику).

Ну а если бы рав предложил вам миллион – ради чего вы тогда хотели бы услужить ему? Таким образом, можно измерить величие рава в ваших глазах – на какой сумме вы превратитесь в простого носильщика.

Вернемся к рождению олам Ацилут. Итак, после швира в олам Некудим масах с решимот 1,0 + Ц"Б и 4,3 поднялся в рош СА"Г. Обычно масах поднимается в рош того же парцуфа, т.е. в нашем случае должен был бы подняться в рош парцуф Некудим. Но так как произошла швира, то все, что осталось, – поднялось к предыдущему, родившему его парцуфу СА"Г.

В рош СА"Г масах занял положение согласно решимот 1,0 + Ц"Б, т.е. поднялся в мэцах (гальгальта) рош СА"Г, так как мэцах соответствует авиют 0:

мэцах	–	лоб	–	авиют 0
эйнаим	–	глаза	–	авиют 1
озэн	–	ухо	–	авиют 2
хотэм	–	нос	–	авиют 3
пэ	–	рот	–	авиют 4

И поэтому в мэцах СА"Г произошел зивуг на Ц"Б, т.е. на катнут, и родившийся таким образом парцуф спустился в место, откуда поднялись решимот, т.е. под табур, и распространился там от табура до парса.

Этот первый парцуф мира Ацилут называется Атик – от слова «нээтак», отделенный, – так как недоступен нашему постижению, в отличие от последующих парцуфим. Затем сам Атик делает зивуг на второе решимо 4,3, и появляется его парцуф гадлут – от табур до сиюм. Таким образом, Атик теперь – целый парцуф: Г"А + АХА"П.

Так как в олам Некудим внутри Г"А каждого парцуфа были упавшие в него АХА"П предыдущего, более верхнего парцуфа, то после швират келим решимот, поднявшиеся в рош СА"Г, располагаются таким образом: решимот АХА"П верхнего парцуфа соединены с решимот Г"А нижнего. И поэтому теперь, когда вышел АХА"П Атик, то в нем находятся решимот Г"А следующего парцуфа. И Атик делает на них зивуг.

Таким образом, на решимот катнут Г"А, находящиеся в АХА"П Атик, рождается в катнуте следующий парцуф мира Ацилут – Арих Анпин (А"А). И он распространяется от пэ Атик и до парсы. А затем А"А делает зивуг на решимот 4,3, и рождается его гадлут.

И так же, как в Атик, так и в А"А, в его АХА"П есть решимот Г"А следующего парцуфа. И А"А, делая на них зивуг, рождает этот следующий парцуф – парцуф катнут Аба вэ Има (АВ"И).

Затем этот парцуф АВ"И делает зивуг на решимот гадлут 4,3 и распространяется во все свои десять сфирот. А так как в его АХА"П есть решимот от катнут (Г"А) следующего парцуфа, то АВ"И, делая на них зивуг, рождают его – парцуф ЗО"Н (З"А + нуква-малхут). Катнут этого парцуфа – от табура А"А до парсы, а гадлут – от хазэ А"А до парсы.

Олам Ацилут

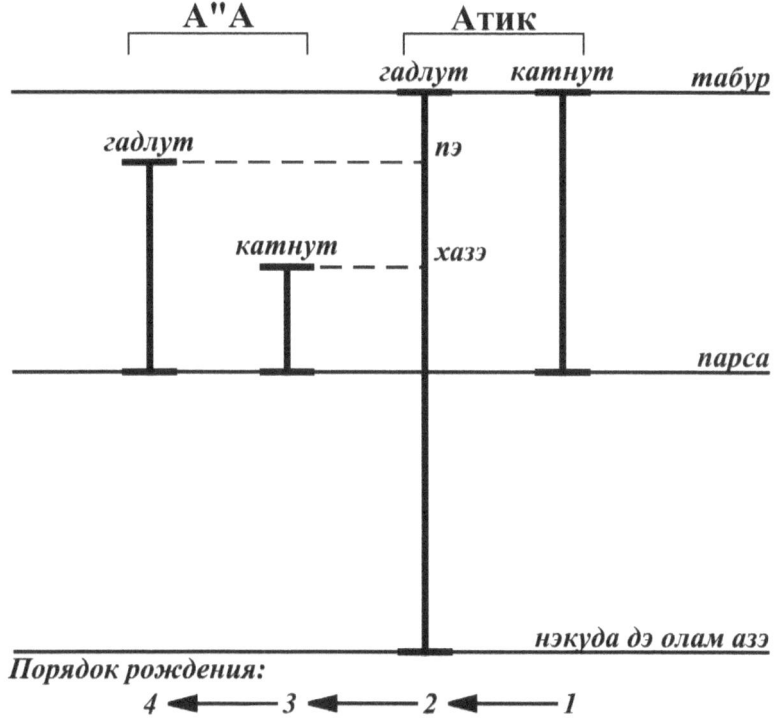

Отличие рождения парцуфим в мире Ацилут от рождения парцуфим в мире А"К в том, что в А"К каждый парцуф должен был исторгнуть свет, а масах – подняться из табура в рош и сделать зивуг на оставшиеся решимот. Здесь же, в олам Ацилут, все решимот на все парцуфим пришли после швира в рош СА"Г, и рош СА"Г сам выбрал самые лучшие и, сделав на них зивуг, родил парцуф Атик.

Далее сам парцуф Атик выбрал из оставшихся решимот самые лучшие и на них, сделав зивуг дэ-акаа, родил парцуф А"А. То есть в мире Ацилут каждый парцуф сортирует – выбирает из оставшихся решимот самые лучшие для рождения последующего парцуфа.

Второе отличие рождения парцуфим мира Ацилут от рождения парцуфим в мире А"К в том, что появление нового парцуфа происходит в два приема: масах в рош СА"Г делает зивуг на решимот катнут, и рождается Атик в катнут, а потом уже сам Атик делает зивуг на решимот 4,3 и добавляет к себе гадлут.

При этом в его АХА"Пе появляется убар (плод, зародыш) будущего, следующего парцуфа – А"А.

Место, где происходит зивуг на следующий парцуф, называется есод, местонахождение плода – бэтэн (живот) – часть от сферы тифэрэт в гуф парцуфа.

В духовных мирах нет места, нет размеров, объемов — лишь соотношение духовных сил между собой рождают картину, воспринимаемую в душе человека. В нашем же материальном мире соотношения духовных сил рождают материальные объекты с соответствующими свойствами. Но мы очень кратко и поверхностно рассматриваем мир Ацилут, чтобы можно было провести четкие соответствия материальных объектов и их духовных корней. (Для примера: из 16 частей, занимающих более 2000 страниц Талмуда Десяти Сфирот, миру Ацилут отведено 8 частей, а по объему это – почти две трети.)

Первые три парцуфа мира Ацилут – Атик, А"А, АВ"И вышли лишь для того, чтобы родить ЗО"Н – З"А и нуква (малхут), которые и несут на себе весь план творения. Если Атик, А"А, АВ"И – полные, в десять сфирот парцуфим, то З"А может быть в двух состояниях – катнут и гадлут (Г"А или Г"А+АХА"П), а его нуква-малхут проходит целый цикл роста, пока не становится равной ему и годной для зивуга с ним:

1. В первый раз малхут родилась как точка в мире Некудим (отчего он и получил свое название).

2. В мире Ацилут малхут родилась как последняя сфира у З"А.

3. Во время вскармливания З"А от АВ"И малхут получает имя Цэла (неполный парцуф) – в искаженной трактовке Торы на русском языке трактуется как адамово ребро.

4. Рост нуквы до 12 лет и одного дня, когда она уже называется ктана (маленькая), или жена Адама.

5. После 12 лет и одного дня получает все, что надо, от З"А, чтобы стать большой – самостоятельной.

6. Отделяется от З"А и называется наара (девушка).

7. Поворачивается лицом к З"А и готова к зивугу с ним, и называется богэрэт (взрослая).

Нуква З"А мира Ацилут имеет много имен в зависимости от ее роли. Все, что происходит в нашем мире, зависит от ее состояния. Через нее доходит Высший Свет в наш мир.

Мы же посредством своих поступков можем менять ее состояние и, таким образом, управлять количеством изливаемого

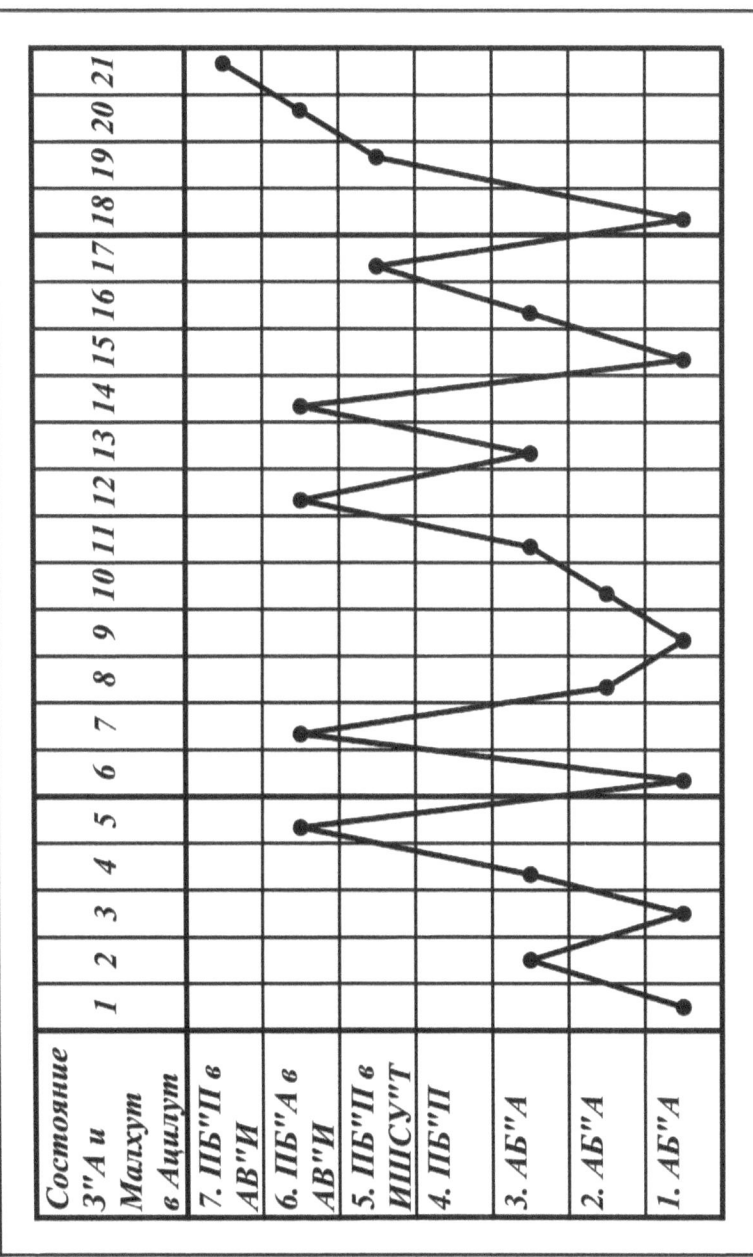

на нас света. Вся история, праздники, все, что происходит с нашим миром, – следствие ее состояния. Она называется Кнесет Исраэль (собрание Израиля), так как представляет собой сумму всех альтруистических, отдающих желаний (Г"Э). Она называется шхина, так как в ней располагается шохэн – Высший Свет.

Наши молитвы и заповеди – для единства, соединения ее с З"А (ле шэм ихуд Кадош Барух ху вэ Шхина), так как их зивуг и исправляет разбитые келим мира Некудим, а их полный зивуг приведет когда-нибудь к гмар тикун.

Давайте вкратце, без объяснения причин рассмотрим нашу историю:

1. С рождением мира Ацилут родились З"А и нуква. Нуква начала расти до четвертого дня творения и стала АБ"А с З"А вниз от его хазэ.

2. Вследствие жалобы луны (китруг ярэах) нуква по собственному желанию вернулась в состояние точки – одна сфира позади есод З"А, утратив свои первые девять сфирот. Следствие этого – видимое изменение размеров-фаз луны в нашем мире от ее полного лика до почти полного исчезновения.

3. В шестой день творения нуква доросла снова до хазэ З"А и стала АБ"А с ним – таким образом ее сфирот получили свет от пяти сфирот (от хазэ, т.е. от тифэрэт до малхут) З"А – соответственно пяти дням творения.

4. И тогда, в шестой день, З"А и нуква сделали зивуг АБ"А и родили Адама. И если бы последний не согрешил, то по его просьбе З"А и нуква совершили бы в субботу зивуг ПБ"П (паним ба паним – лицом к лицу), т.е. смогли бы принять максимально большой свет от Има.

5. Но так как еще до наступления субботы Адам согрешил, то нуква вследствие этого снова превратилась в точку, а ее сфирот упали под парса в местонахождение нечистых сил (сил, желающих получить свет ради себя) – клипот.

6. В этом состоянии нуква в зивуг с З"А родила Каина и Авеля.

7. Затем наступила первая суббота, и нуква вернулась в состояние ПБ"П с З"А во все свои девять сфирот, кроме сфиры кэтэр.

8. После субботы нуква вернулась в состояние АБ"А – от хазэ до сиюм З"А. И это состояние продолжалось до ночи исхода евреев из Египта. То есть в субботу нуква была ПБ"П с З"А в свои девять сфирот, а в будни – АБ"А (ахор бэ ахор – спина к спине) от хазэ З"А до его сиюма.

9. День рождения Адама – отделение нуквы от З"А называется Рош аШана – Глава года (Новый год). Нуква постепенно, сфира за сфирой, отделяется от З"А. Каждое отделение сфиры называется день. Таким образом, за десять дней от Рош аШана до Йом Кипур (Судный День) нуква полностью отделяется от З"А – и с этим связаны все заповеди и молитвы в Рош аШана и Йом Кипур – посты, трубление в рог и т.п.

10. Место соприкосновения З"А и нуквы в зивуг ПБ"П соответствует в наших заповедях ручному тфилину.

11. Десять сфирот нуквы равны по росту десяти сфирот З"А, но делятся на две части: верхняя, до хазэ – называется Лея, а нижняя, от хазэ вниз – Рахель. Наружный гуф З"А называется Яаков, а его внутренний гуф – Моше вэ Исраэль.

12. Зивуг З"А и нуквы в рош называется нешика (поцелуй). Их зивуг в гуф называется зивуг есодот (органами деторождения). Время беременности – зман ибур – может быть 7, 9 или 12 месяцев.

13. Адам, Энош и прочие подняли нукву до седьмого неба, пока не появился Авраам и не спустил ее на одну сфиру и т.д. – до Моше, пока нуква не заняла положения АБ"А вниз от хазэ З"А, поскольку в тех поколениях начались грехопадения, связанные с построением Вавилонской башни, Сдомом, где плохое смешалось с хорошим.

14. Чтобы дополнить высоту нуквы до уровня З"А и должен был продолжаться египетский плен 400 лет – четыре сфирот.

15. В ночь исхода из Египта – в полнолуние – вернулась нуква с З"А во все десять сфирот. Поэтому в эту ночь говорится Алель (благодарственный гимн).

16. Затем, до построения Первого Храма: в субботы нуква ПБ"П с З"А, а в будни – АБ"А от его хазэ и вниз.

17. С постройкой Первого Храма нуква дополнилась тем, что и в будни стала ПБ"П с З"А, но не во все свои десять сфирот. Зивуг ПБ"П на все десять сфирот будет только в конце исправления всех келим – частей нуквы.

18. Когда вследствие беспричинной вражды и возросшего эгоизма был разрушен Первый Храм, нуква спустилась от есод и вниз позади З"А.

19. Но сразу после разрушения Храма покаяниями и молитвами евреи смогли возвратить нукву в состояние АБ"А от хазэ З"А и так – все 70 лет Вавилонского изгнания. По субботам же З"А и нуква были ПБ"П.

20. Духовное состояние при Вавилонском изгнании было равно исходу из Египта, потому как египетское изгнание было самым низким – нуква получала минимальное количество света.

21. 70 лет вавилонского плена – следствие постепенного возвращения семи сфирот (из которых каждая в свою очередь состоит из десяти) в нукву.

22. Во Втором Храме, построенном по возвращении из Вавилона, нуква уже была ниже относительно З"А, чем до изгнания, и поэтому в Храме отсутствовали Орим, Тумим и прочие атрибуты овеществления духовных сил.

23. Когда же вследствие беспричинной взаимной ненависти был разрушен Второй Храм, нуква уменьшилась до минимума, как при грехопадении Адама, как при рождении, – до точки, находящейся АБ"А под есод З"А, и дополнительный ущерб состоял в том, что ее девять сфирот упали под парсу в клипот, и вследствие этого наступил наш последний галут – изгнание, и есть лишь незначительное увеличение нуквы по субботам и праздникам.

Это состояние, когда девять сфирот нуквы находятся под парса в клипот, называется галут Шхина (изгнание Божественного присутствия). Малхут мира Ацилут, называемая Шхина, в этом состоянии пуста и не может ничего дать находящимся в этом мире. И все это – следствие беспричинной ненависти. И только любовью можно все исправить.

Есть красивая древняя легенда о том, как жили по соседству два брата. Оба возделывали землю, и каждый думал, что у другого не хватает плодов земли, чтобы прокормиться. Каждую ночь вставали они незаметно друг от друга и докладывали один другому часть зерна – каждый со своего поля. Пока однажды не встретились за этим занятием и, раскрыв свои чувства, воздвигли в честь этого один большой стог, гору общего зерна – на этом месте впоследствии и был воздвигнут Храм...

Давайте рассмотрим на примере праздника Пурим соотношения З"А и нуквы (ЗО"Н) Ацилут – как влияет на наш мир их взаимное состояние:

1. Событие, в честь которого мы празднуем Пурим, случилось в Вавилоне в конце 70-летнего изгнания, т.е. когда уже началось восстановление связи З"А и нуквы ПБ"П.

2. В то время З"А был в состоянии дромита – сна (как при рождении Хавы из Адама), т.е. в ненаполненном состоянии.

Олам Ацилут

Аман был большим астрологом. Он и его десять сыновей (соответствующие десяти нечистым сфирот клипот) знали, что в эти дни связь Творца с Израилем (З"А и нуква) очень слаба, и поэтому решили, что могут уничтожить всех евреев.

3. Ахашверош тоже был большой духовной нечистой силой, но считал, что такое состояние сна у З"А – именно на пользу Израилю, так как оно предшествует восстановлению нуквы – освобождению евреев и восстановлению Храма. Оба порешили уничтожить всех до единого евреев, чтобы не было причин у нуквы расти и сделать зивуг с З"А.

4. Жена Амана, большая колдунья, посоветовала ему сначала убить Мордехая – духовную силу, связывающую Израиль с нуквой, а уж потом и остальных евреев.

5. Но ор хохма от Аба вышел (итгала – раскрылся, поэтому читаемый в Пурим свиток называется мэгила – раскрытие; по этой же причине есть чтения мэгилы вслух и реклама чуда) к З"А, и произошел почти полный зивуг З"А и нуквы.

6. По подобию этого зивуга в будущем все праздники исчезнут, кроме Пурима, так как никогда не было чуда больше этого, – но зивуг в гмар тикун будет на полную нукву и постоянно.

7. И каждый год мы можем притянуть на себя в этот праздник свет, если:

— прочтем мэгила (гилуй ор Аба);
— пошлем подарок бедному, так как нуква Рахель называется бедной вследствие недостатка света;
— дадим цдака (милостыню), так как цдака от слова «цадик» – есод, ведь цадик – есод олам, где олам – нуква;
— опьянеем во время праздничного обеда, как от получения света.

МИРЫ БРИЯ, ЕЦИРА, АСИЯ (БЕ"А)

Место для миров Брия, Ецира, Асия появилось в результате Ц"Б, т.е. подъема Малхут от сиюма до половины сферы тифэрэт в Некудот СА"Г – на этом месте появилась парса, т.е. ограничение распространения света до этого уровня.

В месте под парса возникли впоследствии, родившись из мира Ацилут, миры БЕ"А. На месте половины сферы тифэрэт (ЗО"Н бины гуфа) возник мир Брия, на месте сфирот нэцах, ход, есод – мир Ецира и на месте сферы малхут – мир Асия.

Олам Ацилут занимает место от табура А"К до парса. От парса до сиюма находится место расположения трех миров – Брия, Ецира, Асия. Это место появилось еще в момент, когда некудот СА"Г сделали Ц"Б.

После разбиения (швира) в мире Некудим экран со всеми решимот ото всех сломанных келим поднялся в рош СА"Г. И на пару (авиют и итлабшут) самых лучших, т.е. наименее пострадавших от разбиения решимот, СА"Г сделал зивуг, и таким образом родился первый парцуф мира Ацилут – Атик в состоянии катнут, так как зивуг произошел на решимот от Ц"Б.

Затем сам Атик делает зивуг на решимот 4,3, и таким образом рождается его гадлут. И поскольку в олам Некудим, а значит, и в оставшихся от него решимот АХА"П высшего парцуфа был внутри Г"А низшего, то, делая зивуг на решимот своего АХА"П, Атик одновременно делает зивуг и на решимот Г"А следующего парцуфа.

Таким образом, одновременно с гадлут Атик рождается катнут следующего парцуфа – Арих Анпин (А"А). Родившись, А"А сам делает зивуг на решимот 4,3 своего АХА"П – дополняет себя до гадлут, одновременно делая зивуг на решимот катнут следующего за ним парцуфа – АВ"И.

АВ"И, делая зивуг на свой гадлут, одновременно с этим рождают ЗО"Н в состоянии катнут. Затем ЗО"Н делает зивуг на свой

Миры Брия, Ецира, Асия (БЕ"А)

гадлут, и на этом заканчивается рождение всех пяти парцуфим мира Ацилут.

Но в масахе, поднявшемся после швират келим из мира Некудим в рош СА"Г и породившем все пять парцуфим мира Ацилут, остались еще не использованные от швират келим решимот. И поэтому процесс рождения новых парцуфим продолжается по тому же принципу и далее.

Таким же образом рождается из малхут Ацилут парцуф Атик мира Брия, затем из этого парцуфа Атик мира Брия рождается парцуф А"А мира Брия и т.д. – до рождения пятого, последнего парцуфа ЗО"Н мира Брия. Малхут, т.е. последний парцуф мира Брия, в таком же точно порядке рождает парцуфим мира Ецира, а затем и мира Асия.

Миры БЕ"А последовательно родились из малхут Ацилут. Но малхут в обычном состоянии представляет собою лишь точку, а чтобы родить парцуф, она должна вместе с З"А подняться до уровня АВ"И Ацилут (по аналогии с нашим миром: маленький человек может родить, лишь достигнув состояния родителей).

Таким образом, З"А поднялся до Аба, а малхут – до Има. И тогда лишь нуква-малхут родила, т.е. отобрала самые чистые из всех решимот, сделала зивуг дэ-акаа и создала таким образом мир Брия с его пятью парцуфим.

А так как в это время малхут стоит на месте Има, то олам Брия, родившись, занял место под ней – там, где в обычном состоянии, т.е. в катнут, находится парцуф З"А мира Ацилут.

Олам Ецира, родившийся затем из олам Брия, расположился под ним: четыре первых сфирот над парса на месте, где обычно находится парцуф малхут, занимающий четыре сфирот (родившись из сфира тифэрэт З"А Ацилут, парцуф малхут в состоянии АБ"А с З"А и по высоте равен четырем сфирот З"А – от его тифэрэт до малхут). Шесть нижних сфирот мира Ецира находятся под парса – на месте шести первых сфирот теперешнего мира Брия.

Мир Асия, родившийся из мира Ецира, расположился далее: его первые четыре сфирот находятся в месте четырех последних сфирот теперешнего мира Брия. Шесть последних сфирот его – на месте шести первых сфирот теперешнего мира Ецира. Оставшееся место от хазэ-тифэрэт теперешнего мира Ецира и до сиюма – всего 14 сфирот не заполненных чистыми келим (без эгоизма, с масахом) – называется мадор клипот (место нахождения клипот – эгоистических келим) (см.чертеж на стр.184).

Схема мироздания

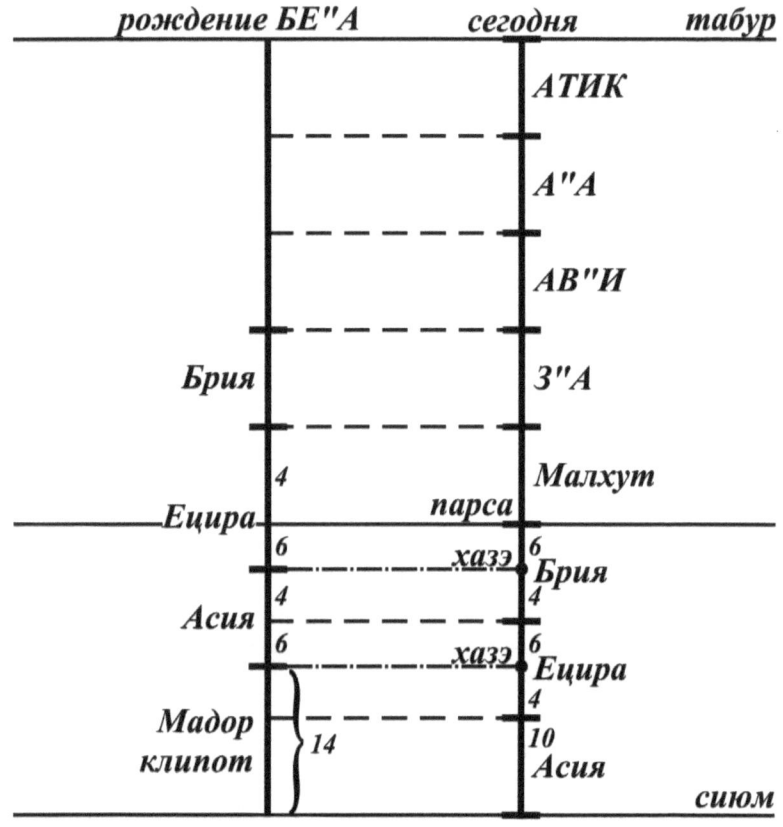

Оставшиеся после рождения миров АБЕ"А решимот считаются упавшими в олам Азэ, т.е. не являются решимот, на которые могут родиться чистые парцуфим и миры. После рождения всех миров все парцуфим миров АБЕ"А возвращаются в состояние катнут (не хотят получать свет).

После рождения миров АБЕ"А произошло рождение первого человека – Адама. Таким образом, все миры АБЕ"А представляют собой как бы оболочки, сферу, в которой находится душа Адама, – аналогично тому, как мы, люди, вернее, как наши тела находятся в оболочке нашего мира.

Задача Адама (как цели создания всего творения) состоит в доведении малхут в мире Ацилут до состояния гмар тикун – полного насыщения светом. Малхут в мире Эйн Соф, малхут в мире Ацилут, душа Адама, сумма душ всех людей,

Миры Брия, Ецира, Асия (БЕ"А)

существующих в течение 6000 лет существования нашего мира – в общем идентичные понятия.

В последний день творения – Йом аШиши (пятница, шестой день творения) был создан Адам. Шаббат (суббота) знаменует собой состояние гмар тикун, т.е. все миры должны были бы в шаббат – в седьмой день творения подняться выше парса.

Этот подъем начинается еще в пятом часу в Йом аШиши, когда З"А поднимается на уровень А"А, и, соответственно, поднимаются все миры БЕ"А – это первый подъем. Второй подъем миров произошел в субботу вечером. Но вследствие грехопадения Адама миры БЕ"А спустились на свое теперешнее место. (см. чертеж на стр.186)

Сначала Адам был создан из малхут мира Ацилут. После грехопадения его душа разделилась на 600 тысяч душ. Причина в том, что родившись и познав цель своего творения – получить все уготованное ему наслаждение ради Творца, Адам тут же возжелал сделать это. Но начав получать это наслаждение, вдруг почувствовал, что не в состоянии устоять, и начал наслаждаться сам, не ради Творца, а от получения наслаждения-света для себя.

И как следствие этого – произошло разбиение его души на 600 тысяч частей, подобно тому, как произошло швират келим – разбиение сосудов в олам Некудим. Эти осколки души вселяются в праведников, т.е. в людей, достигших еще при жизни путем работы над собой выхода из нашего мира в миры БЕ"А. И каждый праведник получает ради Творца часть света, соответствующую его душе.

Когда эта работа всех душ будет закончена, они вновь сольются в одну, и, таким образом, закончится план творения и наступит состояние, называемое Шаббат – суббота отдыха. Но есть отдельные особые души, достигающие такого состояния еще при жизни в нашем мире.

Рассмотрим, каким образом души праведников получают свет. Так как малхут мира Ацилут представляет собой совокупность всех душ, то задача сводится к наполнению ее светом – к приведению в состояние зивуг с З"А. Малхут в таком случае называется Шхина, а З"А – прообраз Создателя, ее наполняющего.

Душа праведника, находящаяся в каком-либо месте в мирах БЕ"А, как бы поднимает свою просьбу – МА"Н в малхут мира Ацилут в виде экрана-масаха, который создал праведник, работая над собой. И на этот масах малхут делает зивуг с З"А.

Схема мироздания

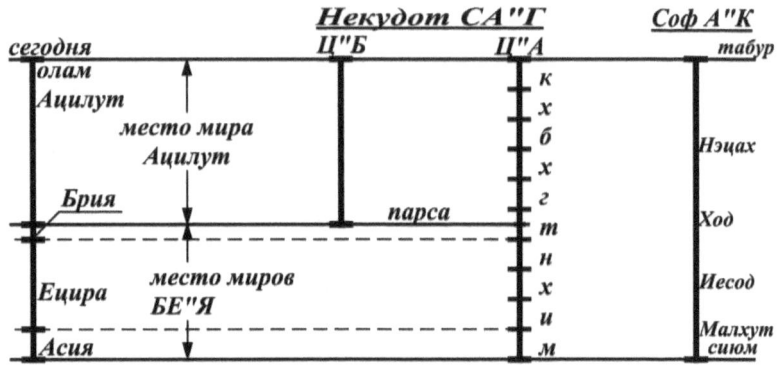

Обычное состояние Ацилут – катнут, т.е. З"А, имеет только келим ХАГА"Т НЭХИ"М, а малхут – точка. Катнут мира Ацилут говорит о том, что в нем есть лишь Г"А, а его АХА"П – под парса, в мирах БЕ"А, и в нем есть лишь света нэфеш и руах. В мирах БЕ"А находится смесь келим, так как после разбиения все келим от семи малахим перемешались между собой.

Как мы уже говорили, келим Г"А семи малахим, находившиеся над парса, смешались, разбившись, с их АХА"Пами. Менее пострадавшие от швиры сосуды-келим находятся в мире Брия, а наиболее пострадавшие – в мире Асия. Поэтому легче исправить, т.е. создать масах, на кли, находящееся в мире Брия, и труднее всего преодолеть желание – создать масах – на кли, упавшее в мир Асия.

Поэтому если праведник поднимает келим из мира Брия в Ацилут, то, делая на эти келим зивуг, малхут Ацилут дополняет в мире Ацилут к руах-нэфеш ор нэшама.

Миры Брия, Ецира, Асия (БЕ"А)

Поднимая же келим из мира Ецира в мир Ацилут, праведник способствует появлению в мире Ацилут света-хая, а если может преодолеть желания мира Асия – самые низкие и потому самые трудные для исправления, то вызывает появление в мире Ацилут света ехида. Это происходит потому, что мир Ацилут представляет собой Г"А относительно БЕ"А – его АХА"П.

Необходимо напомнить, что миры АБЕ"А родились из остатков разбитых келим мира Некудим после разбиения сосудов, и вся работа, проделываемая нами в течение 6000 лет, заключается в исправлении, т.е. в создании масаха на эти келим и наполнении их светом, чтобы Высший Свет мог распространиться и под парса до сиюма, т.е. до точки нашего мира, и засветить в нем самом.

Это возможно лишь при полном уничтожении желания получить свет ради себя и при условии, что все наслаждения человек будет получать от заботы и любви к другим людям и к Творцу – что в принципе одно и то же.

Как мы уже говорили, после разбиения келим ашпаа, находящиеся над парса – Г"А, смешались с келим каббала – АХА"П, находящимися под парса, и все вместе упали в место миров БЕ"А. Работа праведников сводится к отделению Г"А от АХА"П в каждом кли и подъему Г"А этих кли в мир Ацилут, в дополнение к келим мира Ацилут, которые тоже представляют собой Г"А относительно келим БЕ"А – АХА"П.

Разделение Г"А и АХА"П в мире Брия называется мила (обрезание). Дополнение Г"А мира Брия к миру Ацилут вызывает в последнем дополнительно к светам нэфеш и руах, находящимся в Ацилут, появление и ор нэшама. АХА"П, остающиеся в мире Брия, т.е. келим каббала, которые не могут быть исправлены до гмар тикун, называются клипа Руах Сэара (ураганный ветер).

Разделение Г"А и АХА"П в мире Ецира называется прия (подворачивание остатка кожи после обрезания). Подъем Г"А из мира Ецира в мир Ацилут вызывает появление в последнем ор хая. АХА"П, оставшийся в мире Ецира, называется клипа Анан Гадоль (большое облако).

Разделение Г"А от АХА"П в мире Асия называется атуфей дам (удаление крови после обрезания), а остающийся в Асия АХА"П называется клипа Эш Митлакахат (возгорающееся пламя). Подъем Г"А мира Асия в Ацилут вызывает в нем появление ор ехида.

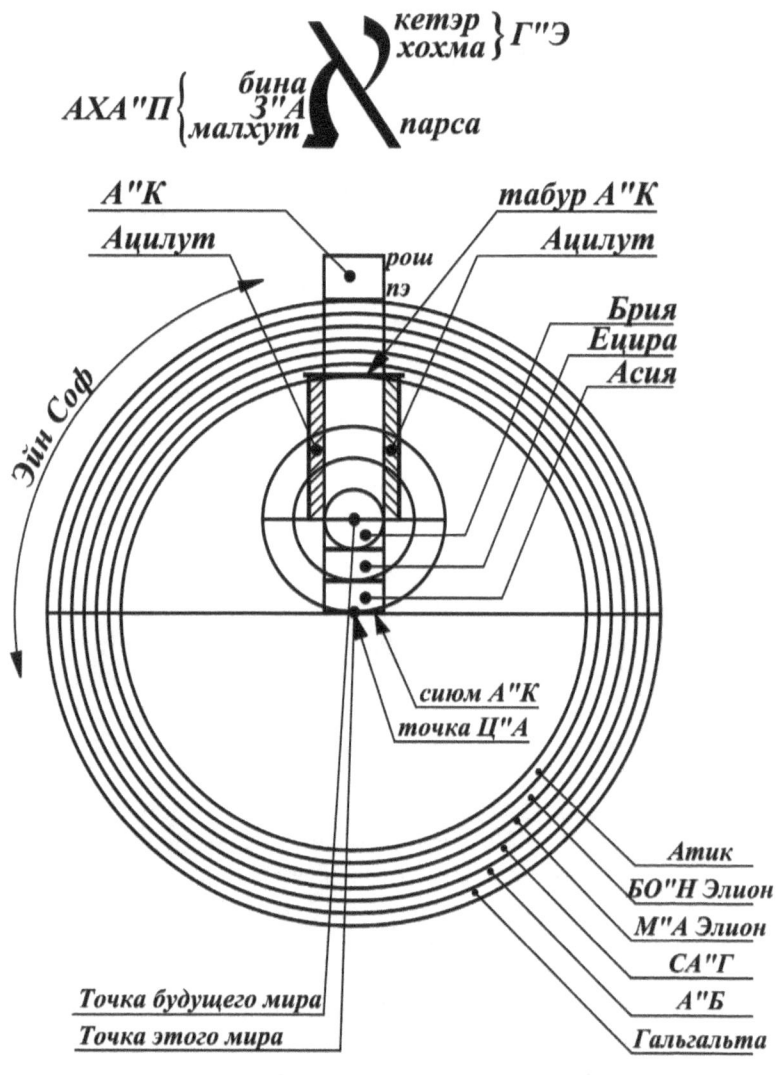

Таким образом, после отделения всех Г"А от АХА"П во всех мирах БЕ"А – что и проделывают праведники в течение 6000 лет существования миров – в мире Ацилут появляются все света НаРаНХа"Й. Напомню, что слово «мир» – олам – от слова «алама» – сокрытие. И оно продолжается в течение 6000 лет, после чего сокрытие исчезает.

Миры Брия, Ецира, Асия (БЕ"А)

Но это еще не полный свет, так как остались неисправленными келим АХА"П миров БЕ"А — три вышеперечисленные клипы: Руах Сэара, Анан Гадоль, Эш Митлакахат. Эти келим настолько тяжело исправить, т.е. преодолеть их эгоистические желания получить наслаждение, и создать масах, что это не в состоянии сделать даже праведники в течение 6000 лет.

Исправление этих келим происходит в момент гмар тикун: когда в Ацилут перейдут все келим ашпаа Г"А из миров БЕ"А, а в БЕ"А останутся лишь келим каббала — АХА"П, тогда произойдет один большой зивуг дэ-акаа на все оставшиеся келим каббала (ангел Рав Паалим у Мекабциэль), и свет от этого взаимодействия пройдет в келим миров БЕ"А и исправит их навсегда. И полностью исчезнет эгоизм, на всю малхут появится масах, и стремление всех душ будет только к ашпаа — альтруизму и слиянию посредством него с Творцом.

ВОЗВЫШЕНИЕ И ПАДЕНИЕ МИРОВ

Так как олам Ацилут находится под табуром олама А"К, то все его пять парцуфим относительно пяти парцуфим олама А"К – это как ВА"К относительно ГА"Р, т.е. как тело относительно головы или как ЗО"Н относительно Рош. То есть в этих пяти парцуфим мира Ацилут отсутствуют света нэшама, хая, ехида (ехида).

И поэтому каждый из пяти парцуфим мира Ацилут, получая свет от мира А"К, получает его от З"А соответствующего парцуфа А"К:

– Атик получает свет от З"А Гальгальты;
– А"А получает свет от З"А А"Б;
– АВ"И получают свет от З"А СА"Г;
– ЗО"Н получают свет от З"А ЗО"Н А"К.

Не следует путать: все пять парцуфим мира Ацилут надеваются как бы один на другой ЗО"Н – на АВ"И, АВ"И – на А"А, А"А – на Атик, и каждый нижестоящий получает от предыдущего. Но этот предыдущий проводит нижестоящему свет из соответствующего парцуфа предыдущего мира: от ЗО"Н кэтэра А"К (Гальгальта) – к кэтэру мира Ацилут (Атик), от ЗО"Н хохмы А"К (А"Б) – к хохме Ацилут (А"А) и т.д.

Мы уже говорили, что в общем все миры АБЕ"А представляют собой один парцуф, где Ацилут – Г"А авиют 0 (кэтэр, хохма и половина, т.е. ГА"Р, бины), а Брия, Ецира, Асия – АХА"П, т.е. ЗА"Т бины З"А и малхут. Поэтому при присоединении к Ацилут кли из мира Брия (авиют 2) к его обычным светам – нэфеш и руах – добавляется еще и свет нэшама.

А когда поднимаются кли из Ецира (авиют 3) в мир Ацилут, то в нем добавляется ор хая. А при поднятии кли из мира Асия (авиют 4) в мир Ацилут – в последнем добавляется ор ехида.

Мир Ацилут   Мир А"К

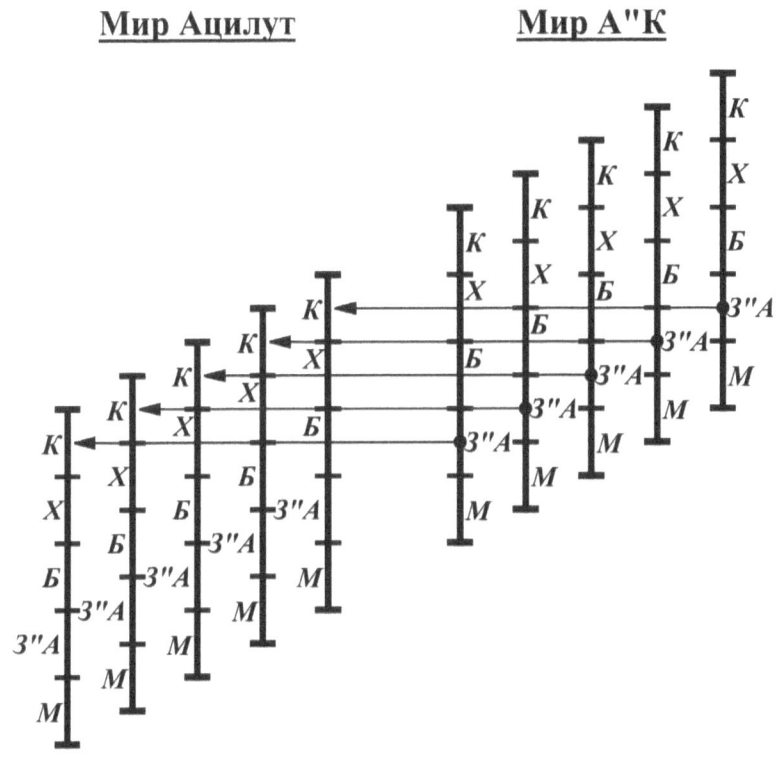

Итлабшут – надевание парцуфим мира Ацилут на соответствующие им парцуфим мира А"К в обычном состоянии.

Гальгальта ор руах	А	к х б х	Г"А	авиют 0
Эйнаим ор нэфэш		²1/2 т	парса	авиют 1
	Б	1/2 т		авиют 2
АХА"П свет отсутствует	Е	н х е	АХА"П	авиют 3
	А	м	сиюм	авиют 4

Схема мироздания

Подъем в Ацилут келим из миров БЕ"А

Поднять кли из миров БЕ"А в Ацилут – наша задача. Кто в состоянии это сделать, называется праведник (цадик), так как оправдывает (мацдик) сотворение и существование миров – ведь в подъеме келим из миров БЕ"А в мир Ацилут и заключается работа по исправлению келим – переводу их из состояния кабала-эгоизма в состояние ашпаа-альтруизма и, таким образом, переводу малхут мира Ацилут, или, что то же самое, душ людей – из первого состояния – Ц"А через второе – работу по исправлению келим в третье – гмар тикун.

Процесс поднятия кли из БЕ"А в Ацилут сводится к искренней просьбе человека, обращенной к Творцу, помочь в исправлении своей души.

Эта просьба называется МА"Н (маим нуквин – женские воды). Таким образом, МА"Н поднимаются из БЕ"А в ЗО"Н Ацилут. ЗО"Н Ацилут поднимают МА"Н в АВ"И, а те передают МА"Н далее, пока он через все парцуфим Ацилут и А"К доходит до рош Гальгальта, где последняя производит на него зивуг с ор Элион – Высшим Светом, исходящим от Творца. Свет от этого зивуга спускается через все миры до души того человека, который возбудил этот МА"Н. И таким образом происходит связь через все миры человека с Творцом, и во всех мирах от этого остается след – свет.

Более того – все миры получают этот дополнительный свет, вызванный просьбой человека, и чем выше мир или парцуф, тем больше света он получает: ведь миры – суть ослабители, фильтры Высшего Света. Можно сказать, что все миры – оболочки на душе человека, отделяющие его от Творца и, поднимаясь вверх (от Асия к Ецира и далее к Эйн Соф), человек, освобождаясь от этих оболочек, сближается, постепенно сливается с Творцом. Схематически это сводится к подъему всех миров, как по лестнице, ступени которой, вернее, их соотношение остается постоянным, и все миры поднимаются ближе к Творцу.

Низшая душа получает свет от вышестоящей ступени. Этот закон сохраняется, и потому спускающийся свет пронизывает все творение. Получение дополнительного света в кли считается как бы его подъемом, а утрата света – спуском, так как и то и другое зависит лишь от величины масаха. А как мы изучали, лишь масах определяет духовный уровень человека.

* * *

После рождения парцуфа Атик в катнут он сам делает зивуг на решимот 4,3 и рождает таким образом свой гадлут. Вместе с его АХА"Пом рождается и катнут следующего парцуфа – А"А. Таким образом, А"А начинается с АХА"П Атика. И отсюда во всех парцуфим мира Ацилут: Атик, А"А, АВ"И если и есть гадлут в рош (ГА"Р), то в их гуф есть лишь катнут (ВА"К) – половина от того, что есть в рош, подобно тому как у З"А есть половина того, что есть в кэтэре, хохме или бине, ввиду отсутствия в нем этих трех сфирот. И поэтому называется Атик – ВА"К, или М"А относительно Гальгальта мира А"К, так как хотя оба они – парцуфим кэтэр, но Гальгальта – это кэтэр во все десять сфирот, а Атик относительно нее – ВА"К, лишь малая ее часть. Также А"А относительно парцуфа А"Б и АВ"И – относительно парцуфа СА"Г, и ЗО"Н мира Ацилут – относительно ЗО"Н мира А"К.

Таким образом, отличие какого-либо парцуфа мира Ацилут от соответствующего парцуфа мира А"К состоит в отсутствии света, имеющегося в рош парцуфа А"К, поскольку весь мир Ацилут – М"А или З"А относительно А"К, вследствие этого в парцуфим мира Ацилут отсутствуют света нэшама, хая, ехида.

В олам Ацилут первые три парцуфа – Атик, А"А, АВ"И – находятся в состоянии ПБ"А, т.е. сами не желают получить свет и лишь по просьбе нижестоящих ЗО"Н (З"А + нуква) принимают свет свыше и передают его в ЗО"Н.

Схема мироздания

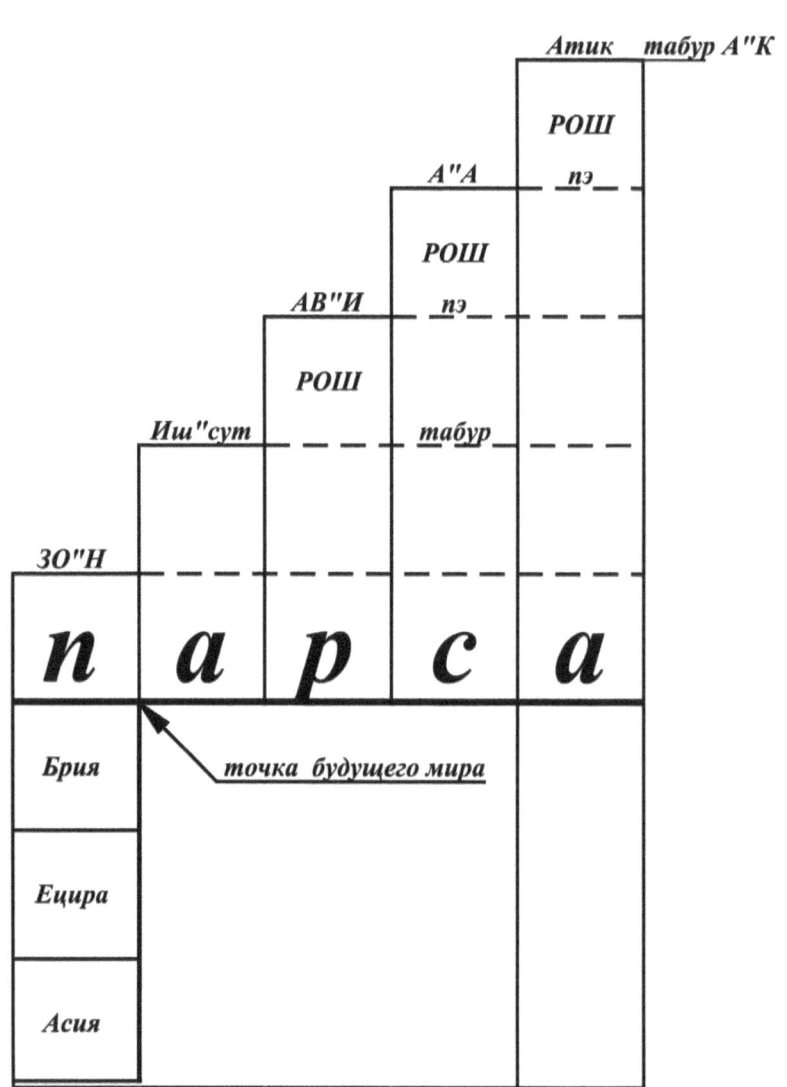

Происходит это следующим образом: вследствие добрых поступков людей, находящихся в нашем мире, их просьбы, молитвы – МА"Н – поднимаются к ЗО"Н в мир Ацилут, которые передают его затем к АВ"И. АВ"И из положения ПБ"А переходят в положение ПБ"П и, делая зивуг на полученный МА"Н, передают свет от него в ЗО"Н.

Это наполнение светом парцуфим Ацилут соответствует как бы их подъему относительно обычного состояния: весь мир Ацилут как бы поднимается относительно мира А"К, получая света нэшама, хая, ехида, которых он был лишен вследствие отсутствия АХА"П в келим, находящихся под парса.

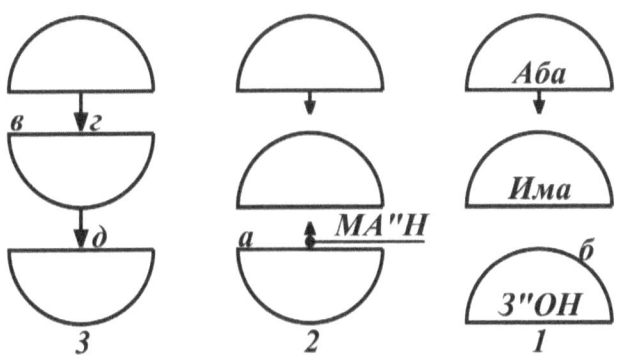

1. АВ"И находятся в состоянии: Аба – паним бэ ахор им Има (лицо Аба к спине Има), т.е. бина – Има не желает получать ор хохма – таково ее свойство. В таком случае и ЗО"Н (З"А + малхут, души) не получают свет-изобилие, и это ощущается нами как страдание.

2. Низшие существа – души людей – своими просьбами, молитвами и добрыми делами (мицвот у маасим товим), заботой о других, взаимопомощью, обращением к Творцу, т.е. обращая лицо свое (а) вместо спины (б) вверх к Творцу и таким образом поднимая МА"Н, – заставляют Има обратиться к Аба.

3. Има, согласно просьбе детей своих – душ людей, поворачивает лицо свое (в) к Аба, получает не для себя, а ради детей – ЗО"Н – ор хохма (г) и передает его вниз (д).

Каждый из миров состоит из пяти парцуфим. В мире Ацилут иногда ЗА"Т бины считается отдельным парцуфом, и он получает тогда свое особое название – ИШСУ"Т – Исраэль саба у твуна. Это разделение обычно производится при исследовании света, получаемого ЗО"Н Ацилут от трех парцуфим ГА"Р Ацилут (Атик, А"А, АВ"И).

Часть бины (ЗА"Т бина) отделяется от ничего не желающей получать бины (АВ"И) и получает от хохмы (А"А) свет, чтобы передать его в З"А и малхут (ЗО"Н). Поэтому мы делим мир Ацилут на пять парцуфим: Атик, А"А, АВ"И, З"А, малхут или Атик, А"А, АВ"И, ИШСУ"Т, ЗО"Н.

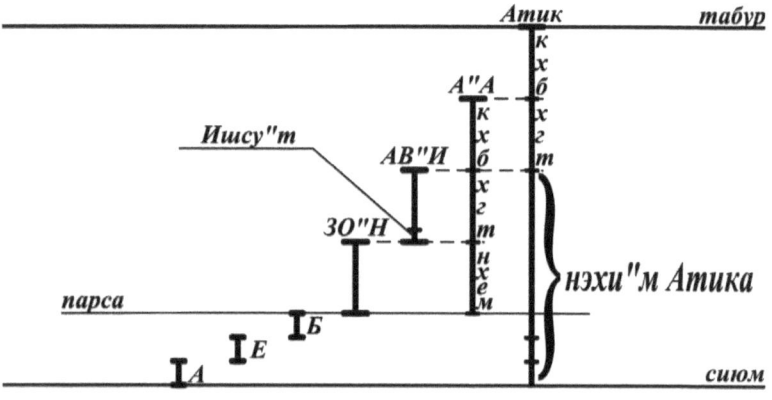

АВ"И включают в себя и ГА"Р (сами АВ"И) и ЗА"Т (Ишсу"т) – если ЗО"Н получает ор хохма. Если же ЗО"Н не получает ор хохма, то ГА"Р бины (АВ"И) отделяется от ЗА"Т, так как, будучи отдающей, не чувствующей недостатка от отсутствия ор хохма, она не может быть вместе со страдающим от недостатка ор хохма – ЗА"Т (Ишсу"т).

А теперь рассмотрим порядок подъема миров от их обычного, минимального состояния до максимального уровня – 6000 лет. Есть всего три подъема, соответствующие дополнению миров светами нэшама, хая, ехида, как уже сказано.

И когда в первом подъеме свет доходит до Атик, то он, делая на него зивуг, поднимается и надевается на парцуф СА"Г и получает ор нэшама, так как ор нэшама – это ор бина, а СА"Г – парцуф бина. А когда свет доходит до А"А, он, делая зивуг на него, поднимается на уровень Атик и т.д.

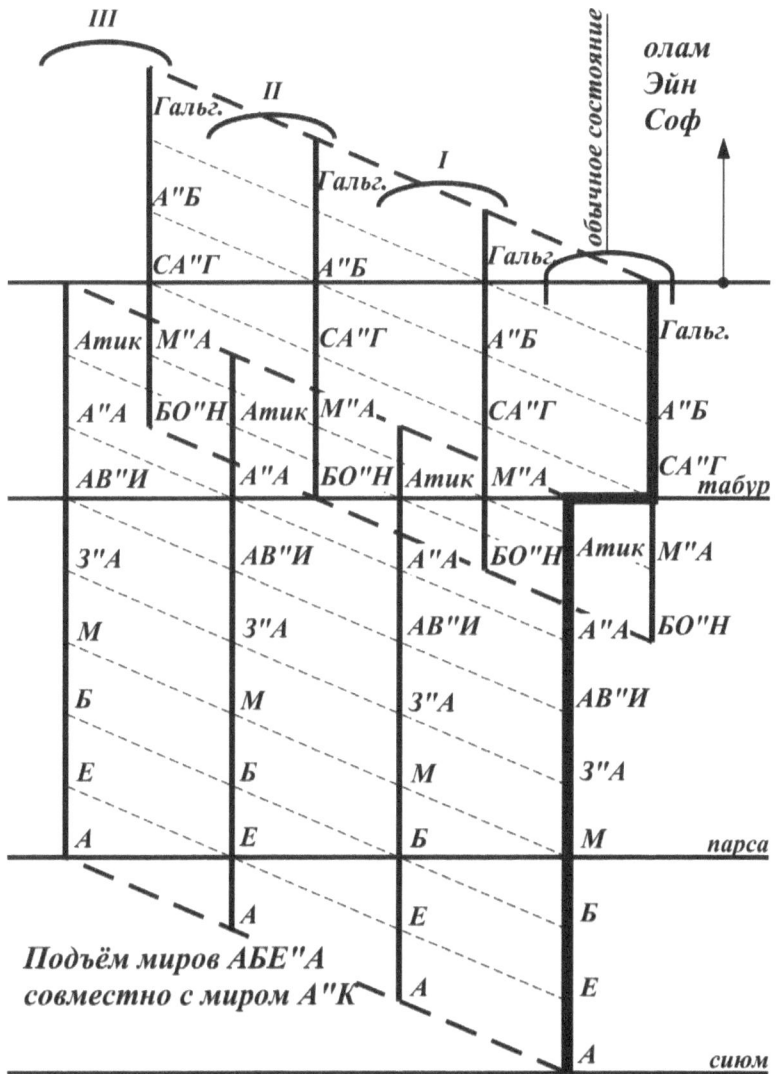

Из приведенных ниже графиков нам видно, что в третьем подъеме все парцуфим дополняются светами нэшама, хая, ехида от А"К, отсутствовавшими у них в обычном состоянии, посредством подъема и облачения каждого на соответствующий ему парцуф мира А"К.

Схема мироздания

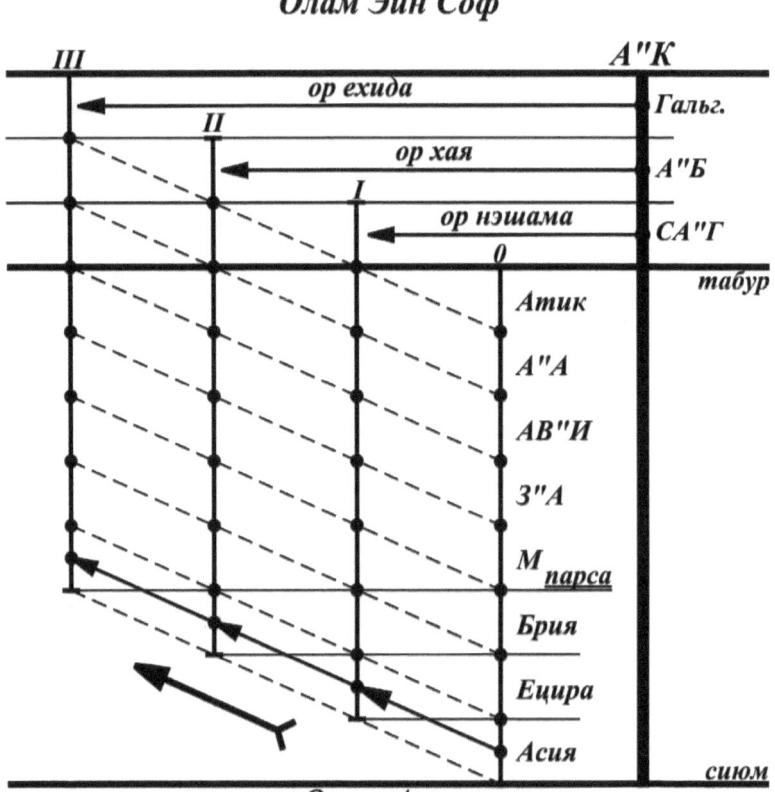

0 - обычное состояние миров
I, II, III - подъем миров относительно А"К

Так же и душа человека, находящаяся в мирах БЕ"А, поднимается с мирами БЕ"А над парса и может, таким образом, получить ор хохма, дополнительно к ор хасадим, находящемуся в ней в обычном состоянии под парса.

А когда человек по какой-либо причине теряет масах, то исчезает МА"Н, и спускаются все миры относительно этого человека на свои постоянные места, но не ниже, поскольку это обычное их состояние создалось в результате рождения миров силой самого Творца, т.е. без участия творений, и потому не может быть испорчено последними.

Но в гмар тикун ор хохма спустится под парса, и все миры на своем обычном месте получат его – и все мироздание осветится светом Творца.

На соседней странице приведены состояния постижения (ощущения) миров – их подъем и спуск относительно Адама.

Так как нуква в олам Ацилут родилась из сферы тифэрэт З"А, то она по высоте равна четырем сфирот: нэцах, ход, есод, малхут. И поэтому, когда на ее место поднимаются снизу десять сфирот мира Брия, то место есть лишь для его первых четырех сфирот, а шесть нижних его сфирот остаются под парса. Так как Адам находится как бы внутри миров БЕ"А, то их подъем в мир Ацилут означает, что сам Адам поднимается в Ацилут, т.е. постигает, ощущает этот мир. После грехопадения Адам и шесть сфирот Ецира и десять сфирот Асия спустились в место, где был раньше мадор клипот.

Схема мироздания

Вследствие грехопадения	В субботу - если бы не грехопадение	перед субботой	рождение Адама	Сегодня
Атик				Атик
А"А	З"А	З"А		А"А
АВ"И	нуква	нуква	З"А	АВ"И
Ишсу"т	БРИЯ	БРИЯ	нуква	Ишсу"т
З"А	ЕЦИРА	ЕЦИРА	БРИЯ	З"А
нуква	АСИЯ	4 - АСИЯ	4 - ЕЦИРА	нуква
—БРИЯ—		6 - АСИЯ	6 - ЕЦИРА	6 - БРИЯ
			4 - АСИЯ	4 - БРИЯ
—ЕЦИРА—			6 - АСИЯ	6 - ЕЦИРА
			4 } мадор	4 - ЕЦИРА
АСИЯ			10 } клипот	10 - АСИЯ

200

ТЕРМИНЫ И ОПРЕДЕЛЕНИЯ

ОР, СВЕТ
наслаждение, получаемое творением в духовных мирах.

КЛИ, СОСУД
желание насладиться, рацон лекабэль. Единственное, что создано из ничего, и из чего состоит все творение – миры и населяющие их души. А вся разница между частями творения – в величине этого желания.

ОР ХОХМА
свет, идущий от Творца, несущий жизнь, наслаждение.

ОР ХАСАДИМ
свет, идущий к кли, отталкивающему свет хохма. Наслаждение от отдачи.

РАСПРОСТРАНЕНИЕ СВЕТА
перемещение света-наслаждения от Творца к творению.

ВРЕМЯ
определенное количество последовательных ступеней распространения света.

ПРОЗРАЧНЫЙ
малое желание (авиют), например, 1 по сравнению с 4.

ТЕМНОТА
состояние четвертой ступени, не получающей свет вследствие Ц"А, отсутствие ор хохма.

РАНЬШЕ И ПОЗЖЕ
соотношение причины и следствия.

ОДИН, ЕДИН
объединение посредством совпадения свойств.

ПОДЪЕМ
совмещение свойств нижнего кли с верхним, при улучшении свойств первого.

СПУСК
совмещение свойств верхнего кли с нижним, при ухудшении свойств.

СОЗДАТЕЛЬ
причина, верхняя ступень, рождающая нижнюю.

СВЕРХУ ВНИЗ
от высшей ступени к низшей, от первой к четвертой, поскольку четвертая более эгоистична.

НАПОЛНЕННЫЙ
состояние отсутствия недостатка, неудовлетворенного желания.

МЕСТО
желание насладиться, получить называется местом получения света, наслаждения. Размер места соответствует размеру желания.

КОНЕЦ
соф, сиюм, окончание любого творения – создается посредством ограничения на получение света.

ВЫСШИЙ
более важный.

РАЗДЕЛЕНИЕ
две ступени, не схожие ни по каким свойствам, называются разделенными.

СОПРИКОСНОВЕНИЕ
схожесть по одному из многих свойств между двумя ступенями, творениями.

СВОБОДНЫЙ
место, готовое получить исправление, дополнение, наполнение.

СОКРАЩЕНИЕ, ЦИМЦУМ
укрощение своего желания, ограничение на получение страстно желаемого наслаждения.

ЛИНИЯ
положение, указывающее на различие верха и низа.

БЛИЗКИЙ
схожий по свойствам.

ГОЛОВА, РОШ
часть создания, наиболее близкая по свойствам к своему Создателю.

РУАХ
ор хасадим называется руах, ор в кли З"А.

ИМЯ
дается постигающим свойства объекта по постигаемым им свойствам другого объекта.

ТЕЛО, ТОХ
внутреннее получение определенной порции света.

ДВИЖЕНИЕ
обновление, изменение в получении света и потому отделение от предыдущей формы получения.

А"К, АДАМ КАДМОН
первый мир, получающий из мира Эйн Соф – мира Бесконечности. Корень, источник, зародыш создания человека в нашем мире.

ОР ХОЗЭР
свет, не получаемый в четвертую ступень, а возвращаемый ею посредством зивуг дэ-акаа (ударного взаимопроникновения). Условие получения после Ц"А.

ОР ЯШАР
свет, идущий из Эйн Соф.

ОР МАКИФ
свет, окружающий парцуф и предназначенный в будущем войти в него.

ОР ПНИМИ
свет, заполняющий кли.

ГРАНИЦА
следствие действия масаха.

МАТЕРИАЛЬНОЕ
все, занимающее место, время и действующее на наши пять органов чувств.

УТОНЬШЕНИЕ МАСАХА
уменьшение силы сопротивления желанию самонасладиться.

ЗИВУГ ДЭ-АКАА
действие масаха, ограничивающее распространение света в четвертой ступени – в малхут.

З"А, зэир анпин
малая порция ор хохма.

ХАЯ
свет в сфире хохма.

ЕХИДА
свет в сфире кэтэр.

ПОСТЕПЕННО
последовательное, по ступеням, распространение света.

МАЛХУТ
последняя ступень кли, диктующая его действия и потому так называющаяся – царство.

МАСАХ
сила сокращения, сопротивления, цимцума, действующая в кли.

ИСЧЕЗНОВЕНИЕ, РАСТВОРЕНИЕ
слияние по схожести свойств малого с большим.

НЭФЕШ
самый малый свет в парцуфе, свет в сфире малхут.

НаРаНХа"Й
пять светов: нэфеш, руах, нэшама, хая, ехида.

НЭШАМА
свет в кли бина.

СИЮМ (КОНЕЦ)
четвертая ступень, ограничивающая получение – распространение света.

АВИЮТ (ТОЛЩИНА)
размер, величина желания и стремления получить свет.

ЧАСТИ КЛИ
есть две основные части у кли. Одна – притягивающая свет в зависимости от авиюта (величины желания). Другая – принимающая

свет в зависимости от захут (от слова «зах» – светлый). Свет притягивается малхут, но входит, принимается кли кэтэр, а затем постепенно спускается до малхут.

ГАГ (КРЫША)
кэтэр.

РИЦПА, ПОЛ
малхут.

РОШ
свет, приходящий в кли и отраженный масахом, образует рош.

ДУХОВНОЕ
абсолютно изолированное от всего, имеющего контакт с нашими пятью органами чувств, местом, движением, временем и фантазией (воображением).

ДАЛЕКИЙ
удаленный по свойствам.

ОРГАНЫ ТЕЛА
келим, сфирот в гуф парцуф.

А"А, АРИХ АНПИН
парцуф хохма в мире Ацилут.

БРИЯ
появление чего-то из ничего, небытия.

ПЯТЬ СТУПЕНЕЙ ТОЛЩИНЫ
как есть пять ступеней: кэтэр, хохма, бина, З"А, малхут, ограничивающие парцуф в длину, – так есть пять ступеней: моах (мозг), ацамот (кости), гидин (жилы), басар (мясо), ор (кожа), ограничивающих парцуф в ширину.

ГАЛЬГАЛЬТА
парцуф кэтэр, кли со светом ехида.

РЕЧЬ
малхут рош называется пэ (рот) и свет, проходящий сквозь нее вниз, называется речь.

КИСЭ (КРЕСЛО)
олам Брия.

СВЯТАЯ СВЯТЫХ (В ХРАМЕ)
сфира в мире Брия.

КЛИПА (ШЕЛУХА, ОБОЛОЧКА)
обратное кдуше (святости) по своим свойствам; желание все поглотить, совершенный эгоизм.

РЭИЯ (ЗРЕНИЕ)
ор хохма в сфире хохма – эйнаим (глаза) в рош парцуф.

РЭАХ (ЗАПАХ)
свет в сфире З"А, называемый хотэм (нос) в рош парцуф.

ШВИРА (РАЗБИЕНИЕ)
исчезновение ограничивающей силы в масахе.

ШМИЯ (СЛУХ)
ор в кли бина – озен (уши) в рош парцуф.

ТААМИМ
распространение света от пэ до табур. От слова таам – вкус.

НЕЦУЦИМ (ИСКРЫ)
свет угасающий, но готовый снова светить в кли, как прежде.

НЕКУДОТ (ТОЧКИ)
свет, исходящий из гуф парцуфа.

КЛИ ЛИЦОМ ВВЕРХ
готово получить свет.

КЛИ ЛИЦОМ ВНИЗ
не желает получить свет.

ПАНИМ (ЛИЦО) ВЭ АХОР (СПИНА)
соответственно, важная и не столь важная части кли.

ПОРЧА РАДИ ИСПРАВЛЕНИЯ
восприятие человека, не знающего путей развития. Для видящего же ясно, что нет порчи (швира, хэт), а все – лишь один тикун (исправление) кли.

РЕШИМО
след от света (воспоминание о наслаждении), остающийся в кли после удаления света.

ТАГИН
решимо от внутреннего света (ор пними), бывшего в тох парцуф.

ПАНИМ (ЛИЦО)
место, которым кли дает или получает свет.

МА"Н
просьба низшего, обращенная к высшему (маим нуквин).

ПАРСА
разделительная перегородка, диафрагма между органами дыхания (кли ашпаа – отдачи, влияния) и органами пищеварения (кли каббала – приема).

Ц"Б, ЦИМЦУМ БЭТ
сокращение на получение света, получение в келим кэтэр, хохма, бина, но не в З"А и малхут.

ПАРСА
свод, отделяющий верхнюю воду от нижней, отделяющий бину от малхут.

СЭАРОТ (ВОЛОСЫ)
дополнительный, наружный парцуф, где внутренний парцуф находится в Ц"А, а наружный – в Ц"Б. От слова «сэара», «соэр» – ощущение неполноценности.

СЭАРОТ РОШ
от бины (уши) вверх.

СЭАРОТ ДИКНА (БОРОДЫ)
от бина вниз.

ОТ
буква, кли.

БИРУР (АНАЛИЗ)
поиск эгоизма в кли, осознание зла, выделение из смешанных – чистых и нечистых – келим только чистых и получение в них света.

ГАДЛУТ (БОЛЬШОЙ)
присутствие ор хохма в парцуфе.

МОХИН (УМ, СОЗНАНИЕ, МЫСЛЬ)
ор хохма в рош парцуф.

МАВЭТ (СМЕРТЬ)
исчезновение ор хохма из кли. Только ор хохма оживляет кли. Состояние кли под парса и в нашем мире, о котором сказано – грешники и в жизни мертвы.

МЕСТО МИРОВ БЕ"А
от парса до сиюма, до нашего мира.

ДРЕВО ПОЗНАНИЯ ДОБРА (ХОРОШЕГО) И ЗЛА (ПЛОХОГО)
эгоизм определяется как плохое, и потому, съев с этого дерева, внес Адам в свой гуф эгоизм и, таким образом, должен был спуститься из духовных миров в наш мир.

ПБ"П (ПАНИМ БА ПАНИМ)
лицом к лицу – состояние, когда нуква (малхут) получает свет от З"А, захар (мужчина).

ЕНИКА КЛИПОТ (ВСАСЫВАНИЕ ЭГОИЗМОМ)
эгоистическое кли с желанием получить для себя после Ц"А остается пустым, т.е. безжизненным, без света хохма. Но вследствие швират келим небольшие порции света вошли и в клипот.

И далее, вследствие грехопадения Адама, и каждый раз, когда люди грешат, т.е. используют свой эгоизм, – этим увеличиваются порции света в клипот и, соответственно, уменьшаются в чистых, святых келим.

Человек состоит из чистых келим (если приобрел масах) и клипот, постоянно искушающих его воспользоваться эгоизмом, самонасладиться и, таким образом, наполнить их светом. И чем больше у человека чистых келим, наполненных светом, тем с большей силой искушают его клипот, желающие насладиться светом. И потому у большого человека – большие искушения.

ПРИСАСЫВАНИЕ КЛИПОТ
там, где кдуша, чистое кли, имеет какой-либо недостаток, брак – недостаточной силы масах, силу воли, – там возникает воздействие искушения.

НОГА (СИЯНИЕ)
клипа, в которой перемешано хорошее и плохое.

ШВИРА КЛИ
поломка сосуда, негодность кли к получению света.

БЭТЭН (ЖИВОТ)
нижняя часть тифэрэт в гуф парцуф, место беременности и рождения.

ГАН ЭДЕН (РАЙСКИЙ САД)
малхут мира Ацилут.

ДАДЭЙ БЭИМА (СОСКИ ЖИВОТНОГО)
нижняя часть нэцах и ход парцуфа Атик, находящиеся в мире Брия.

РЭАЙОН (БЕРЕМЕННОСТЬ)
зивуг на решимо катнут парцуфа.

ЗМАН РЭАЙОН (ВРЕМЯ БЕРЕМЕННОСТИ)
время в духовных мирах есть обновление формы. И поэтому развитие парцуфа – изменение формы до его рождения, называется временем беременности. В зависимости от количества света, необходимого для развития, – 7, 9 или 12 месяцев.

КОТЭЛЬ (СТЕНА)
масах.

МЭЦАХ (ЛОБ)
кэтэр в рош парцуф.

ЗМАН (ВРЕМЯ)
переход от причины к следствию.

МАКОМ (МЕСТО)
желание духовного.

НУКВА НИФРЭДЭТ (ОТДЕЛЕННАЯ НУКВА)
малхут в З"А мира Ацилут.

СИЮМ АЦИЛУТ
окончание мира Ацилут в парса, соответствует сфире бина в соф Гальгальты (если разделить соф Гальгальты на десять сфирот).

СИЮМ А"К
мир Адам Кадмон оканчивается в точке нашего мира, центральной точке всех миров.

ЭЦ ДААТ (ДРЕВО ПОЗНАНИЯ)
место от хазэ до сиюм З"А.

ЭЦ ХАИМ (ДРЕВО ЖИЗНИ)
место от начала до хазэ З"А.

ТХИЯТ МЕТИМ (ВОСКРЕШЕНИЕ МЕРТВЫХ)
выход из мира Ацилут называется мита (смерть), так как это следствие исхода ор хохма из кли. Подъем, т.е. возврат из БЕ"А в мир Ацилут, называется оживление, или воскресение мертвых.

БЭЭР (КОЛОДЕЦ)
сфира есод в парцуфе нуква в мире Ацилут.

МАКОМ ЗИВУГ ВА"К
в малхут, т.е. в пэ рош парцуфа.

МАКОМ ЗИВУГ В АЦИЛУТ
зивуг в мире Ацилут происходит между парцуфом З"А и парцуфом нуква (малхут). Причем здесь масах находится в есод, и потому есод называется брит (см. брит-мила). Так как в З"А есть ор, то его есод выделяется из парцуфа в месте масаха и наоборот – есод нуква углублен из-за отсутствия света в месте ее масаха. Причем так как нуква родилась отделением от З"А, то размер выступления наружу есода З"А равен размеру углубления есода у нуквы.

БЭН (СЫН)
каждый последующий парцуф относительно предыдущего.

ДАМ ТАГОР (ЧИСТАЯ КРОВЬ)
часть МА"Н, не прошедшая анализа разделения, часть, на которую еще не сделан зивуг дэ-акаа. Поднимаясь из есода нуквы в ее хазэ, превращается в халав (молоко).

ДАМ ТАМЭ (НЕЧИСТАЯ КРОВЬ)
часть МА"Н в есоде нуквы, не поднимающаяся в хазэ, а возвращающаяся в клипот (см. дам лида – родовая кровь).

ЯИН (ВИНО)
часть МА"Н, дополняющая здание Ацилут.

ИРУШАЛАИМ
точка малхут в парцуфе нуквы.

22 БУКВЫ АЛФАВИТА
кли, составляющие парцуф, как буквы в нашем мире составляют слова, передающие всю мудрость мира. Форма их взаимных зивугим соответствует их очертаниям. Конечные буквы алфавита – масах и авиют парцуфа.

НИКЕЙВА, НУКВА
сфира или парцуф малхут мира Ацилут. От слова «нэкев» – отверстие для прохождения света.

МУЖСКИЕ ДУШИ
души, рожденные на МА"Н от З"А.

ЦИОН
сфира есод в парцуфе нуквы.

СОН
состояние парцуфа, в котором поднимается МА"Н, т.е. исход света вверх. Остается лишь небольшая, витальная порция света.

ЭДОМ
бина называется Высшая Страна, а малхут – Низшая Страна. В Ц"Б, когда малхут поднимается в бину, то последняя называется эдом.

ОЛАМ АБАА (БУДУЩИЙ МИР)
бина.

АВИР (ВОЗДУХ)
ор руах, т.е. ор хасадим.

ТРИ ДНЯ АБСОРБЦИИ СЕМЕНИ
необходимое время анализа семени в есоде нуквы.

ТРИ ГОДА ОРЛА (НЕЗРЕЛОГО ПЛОДА)
следствие подъема сфирот нэцах, ход, есод – плода – в хэсэд, гвура, тифэрэт. В развитии человеческого плода – три первых месяца беременности.

40 ПЕРВЫХ ДНЕЙ РАЗВИТИЯ ПЛОДА
зарождение основных частей тела вследствие наполнения плода светом от Има-бина.

ХАЗЭ (ГРУДЬ)
среднее между высшим и низшим парцуфами.

ЕНИКА (ВСКАРМЛИВАНИЕ)
24 месяца, вследствие чего З"А достигает половины уровня руах.

ХАМИШИМ ШЭАРЭЙ БИНА (50 ВОРОТ БИНЫ)
пять частей масаха, по десять сфирот в каждой части в Има мира Ацилут.

ЧЕТЫРЕ ВИДА КРИЯТ ШМА
ночью после благословения на сон уходит из З"А мохин и остается только поддерживающая жизнь витальная сила – ор нэфеш. Посредством Крият Шма (чтения «Слушай, Израиль, наш Творец Един») в полночь возвращаются келим АХА"П в парцуф, и З"А увеличивается до десяти сфирот с ор руах.
Следующая Крият Шма – в начале утренней молитвы: мохин от зивуг в полночь исчезает к утру, и снова З"А остается с ор

нэфеш, и от чтения утреннего Крият Шма в него входит ор хая. Затем в середине утренней молитвы есть еще одна Крият Шма, потому как теперь З"А после девятилетнего развития может от зивуг при слове «эхад» подняться в МА"Н к АВ"И, и затем уже в молитве «Шмона Эсрэй» З"А получает мохин, достаточный для деторождения. В течение дня уходит мохин из З"А, и снова есть необходимость в Крият Шма в вечерней молитве для получения ор хая.

ДАМ ВЭ ХАЛАВ (КРОВЬ И МОЛОКО)
молоко поступает от МА"Н Аба, а кровь от МА"Н Има, и из них строится З"А.

БЕДРО ЯАКОВА
ангел (сила Эйсава, эгоизм) имеет связь со сфират ход (левое бедро).

КАВЭД (ПЕЧЕНЬ)
кли для ор нэфеш, находящееся в верхней части сфиры нэцах.

ЛЕВ (СЕРДЦЕ)
кли для ор руах, находящееся в сфире хэсэд.

ЛИДА (РОЖДЕНИЕ)
отделение З"А от Има, появление у З"А собственного авиюта – желания, отличного от Има. Материальные объекты отделяются местом, как духовные отделяются желаниями.

МОАХ (МОЗГ)
кли для ор нэшама в рош парцуф.

ИМА (МАТЬ) – бина.
В олам Ацилут Има совершает зивуг:
— с Аба для оживления миров, от их зивуга идет вниз ор хасадим;
— с Аба для рождения душ. Миры – наружное строение относительно душ, так как последние состоят из ор хохма.

ЦАР (УЗКО)
недостаток ор хасадим.

РАХАВ (ШИРОКО)
избыток ор хасадим.

КАЦАР (КОРОТКО)
недостаток ор хохма.

АРОХ (ДЛИННО)
избыток ор хохма.

ТОРА
мохин З"А называется Тора.

ЦИЦИТ
концы волос З"А, светящиеся в рош нуква и рождающие на ее лбу тфилин.

ОБНОВЛЕНИЕ ДУШ
наполнение душ светом – ор хохма – как до швиры и до грехопадения.

РАКИА (НЕБОСВОД)
есод З"А, отделяющий его от нуквы.

МАЗАЛЬ (УДАЧА)
есод называется мазаль, так как дает ор хохма (но небольшими порциями).

НОВЫЕ ДУШИ – есть два вида новых душ:
1) Совершенно новые – происходящие от ор яшар из олам Эйн Соф, не спускаются в олам Тикун.
2) Идущие от бины, поднявшейся в хохму.

УЗЕЛ ГОЛОВНОГО ТФИЛИНА
выход окружающего света – ор макиф – позади рош З"А.

УСЛАДА С ДУШАМИ
кэтэр Рахель спускается в полночь в олам Брия и присоединяет к себе свои девять низших сфирот, с которыми соединяются, и Г"А душ праведников, соединенные с девятью сфирот Рахели. И тогда Кадош Барух Ху, т.е. кэтэр Рахель, услаждается с душами праведников – радуется их выходу из клипот и присоединению к кдуша.

БЕНЬЯМИН
первый мохин от З"А, получаемый нуквой; внутри него – Йосеф. Беньямин – от слова «бэн ямин» – «сын справа», так как идет от З"А на МА"Н от есод малхут. Йосеф – собирающий свет от З"А.

ЯАКОВ
парцуф ВА"К у З"А, т.е. наружный парцуф З"А; внутренний, парцуф мохин, называется Моше вэ Исраэль.

ЭРЕЦ ИСРАЭЛЬ
наш мир также делится на три части – Брия, Ецира, Асия. Ецира его называется Эрэц Исраэль, Брия – место Храма, Асия – все остальные страны. Клипот – необитаемые места, пустыни.

ГАРОН (ГОРЛО)
кэтэр в гуф парцуф.

КИСЭ АКАВОД (ПОЧЕТНОЕ КРЕСЛО)
мохин Има, распространяемый в мире Брия.

ГА"Р
называется кисэ (кресло), девять первых сфирот называются кисэ рахамим (милосердия), а малхут называется кисэ дин (кресла суда).

ИР (ГОРОД)
название мира Ацилут в состоянии шаббата (субботы), когда поднимаются в него миры БЕ"А и, таким образом, лишь там образуется заселенное место. Пригород считается тогда – до хазэ Брия и 2000 ама (мера длины, соответствующая русскому «локоть», около полуметра), в радиусе которых можно выходить в шаббат за пределы города – от хазэ Брия до хазэ Ецира, называются тхум шаббат. А от хазэ Ецира до сиюм – место клипот, куда запрещено выходить в шаббат.

2000 ЛЕТ
Асия называется 2000 лет Тоу (беспорядка), так как в ней – место клипот. Олам Ецира называется 2000 лет Тора, так как Ецира соответствует З"А, а З"А называется письменной Торой. Брия называется 2000 лет Машиаха (Мессии), так как Брия соответствует бине, а от бины – наше освобождение.

ТИКУН (ИСПРАВЛЕНИЕ) И БИРУР (АНАЛИЗ)
швира была от внесения эгоизма в кли. И, как следствие этого, перемешались чистые и нечистые келим и упали в место миров БЕ"А.

И поэтому первая операция по исправлению состоит в разделении чистых и нечистых (альтруистических и эгоистических) келим друг от друга. А это возможно лишь при наличии ор хохма. Тогда лишь видна правда – где какое кли. Ор хохма определяет девять первых сфирот как чистые, а малхут – как нечистое кли.

АБЕ"А КЛИПОТ

первоначальное место клипот было под сиюм А"К. Но вследствие разбиения сосудов и греха Адама (швира и хэт) клипот поднялись, и их парцуфим распространились от Ацилут и вниз параллельно парцуфим кдуша.

ТВОРЕЦ

сам по себе абсолютно скрыт и непознаваем – и потому безымянен, так как имя дается согласно постижению сути объекта. Относительно нас выступает как Творец тем, что посредством сокращения (Ц"А) создал место, где создалось все творение, и открыл себя этим нашему познанию.

БХИНА

сторона, аспект, определенный взгляд рассмотрения.

ГАЛУТ (ИЗГНАНИЕ)

возможно двоякое рассмотрение галута. Изгнание, т.е. исчезновение духовного начала, постижение управления из сознания, ощущение человека. Таким образом, можно утверждать, что человек в галуте или Творец в галуте (от человеческого познания) – галут шхина.

В каббалистической литературе **бхина – дарга авиют кли (степень толщины – желания) или дарга авиют масах (степень силы воли противодействия желанию – сила экрана)** обозначаются:

שורש - א - ב - ג - ד

соответственно принятым в данной книге обозначениям:

0 – 1 – 2 – 3 – 4.

Приведенный список крайне ограничен. Ведь у каждого слова, определения, действия существует его духовный корень. Поэтому список практически бесконечен (для примера раскройте анатомический атлас, карту звездного неба, каталог растений).

Цель перечня – показать, насколько духовные объекты не связаны с нашими представлениями об их материальных следствиях и не ограничены местом, временем, движением.

Система мироздания

ОГЛАВЛЕНИЕ

Введение в Каббалу 219
Духовные силы человека 222
Человек и Мир 249
Развитие человечества 272
Имена Творца 286
О чем говорят все книги Торы 296
Необходимость изучения Каббалы 307
Книга «Зоар» 315
Рамхаль. Даат Твунот 324
Рамхаль. Месилат Яшарим 337
Каббала – наука о мироздании 341

ВВЕДЕНИЕ В КАББАЛУ

1. В «Зоар» (Ваикра, Тазриа, стр. 40) говорится: «Все высшие и низшие миры заключены в человеке; все, что создано и находится во всех мирах, – создано для человека». Но неужели недостаточно человеку нашего мира и необходимы ему еще и высшие миры?

2. Цель творения – максимально насладить создание. Как только у Творца появилась мысль создать души, чтобы насладить их, она немедленно обратилась в законченное действие, поскольку для действия достаточно одной лишь мысли Творца. Зачем же Творец сократил себя, чтобы создать все эти миры вплоть до нашего, наинизшего мира, и поместил душу человека в телесную оболочку?

3. Ответ заключается в том, что желанием Творца было насладить творение раскрытием Им Своего Совершенства. Но как из Совершенного, каким является Он, могли произойти столь несовершенные создания, что должны соответствующими действиями в нашем мире исправить себя?

Душа человека состоит из двух компонентов – света и сосуда, причем сосуд – это суть души, а свет, наполняющий его, и есть уготованное Творцом наслаждение. И поскольку цель в услаждении душ, т.е. в удовлетворении их желаний, то вся природа и суть души – в одном лишь желании насладиться светом Творца.

4. Творение – есть появление объекта, не существовавшего ранее ни в каком виде – из небытия. Но как можно предположить, что появилось что-то не существовавшее в Творце?

Новое, что создал Творец, состоит в сотворении сосуда – души, т.е. желания насладиться. Такого свойства нет в Творце, поскольку Его совершенство исключает наличие в Нем какого-либо недостатка – желания.

5. Сближение (слияние, соединение) и удаление (разделение), действующие в духовном мире, определяются соответствием свойств духовных объектов. При совпадении свойств

два духовных объекта сливаются в один настолько, что невозможно отличить их один от другого. Различие в свойствах объектов дает величину их взаимного удаления – вплоть до противостояния друг другу, в случае противоположности свойств.

6. Поскольку Творец – источник наслаждения, а души – получатели этого наслаждения, то поневоле души пребывают в духовной удаленности от Творца. Желание Творца – давать, а желание души – лишь получать. То есть природа, суть, характер Творца и души противоположны, и поэтому с момента рождения душа максимально, полярно удалена от Творца.

7. Причина создания всех миров состоит в том, чтобы с их помощью все творение пришло к совершенству, каким является сам Творец. Если бы души оставались удаленными от Творца, как же можно было бы назвать Его совершенным?

И потому Творец последовательными сокращениями своего света создал все миры – вплоть до нашего мира, и поместил душу – малую порцию света в тело – оболочку из нашего мира. Выполнением законов Торы душа достигает слияния с Творцом и получает абсолютное наслаждение.

8. Но особенность Торы, позволяющая душе слиться с Творцом, действует лишь в том случае, если человек постигает Тору не ради вознаграждения, а ради того, чтобы доставить радость Создателю.

Тогда лишь душа, постепенно восходя по духовным ступеням, называемым мирами, достигает самого Творца. Восхождение заключается в постепенном приобретении нового духовного качества – альтруизма (в отличие от присущего душе эгоизма). Восходя по ступеням сфирот и миров, т.е. по мере сближения с Творцом, душа получает уготованное ей наслаждение от света и, сверх того, от слияния с Источником.

9. Отсюда понятен смысл цитаты из книги «Зоар», что все миры созданы лишь ради человека. Первоначально миры создавались путем последовательных сокращений света – до нашего мира, чтобы поместить душу в тело, желающее лишь наслаждений.

Выполняя законы Торы, человек постепенно постигает свойство Творца – альтруизм, духовно поднимается по тем же ступеням, по которым душа спустилась в наш мир.

Духовные ступени – сфирот, миры – это величины, меры приобретенного альтруизма. Человек постепенно поднимается, пока не достигает качества совершенного альтруизма, без какого-либо желания самонаслаждения, лишь тогда душа абсолютно сливается с Творцом. Для такого состояния и создан человек. И потому все миры созданы лишь ради него.

10. Все миры, созданные последовательным сокращением – ослаблением света, абсолютно духовны, хотя мы и применяем для их описания такие материальные термины, как подъем, спуск, сдвиг, совокупление.

Зная это, можно без страха приступать к изучению Каббалы, так как основная ошибка начинающих изучать Каббалу – в овеществлении, материализации духовных объектов.

11. Из сказанного ранее ясно, что все ступени ослабления света существуют лишь относительно его потребителей – душ. И хотя свет Творца заполняет все творение равномерно, но лишь в зависимости от духовной близости к Творцу способна душа получить ту или иную порцию света.

Как скрывающийся за шторой человек остается самим собой, хотя и скрыт частично или полностью от других, так свет, исходящий от Творца, – один и тот же везде, но его скрывают от нас различные оболочки, называемые нами сфирот. Сфирот – это десять ослабляющих экранов, за которыми высший свет (сам Творец) скрывается от душ. И души могут постичь, т.е. получить свет, лишь в количестве, отмеряемом этими экранами-фильтрами.

12. Эти экраны-фильтры существуют лишь в мирах Брия, Ецира, Асия – там, где и существуют души. В более высоких мирах – А"К и Ацилут свет проявляется без каких-либо скрывающих оболочек.

13. Миры А"К и Ацилут существуют как необходимое звено для создания миров БЕ"А. Эти миры находятся в слиянии с Творцом, и от них душа получит свет в гмар тикун – в состоянии окончательного исправления.

14. Таким образом, ясно, что фильтры-сфирот, скрывающие свет Творца, не воздействуют на сам свет, а лишь ослабляют его относительно душ.

15. Поэтому везде и всегда можно выделить три категории: свет Творца, душа, свет, наполняющий душу. В душе-сосуде есть два противоположных свойства – сокрытие и раскрытие. Поначалу душа проходит этап полного сокрытия света. Но если душа становится достойной, то свойство сокрытия обращается в свою противоположность: чем грубее душа была изначально, тем больше света она сможет получить при исправлении своих удаленных от Творца свойств.

ДУХОВНЫЕ СИЛЫ ЧЕЛОВЕКА

1. Все, что нам известно о творении, можно свести в следующие таблицы:

СФИРОТ	МИРЫ	СВЕТ	ТАНТА
Кэтэр	А"К	Ехида	
Хохма	Ацилут	Хая	Таамим
Бина	Брия	Нэшама	Некудот
З"А	Ецира	Руах	Тагин
Малхут	Асия	Нэфеш	Отиет

ТЕЛО	ЛЕВУШИМ	ОСНОВЫ	СРЕДА	ОДЕЖДА
Мозг	Корень			
Кости	Душа	Огонь	Дом	Рубашка
Жилы	Тело	Воздух	Двор	Брюки
Мясо	Одежда	Вода	Поле	Повязка
Кожа	Дом	Земля	Пустыня	Пояс

Общее у всех этих категорий то, что каждая делится на четыре подраздела, а высшая – пятая категория – точка в Авая, кэтэр, А"К, ор ехида – является связующей с Творцом. Есть также всевозможные подкатегории – промежуточные, связующие вышеперечисленные категории.

Исходная категория – первичное творение – Авая, из точки которой исходят все ктарим, из буквы юд – все хохмот, из буквы хэй – все бинот и т.д.

То есть каждая из вышеприведенных категорий в свою очередь делится на подобные подкатегории, делящиеся в свою очередь до бесконечности и образующие воистину Древо Жизни, исходящее из Единого корня – точки – зародыша первичного состояния в свете, исходящем из Творца.

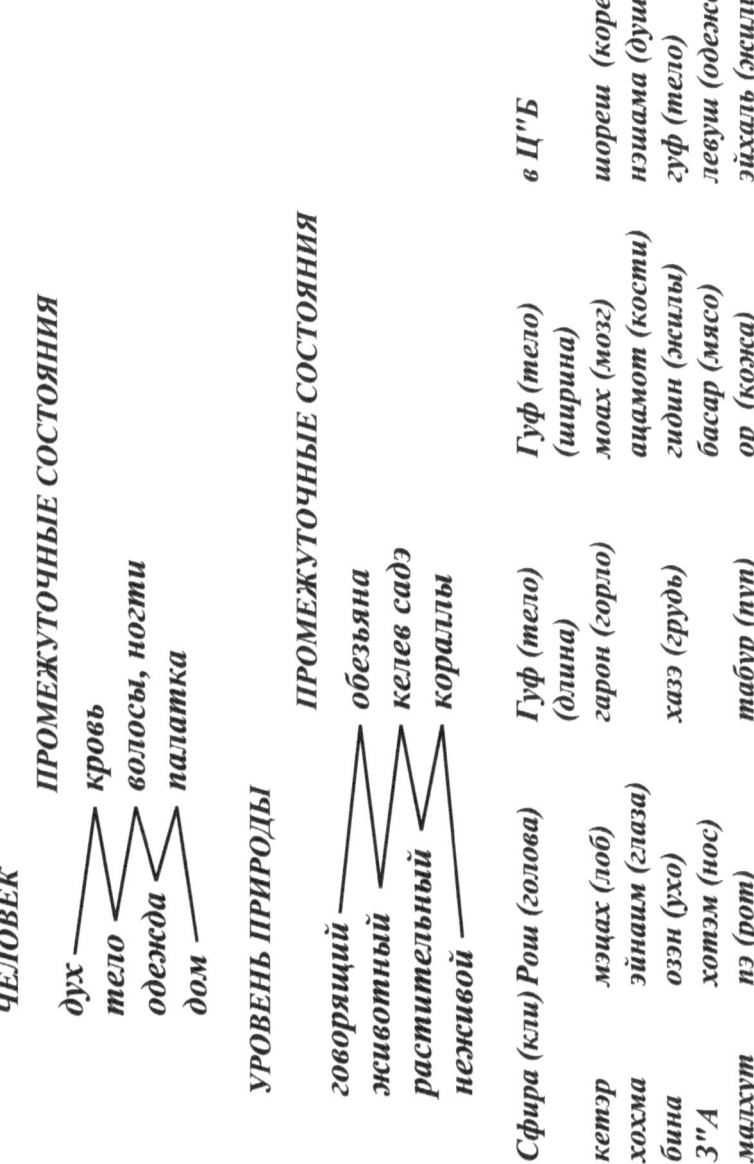

2. Как следствие Ц"Б (второго сокращения) келим кэтэр, хохма, бина (Г"А) отделены от келим З"А и малхут (АХА"П):

в Ц"А	в Ц"Б
кэтэр	кэтэр
хохма	хохма
бина	бина
З"А	З"А
малхут	малхут

где Г"А – внутренние келим, так как их можно использовать для получения света, а АХА"П – внешние келим, так как не могут получить свет ввиду отсутствия соответствующих сил в масахе. Соответственно, в этих келим свет светит издали, он как бы окружает их, но не может войти внутрь.

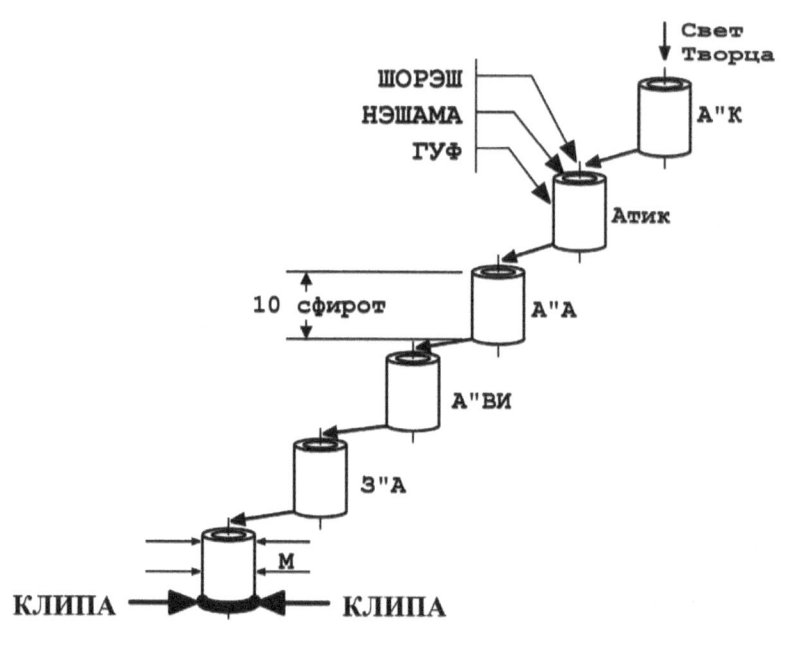

Кэтэр	Корень
Хохма	Душа
Бина	Тело
З"А	Одежда
Малхут	Дом

Как следствие этого разделения в духовном мире, соответствующие категории Г"А и АХА"П и в нашем мире разделены между собой, т.е. тело, душа и ее корень отделены от одежды и жилища человека.

Между телом и одеждой духовного парцуфа и мира находится место клипот, и поэтому оно называется темным, так как там не светит ни внутренний, заполняющий Г"А, ни наружный, окружающий АХА"П свет. Относительно парцуфа З"А мира Ацилут одеждой является талит, а жилищем, домом – небосвод.

3. **Связь келим между собой происходит следующим образом:**

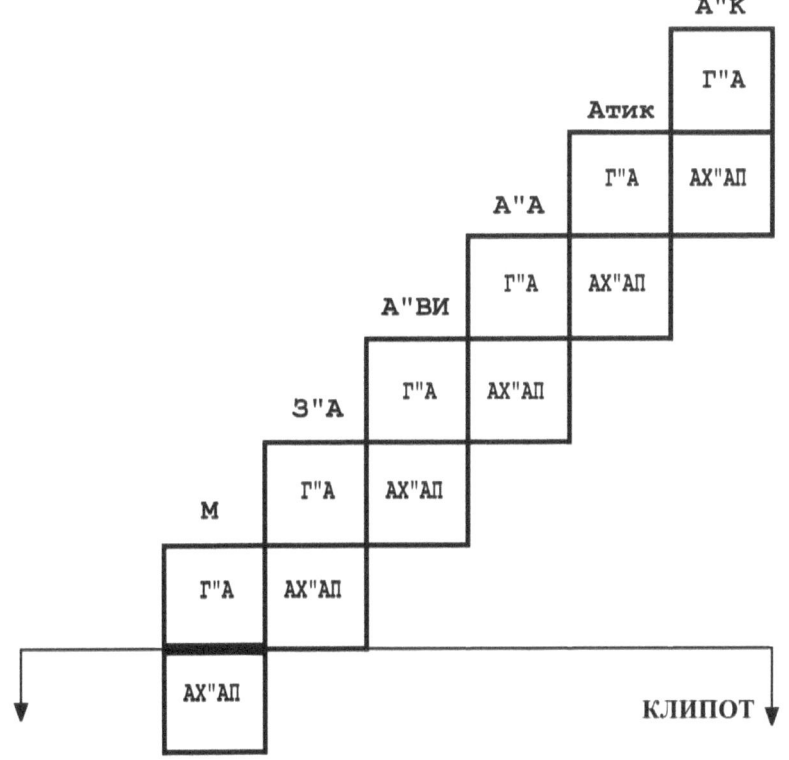

4. Любой парцуф состоит из десяти сфирот. После Ц"Б, если в парцуфе есть масах авиют 0, он не может получить свет, а находится лишь в море света – наслаждения, идущего к нему от высшего парцуфа, не получая ничего.

Система мироздания

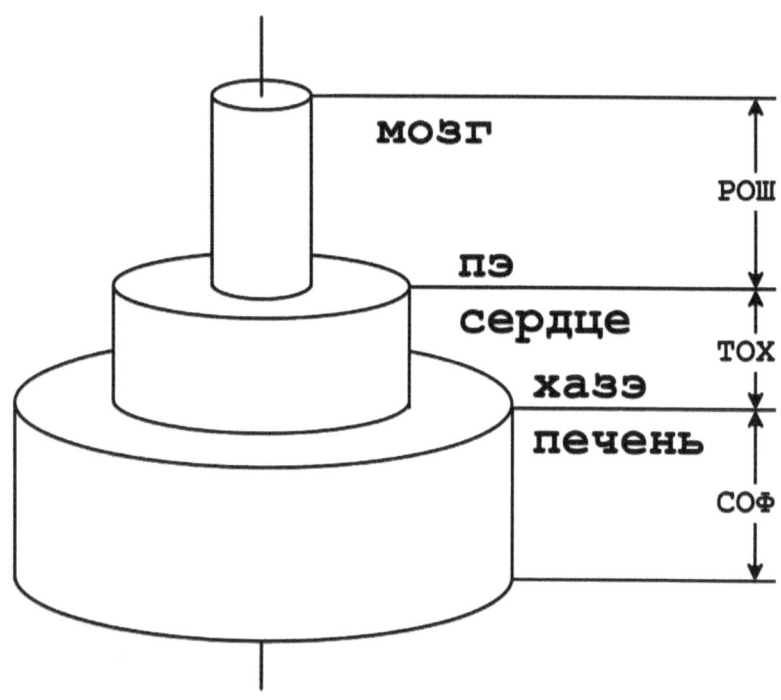

авиют 2	ХА"БАД	мохин	нэшама	бина
авиют 1	ХА"ГАТ	еника	руах	З"А
авиют 0	НЭ"ХИ	ибур	нэфеш	малхут

В таком случае говорится, что парцуф находится в состоянии зародыша (убар), а высший парцуф – в состоянии беременности (ибур), так как нижний парцуф совершенно не производит никаких самостоятельных действий (получение света), кроме того, отказывается получить свет внутри себя, зная, что не сможет устоять перед искушением насладиться, превышающим силу его экрана.

Поэтому он как бы находится внутри высшего парцуфа и использует лишь свои келим – нэцах, ход, есод. Получаемый в них пассивно свет называется ор нэфеш, а келим нэцах, ход, есод называются кавэд (печень).

Под действием заполняющего света эти келим духовно растут. То есть, постепенно получая от света его природу, они увеличивают свой масах, пока не достигают авиют 1. Имея масах на авиют 1, кли уже может получать свет, но небольшой – всего лишь ор руах. А так как высший парцуф, в котором находится убар, наполнен более сильным светом, то чтобы оградить убар от насильственного получения (когда наслаждение давит, заставляет получить, и кли не в состоянии удержаться) и от разбиения (швиры), высший парцуф прекращает питать, передавать низшему свет и этим «выталкивает» его из себя – происходит акт рождения (лейда) самостоятельного, т.е. имеющего уже свой экран, тела (желания).

Рожденный таким образом парцуф уже может получать свет в келим – хэсэд, гвура, тифэрэт – в дополнение к получению света в келим – нэцах, ход, есод. Келим хэсэд, гвура, тифэрэт – ХАГА"Т называются лев (сердце).

Затем наступает период вскармливания (еника) молоком (халав), где ор хасадим – халав, идущий от высшего парцуфа, постепенно взращивает – дает силы масаху низшего парцуфа, пока тот не достигнет силы на авиют 2. И тогда сможет, как взрослый, сам выбирать род пищи, т.е. самостоятельно избирать и ограничивать поступающий свет. Такое состояние называется мохин (разум) – с появлением келим хохма, бина, даат – ХАБА"Д – моах (мозг) с соответствующим светом ор нэшама. Причем эти три состояния парцуфа надеваются один на другой, так как при появлении нового состояния прежнее всегда сохраняется.

5. Таким образом, мы видим, что в парцуфе, находящемся под Ц"Б, отсутствуют келим кэтэр и хохма, поскольку отсутствует сила масаха на самые грубые келим, находящиеся в соф парцуф. И отсюда появляется у клипот возможность ухватить для себя свет. Поэтому необходимо специальное исправление (тикун), чтобы не дать клипот возможность вырвать свет из парцуфа. Этот тикун называется мила – обрезание, отсечение на конце парцуфа части кожи, так как кожа соответствует сфире малхут.

В нашем материальном мире это соответствует отсечению крайней плоти. Отсечение кли малхут – кожи парцуфа может произвести парцуф, получивший ор хохма, – лишь тогда он видит, что относится к клипа, а что относится к кдуша, и отсекает, т.е. решает не использовать нечистые кли.

Но этого недостаточно, поскольку клипа может ухватить свет и от других келим.

И потому необходимо:
- против клипа Руах Сэара (ураганный ветер) – отсечь крайнюю плоть (оголенная часть мяса – З"А называется хашмаль);
- против клипа Анан Гадоль (большое облако) – подвернуть кожу крайней плоти;
- против клипа Эш Митлакахат (пожирающий огонь) – выдавить порцию крови.

И тогда лишь сиюм парцуфа будет не в малхут, а в есод – кли басар (мясо), называемое хашмаль, а кожа, оставшаяся на нем, называется клипа Нога (сияние), которую парцуфу еще предстоит исправить.

Основная масса клипот, т.е. нечистых, уводящих от кдуша сил, сосредоточена у есод (детородный орган) парцуфа. В нашем мире поэтому притягивающая сила, наслаждение от использования соответствующих келим – самое большое изо всех наслаждений, основа всех наслаждений. И кстати, чем больше духовно растет человек, тем с большей силой клипот соблазняют его.

Как говорится в Талмуде, после падения Второго Храма настоящий вкус совокупления остался лишь у тех немногих в нашем мире, кто начинает постигать духовные силы высших миров. Так как чем выше постигаемая ступень, т.е. чем больше света входит в душу, тем больший соблазн для клипот, т.е. для «я» человека получить его ради себя и самонасладиться.

А у живущих животной жизнью – как удовольствия, так и страдания животного уровня, поскольку желания, т.е. келим, постигаемые ими, находятся на низшем уровне всего мироздания.

Три нечистых клипот Руах Сэара, Анан Гадоль, Эш Митлакахат называются в Торе Элоким Ахерим – Другие Боги – или Змеем.

6. Клипа Нога состоит из двух частей – годной для использования, т.е. на которую можно приобрести масах, и негодной – на которую невозможно сделать масах до гмар тикун.

Поэтому клипа Нога называется Древо Добра и Зла – в зависимости от того, к чему, к каким кли она присоединится: если к келим с экраном, т.е. к келим кдуша, то становится Древом Добра, а если присоединяется к келим, не обладающим масахом, т.е. к трем нечистым клипот, то оборачивается Древом Зла.

7. Все клипот оживляет Творец, так как все они существуют и в каждом из нас для того, чтобы преодолевая их соблазны, мы могли взращивать, увеличивать свой масах и таким образом подниматься по ступеням миров, вплоть до самого Творца, получая наслаждение от сближения с Ним.

Параллельно мирам АБЕ"А кдуша находятся миры АБЕ"А тума (клипот, нечистых сил). Лишь преодолевая соответствующую силу ступеней клипа, человек занимает противоположное ей место на ступени кдуша.

Примеры клипы Нога: Батья – дочь Фараона, Лилит – жена Адама и т.д. Все они (черти, ведьмы) царствуют ночью (состояние, когда ор хохма не может светить внутрь кли ввиду отсутствия масаха, т.е. ор хасадим).

8. **Итак, после Ц"Б парцуф состоит из:**

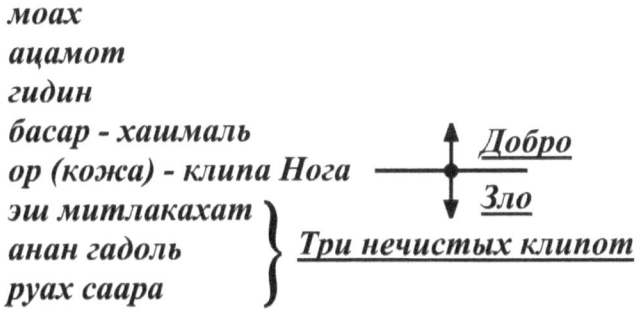

Мы видим, что наша единственная возможность – в присоединении Нога к кли кадош – басар или к трем нечистым клипот. Лишь в этом есть наша свобода воли – в выборе РАПА"Х нецуцим из клипот Нога и переводе их в кдуша. Чистые (кашерные) животные – это относящиеся к клипат Нога – убитые, разделанные и приготовленные соответствующим образом, они как бы переводятся в кдуша.

Народ Израиля также соединяется с клипат Нога. Народы мира и нечистые животные принадлежат трем нечистым клипот, относящимся к лев эвэн, которые нельзя исправить до гмар тикун. Яркий пример клипат Нога – пара адума – красная корова, пепел которой использовался в Храме для духовного очищения.

9. Как мы уже изучали ранее, в келим соф Гальгальта отсутствует масах, и поэтому они не могут получить свет ради Творца. Имеющийся у них масах лишь отталкивает наслаждение.

Чтобы дать этому масаху дополнительную силу, некудот СА"Г спустились под табур Гальгальта. Некудот СА"Г, как указывалось, состоят из ГА"Р – ничего не желающих, и ЗА"Т – желающих получить для З"А. Поэтому там, где распространился ГА"Р некудот СА"Г, – лишь там появились келим, годные для получения света, – от табур до хазэ (парса) некудот СА"Г. Для того чтобы внести в часть малхут, находящуюся под парса, свойства бины давать, необходима швира, так как лишь взрывом можно соединить между собой столь противоположные эгоистические и альтруистические свойства.

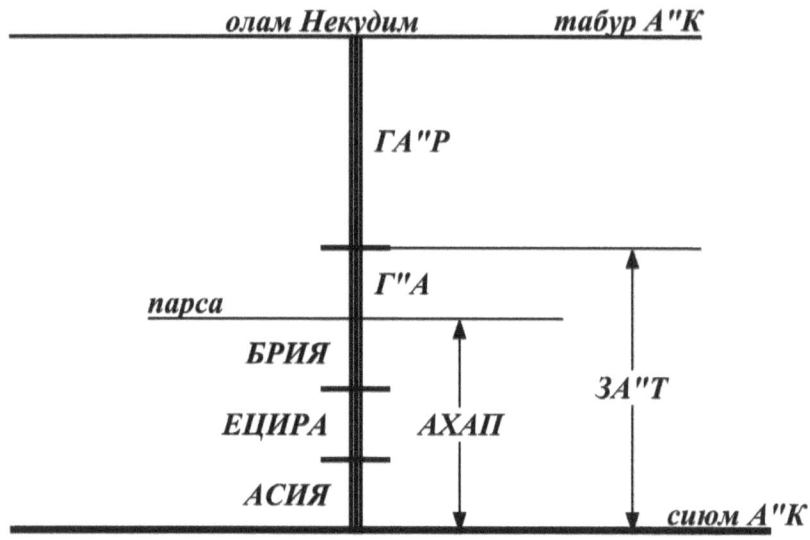

Из ГА"Р Некудим создались келим ГА"Р Ацилут – Атик, А"А, АВ"И. В результате разбиения (швиры) келим Г"А и АХА"П мира Некудим смешались.

Отделение келим Г"А и бины от З"А и малхут в мире Брия называется мила – обрезание. Подъем Г"А и бина в Ацилут позволяет получить в Ацилут дополнительно к имеющимся там светам нэфеш и руах также ор нэшама. Остающиеся в мире Брия келим З"А и малхут представляют собой клипа Руах Сэара.

Отделение келим Г"А и бины от З"А и малхут в мире Ецира называется прия – подворачивание кожи после обрезания. Подъем этих келим в Ацилут вызывает в нем появление дополнительно ор хая, а оставшиеся келим З"А и малхут представляют собой клипу Анан Гадоль.

Разделение келим Г"А и бины в мире Асия называется акизат дам – выделение крови. Подъем этих келим в Ацилут добавляет в нем ор ехида, а оставшиеся келим называются клипа Эш Митлакахат.

Эти тикуним – исправления души человека. Животное, если оно кашерное, исправляется, так как клипот устраняются определенным, правильным умерщвлением и кашированием (солением) – выделением, вернее, остановкой движения крови. Плоды деревьев, т.е. растительный уровень творения, исправляются выделением клипы в течение первых трех лет (орла) при условии выращивания их в Земле Израиля. Эти же тикуним имеют место и при исправлении животного и растительного уровня души человека.

10. Неисправленные части келим – клипот, называются также юд – алеф симанэй кторэт – одиннадцать видов воскурения. Их существование обязывало воскуривать кторэт в Храме (см. сидур «Тфилат коль пэ», стр. 21, 98).

11. Адам состоит из ор и кли, где душа, получаемый от ЗО"Н Ацилут свет – НАРА"Н, а кли – духовное тело – происходит из кли хашмаль З"А Ацилут. Это кли хашмаль также называется одеждой (кутонэт – рубашка, левуш, о которых не раз говорится в Торе).

После исправления греха остались лишь ногти в теле Адама, связанные с клипат Нога, и поэтому на них производится авдала (разделение) между кодэш (субботой) и холь (будни) на исходе субботы при свете огня – свет хохма, как нам уже известно, способен перевести кли хашмаль из клипа в кдуша.

Поскольку это четвертое кли, то когда входит ор хохма в кэтэр – в З"А смещается из бины ор нэфеш и, таким образом, З"А – басар – хашмаль становится кли кадош – чистым кли.

А когда Адам согрешил, то почувствовал потребность в одежде – хашмаль и З"А Ацилут. Творец создал ему новую одежду, но уже из хашмаль Ган Эден Арэц – земного райского сада – из малхут Асия, а верхнюю одежду души – из клипы Нога. И потому духовная одежда, т.е. кли души у всех людей, происходит из клипы Нога – смеси добра и зла.

Посредством Торы и Заповедей человек способен, осознав, что добро, а что зло, отделить их и поднять добро, т.е. годную часть кли в Ацилут. И так раз за разом, пока не разделит всю Нога и не переведет ее добрую часть в Ацилут – и на этом закончит свою земную задачу – и это задача каждого из нас, пока не вызовем все вместе приход Машиаха.

12. Материальное же тело человека происходит не из Нога, а из совершенно другого материала, и уже внутри материального тела, если удостаивается человек, то ощущает еще две категории. Одна – чистая – из хашмаль, а другая – из смеси добра и зла, называемая Ецер Тов – доброе и Ецер Ра – дурное начало, побуждение, происходящие из клипат Нога, называемой также «животная душа».

13. С помощью определенной мотивации человек исправляет левуш-одежду для света нэшама. Изучением Торы человек переводит Нога из Ецира в левуш для ор руах, а выполнением Заповедей переводит Нога из Асия в левуш ор нэфеш – и таким образом, все мы в совокупности восстанавливаем вновь левушим, бывшие до грехопадения Адама, – и у каждого своя часть в этой работе, и согласно этому отпускаются каждому дни его жизни.

1. Кдуша (святость)
2. Нога – наружный покров Змея (нейтральность).
3. Три клипот – суть Змея (нечистота).
4. Олам азэ (вне духовного).

14. В Каббале изучаются духовные объекты, являющиеся корнями нашего мира. Поэтому я считаю необходимым еще раз предупредить читателя о несостоятельности применения полученных знаний и их простой привязки к объектам нашего мира. Для примера приведу отрывки из книги Ари «Эц Хаим» (часть 2, шаар 42):

«Рассмотрим теперь суть нашего мира (олам азэ). Так вот, небосводы, которые мы видим (кто видит! – Прим. автора) в виде десяти окружающих нас сфер, являются десятью сферами (сфирот) малхут Асия, и в их центре находится парцуф малхут Асия – т.е. в самом месте Райского Сада Земли. А сама малхут Асия называется «Иерусалим».

«Эц Хаим» (часть 2, шаар 43): «Разберем, что такое Райский Сад: это центральная точка экватора на юг от земли Израиля, против бины у малхут Асия. И этот Райский Сад уготовлен для праведников в будущем мире, и там отсутствуют все клипот...»

Все, о чем говорится в Каббале и Торе, говорится не для нашего знания, а как руководство к действию. И по мере духовного роста человека – если при его действии необходимы какие-то отсутствующие у него знания о тайнах мира – он их получает свыше. Если же он желает приобрести знания не для духовного возвышения – то их приобретение лишь навредит ему и физически, и духовно.

Каким образом духовные корни, действуя внутри материала-оболочки нашего мира, дают нам видимую и ощущаемую нами картину этого мира в движении, времени и пространстве, каким образом эти духовные силы определяют времена года, цвета, события – в общем, каким образом одевается шхина в материю – удастся постичь лишь достойному.

15. З"А в мире Ацилут делится на две части: выше хазэ и ниже хазэ. Выше хазэ его часть называется Исраэль и соответствующая ему нуква называется Лея, ниже хазэ его часть называется Яаков и нуква, ему соответствующая, называется Рахель.

Так и у парцуфа Адам есть две нуквы: выше хазэ – Лилит, и от хазэ до сиюм – Хава. З"А также называется Адам. Мы уже изучали, что нуква З"А родилась из него, как и повествуется в Торе. Яаков, он же нижняя часть парцуфа З"А, любил Рахель, а не Лею, так как лишь она подходила ему в качестве нуквы.

А когда стал из Яакова – Исраэль, т.е. получил от Творца второе имя, а имя – значит новый уровень, стал в полную высоту как З"А и смог тогда понять, что Лея больше, чем Рахель, выше ее. Но до тех пор пока он был Яаковом – не смог войти с

Леей в зивуг, так как силы его экрана не хватало для ее наполнения. И потому должен был ждать 7 лет (семь сфирот от кэтэр до тифэрэт), пока не получил нукву Рахель.

Поэтому, когда Яаков получил Лею, то был в состоянии, как ночь, так как присутствовал свет хохма без света хасадим (т.е. без экрана) и ор хозэр, что, как известно, после Ц"А – необходимые условия для получения ор хохма.

16. Парцуф Лея в нашем мире ассоциируется с головным тфилином. Моше было сказано, что он увидит на горе Синай лишь затылок Творца, так как он поднялся лишь на уровень бины у парцуфа Леи, который имеет форму буквы далет – узел головных тфилин, находящийся позади З"А. Парцуф Рахель соответствует наручному тфилину. И конечно, тфилин изготовлен из кожи, так как соответствует малхут – нуквам Рахель и Лея.

17. Как известно, в Ц"Б тифэрэт (бина в гуф парцуф) делится на две части, так как верхняя ее часть относится к бине, к келим ГА"Р, а нижняя – к ЗА"Т, к З"А – так как получает свет ради него, для него.

Здесь же, в мире Ацилут, тифэрэт З"А разделилась на три части – верхняя относится к Лее, нижняя – к Рахель, а средняя часть тифэрэт З"А называется в Торе трафим – идолы, которые Рахель украла у своего отца Лавана и не дала использовать Лее, так как с помощью средней части тифэрэт, присоединенной к Лее, возникает желание получить весь ор хохма, а не его малую часть, нужную для З"А.

А весь ор хохма нельзя получить не ради себя до гмар тикун – поэтому такое действие называется авода зара – поклонение идолам, другим богам. Лаван же представляет собой источник ор хохма – Аба в мире Ацилут.

Из приведенного примера еще раз видно, насколько особенны идолопоклонники и грешники, описываемые в Торе, – каков их духовный уровень. Как говорится в Торе, Моше, подпрыгнув, с трудом дотянулся своим жезлом до голени Ога – царя земли Башан. Такова разница в их ступенях – уровнях в духовном мире!

Разница, конечно, еще и в том, с какой стороны – Кдуша или Тума – находится человек. Ведь Фараон олицетворяет собой всю малхут – как говорится в Шир аШирим (Песнь Песней 1; 9): «Кобылице в колеснице Фараона уподобил я тебя, подруга моя», – так обращается Творец к Шхине, душам праведников. Они, эти души, всего лишь кобылица в колеснице Фараона.

Лишь раскрыв глаза, узрев Высшие Миры, можно понять, кто такие грешники Торы.

18. Средняя часть тифэрэт З"А – это место открытия, излучения ор хохма. И поэтому называется оно Древо Познания – Эц Даат. И именно в том, как используется эта часть З"А, и заключается отличие Кдуша от Тума.

Например, Билам пошел в Арарэй Кедэм к Аза и Азаэлю научиться у последних, как использовать эту часть З"А. Уровень Билама – на уровне выхода ор хохма из малхут Леи, и поэтому он зовется Билам, так как хотел ливлом (поглотить) этот свет.

Лаван же был дедом Билама, и его душа вернулась в Биламе, вызвав в нем желание с помощью трафим, как его дед, получить ор хохма. А без трафим он был как слепой и потому не знал, что Яаков убежал от него со своими женами и детьми (Тора. Берешит. Ваецэ, 39; 22). Кстати, Аза и Азаэль – это и есть те двое ангелов, уговаривавших Творца не создавать человека (см. четыре категории: милосердие, правда, справедливость и мир).

19. Также хэт Эц Даат – грехопадение Адама – произошло от использования средней части тифэрэт З"А. Опьяняющее вино – свет хохма, исходящий из соф (акваим, экев – пята, гематрия 172) Леи, опьянило Адама (анавим – виноград также в гематрии 172) и привело к желанию использовать среднюю часть тифэрэт З"А – Эц Даат, что запрещено до гмар тикун.

А если бы подождал Адам до субботы – состояния, соответствующего подъему миров до уровня гмар тикун, то смог бы и съесть плод с Эц Даат – Древа Познания. Но вследствие использования света хохма ради себя (так как еще отсутствовал экран на этот свет) упал со своего духовного уровня, и все его девять сфирот, кроме кэтэр, упали в клипот, так как возжелал, как возжелали Аза и Азаэль, света, светящего душам лишь в гмар тикун.

20. После первого грехопадения Адам продолжал грешить и дальше – и родились от него, таким образом, шейдим, рухин, лилин (разновидности нечистых сил, желающих света хохма для себя) – ведьмы, вандалы и прочие. Их рождение произошло прямо от Адама без участия Хавы – путем извержения семени, т.е. получения света хохма без нуквы-масаха, что считается грехом в Торе.

Сразу же за этим он пришел к Хаве, и она зачала Каина, т.е. Адам использовал экран и желал получить свет в состоянии кдуша, не ради себя. Но поскольку он был еще под властью прежних поступков, то родился Каин с дурными, эгоистическими склонностями. И произошло от него все то поколение, приведшее к Потопу.

И лишь от второго зивуга Адама с Хавой родился Эвель – парцуф кдуша. Затем Адам снова ушел от жены, извергал семя, т.е. получал свет хохма без нуквы-масаха, пока не вернулся снова к Хаве и зачал Шета.

21. Каин по своей природе желает свет хохма без света хасадим. Эвель, так как родился уже в кдуша, т.е. посредством экрана, желает прежде ор хасадим. Так как Каин старше, что значит выше по уровню, чем Эвель, то через него Эвель получает свет.

А если Каин не желает с помощью масаха получить свет, а без масаха передать свет Эвелю нельзя, то это равносильно убийству Эвеля, так как ор хохма – это ор хаим, свет жизни. А на вопрос Б-га, где Эвель, ответил: «Разве я сторож брату своему?» (Тора. Берешит 5; 9) – т.е. с какой стати я обязан снабжать, заботиться о нем, давать ему ор хохма?

22. Души от извержения семени, т.е. от исхода света с неба (захар), но не достигшие земли (некейва, нуква), т.е. масаха, – находятся как бы висящими в воздухе. И лишь потом вода, ор хасадим, может исправить их.

Потоп, как и другие кары Торы, – это не наказание, а всего лишь тикун – исправление. Так как эти души не получили должного кли – гуф, то все эти ведьмы, вандалы и прочие называются бестелесными. После потопа же эти души постепенно могут спускаться в наш мир, облачаясь в тела духовно новорожденных, и таким образом движется творение к гмар тикун.

Сам же Потоп – тикун, дабы отделить клипот, чтобы не властвовали в нас дурные мысли и можно было бы преодолеть соблазны самонаслаждения. Также десять Аругей Малхут – тикун, исправление тех десяти капель семени, выделившихся у Иосифа под влиянием жены Потифара (Тора. Берешит. Ваешев, 39).

23. Необходимо заметить, что именно души, родившиеся от семяизвержения, выше душ, родившихся с помощью нуквы-масаха, так как первые не ограничены масахом и связаны лишь с желанием захар (мужское начало, влияние, альтруизм, З"А) получить свет без облачения этого света в ограничивающую оболочку из ор хасадим. Но на подобные высокие души есть сильное влияние клипот-соблазнов.

24. Адам включает в себя все души и все миры БЕ"А. После грехопадения раскололась его душа на осколки, которые упали в клипот, делящиеся на 70 частей – народов. Смысл галутов (изгнаний) из Израиля (Ацилута) на чужбину в том, чтобы смешались евреи (альтруистические келим) с 70 народами мира, дабы выбрать из последних чистые души, упавшие от грехопадения в клипот.

Как сказано в Мидраш Раба, цель изгнания и существования народа Израиля среди народов мира состоит в том, чтобы произошло взаимное проникновение решимот.

Самая большая клипа называется Мицраим (Египет) – дурное побуждение человека, эгоизм). Поэтому Иосиф делал обрезание новообращенным, отторгал три клипот от кли кдуша.

В основном его желанием было исправить тех шедим, рухин (ведьм, дьяволов), что родились от извержения семени Адама, – так как это и есть самые высокие души, исправить которые в принципе возможно лишь посредством множественных кругооборотов душ.

Поэтому еврейский народ (ехуди – от слова «ихуд» – соединение, слияние с Творцом и от слова «миюхад» – особенный, так как освобожден от самолюбия, и лишь таких можно назвать ехуди) появился только с поколением Яакова.

Это народ, состоящий из душ, прошедших исправление в кругооборотах – гильгулим от Адама до Яакова. А с Яакова началось исправление душ, называемых баним (сыновья), относительно душ Авраама, Ицхака, Яакова, называемых авот (отцы).

В Египте все были египтянами. Но посредством работы над собой от общей массы отделилась часть – гой ми керэв гой – и стала отдельным народом. То есть нецуцим (часть Исраэль), упавшие в клипот (часть Мицраим), исправили – выбрали и подняли в Ацилут – часть клипот, и так появился народ Израиля.

25. Но до Потопа именно эти высокие души пренебрегали Творцом – в основном, как говорится в Торе, посредством извержения семени на землю. И частично были исправлены Потопом, действием света хасадим-маим, водой, передающей кли свои свойства.

Второй кругооборот этих душ произошел в дор афлага – поколении разделения людей на народы. Третий кругооборот произошел в жителях Сдома.

26. В человеке есть три души:

1) Нэфеш кдуша – святая душа, не нуждающаяся в исправлении, так как состоит только из хорошего и доброго.

2) Нэфеш Нога – состоит наполовину из добра и наполовину из зла, т.е. зависит от выбора нами наших поступков. Если они способствуют нашему исправлению (в таком случае поступок называется заповедь), то Нога присоединяется к нэфеш кдуша. Если же наш поступок эгоистичен (в таком случае он называется грех), то Нога присоединяется к третьей душе человека – нэфеш трех клипот.

3) Нэфеш трех клипот – часть души, которую нельзя исправить. Но постепенно, присоединяя вторую душу (Нога) к нэфеш кдуша, мы таким образом изолируем третью душу от света, и она отмирает.

Адам был сотворен без трех клипот. Таким образом, в нем клипа Нога была постоянно соединена с нэфеш кдуша. Поэтому и должен был согрешить, чтобы произошло смешивание всех клипот, и затем, путем выбора добра, отделения его ото зла и уничтожение зла.

Человек нейтрален. Он лишь ощущает действующие на него силы, а так как с момента рождения на всех нас действует сила (ангел), называемая ецер ра (дурное начало, эгоизм), то мы считаем, что возбуждаемый в нас эгоизм – наше личное природное начало, свойство тела. Если человек представляет себе, что все его желания – не его, а посылаемые, навязываемые ему извне, свыше, – ему намного легче противостоять своим желаниям.

Представьте себе, что вы уже находитесь «над землей», в духовных мирах, и смотрите на себя и на свое тело со стороны – видите, как оно постоянно диктует вам свои желания, которые вы тут же стремитесь удовлетворить, и так в течение всей жизни . И в конце-то концов это тело остается в земле. А вы – ваше «я», т.е. душа, – смотрите и поражаетесь, как это можно было заниматься всю жизнь такой бесполезной работой – ублажать то, что обречено на смерть?!

27. Мир А"К заполнил светом место от начала развития миров до своего табура. Олам Некудим заполнил место от табур до парса. Ацилут заполняет место от парса и до конца, до точки нашего мира, поднимая по просьбе праведников келим из миров БЕ"А к себе, над парса, и там наполняя их светом. Это выполняют парцуф З"А и парцуф Малхут мира Ацилут.

Поэтому Тора и начинается с них, так как повествует лишь о том, что относится к нам: «Вначале сотворил Бог небо (З"А) и землю (Малхут)». Малхут – это сумма всех душ, и то, что получает Малхут в зависимости от уровня, где она находится, то же получают и души, вызвавшие это ее состояние.

Любой парцуф – это в общем соотношение З"А и Малхут, где З"А – девять сфирот прямого света, а Малхут – это масах, их отражающий. Малхут может использовать келим ашпаа (кэтэр, хохма, бина), и такое состояние ее называется катнут, или все келим, включая келим каббала (от хэсэд до есод), – и такое состояние ее называется гадлут. В катнут Малхут получает лишь ор хасадим, в гадлут она получает еще и ор хохма.

28. В мире Эйн Соф нет разницы между ор и кли. В Гальгальта ор кэтэр наполняет кли кэтэр. Но в А"Б уже ор хохма – в кли кэтэр, а в СА"Г ор бина – в кли кэтэр. Таким образом, появляется ощущение недостатка света в кли и вырисовывается все большее удаление кли от света, так что в конце развития миров появляется малхут без света, т.е. тело без души. И отсюда начинается работа человека – достичь первоначального состояния.

29. Рамхаль. Адир ба маром, стр. 25: «Швират келим в олам Некудим положила основу для рождения миров БЕ"А, в итоге развития которых появился наш мир, и был сотворен человек, т.е. созданы основы всего творения, которое становится его ветвями. И сотворение человека в состоянии свободы воли, свободы выбора своих поступков, получающего вознаграждение или наказание в зависимости от них, – так задумано Творцом, чтобы в конце концов получил он от Творца все уготованное наслаждение без стыда.

И чтобы создать условия для свободы действия, человеку необходимо наличие в нем дурных склонностей, чтобы иногда они овладевали человеком, а иногда человек управлял и подавлял бы их, и чтобы следствия этих его поступков сказывались в Высших Мирах. И таким образом появляются различные по уровню дурные или добрые времена.

А кроме того, есть возможность покаяния после дурного поступка, и это значит, что существует возможность вернуться назад по времени и исправить то или иное действие. Отсюда же происходит основа вознаграждения и наказания, и все это – следствие швира и тикун келим».

30. **Все управление нашим миром исходит от парцуфа З"А Ацилут, в котором мы находим пять возможных состояний:**
 1) ибур (зарождение) – в течение первых 2000 лет, и в особенности в Египетском изгнании, когда Творец совершенно скрывает себя от нашего мира, как будто оставив его и не обращая внимания на поступки людей;
 2) еника (вскармливание) – как наше нынешнее время, когда нет среди нас пророков и чудес и явного присутствия Творца, а лишь некоторые знания о Его наличии;
 3) гадлут 1 (первый период взросления) – когда Творец явно берет власть над миром (до этого управление Им нашим миром осуществлялось незримо для нас, и потому было воспринимаемо нами как случайное, природное явление). Это уровень Первого и Второго Храмов. Но это не полное раскрытие Творца;
 4) гадлут 2 (второй период взросления) – когда раскрывается Творец перед глазами (чувствами) всех созданий, постигается Его управление, и ненужными становятся чудеса и вера, а приходит вместо них знание, постижение, ощущение Создателя в явной всем форме;
 5) подъем З"А – постепенное абсолютное постижение, слияние всех с Создателем. (Рамхаль. Даат твунот, стр. 140-146.)

31. **Времена всех событий, происходящих в нашем мире, определены в Малхут Ацилут:**
 1) в З"А находится источник будущих событий, а в Малхут – время, в которое каждое из них должно проявиться в нашем мире;
 2) в Малхут определяется время нисхождения и время возврата каждой души. Особенность души определяется временем ее рождения;
 3) душа (нэфеш) находится в Малхут соответственно уровню ор руах в З"А;
 4) руах каждого создан в первые 6 дней творения, а нэфеш каждого создается в любое мгновение в течение 6000 лет, и свойства души зависят от времени ее создания;
 5) если душа человека появляется в этом мире в то же духовное время, когда Малхут соответствует тому уровню З"А, где находится руах человека, – рождается удачливый человек;

6) нэфеш относительно соответствующего ей руах называется женой человека;

7) жизнь, удача – зависит от души. Если руах выходит в мир, когда нэфеш находится там, – все легко дается такому человеку, даже если он и не праведник. В противном случае – тяжела его жизнь, даже если праведник. Поэтому говорится, что все зависит от удачи – мазаль (уровень руах супруга души);

8) нет человека, у которого не было бы в течение 6000 лет своего «часа», но не всегда человек выходит в мир соответственно «своему часу»;

9) все кругообороты жизней человека – для того чтобы совпала его душа с «часом» и таким образом пришла к исправлению;

10) каждый, захватывающий «чужой час», в конце концов уступает его настоящему хозяину;

11) все исправления, достигаемые от занятий Торой и выполнения заповедей, лишь для того, чтобы исправить «час». Человек должен исправить каждый час своей жизни. (Биурэй Агра.)

32. Ни в коем случае не следует думать, что от наших хороших поступков есть услада Творцу, а от наших плохих поступков – огорчение. Просто поскольку Его единственное желание дать нам, то, давая Ему возможность дать нам наслаждение, мы как бы услаждаем Его. Ясно, что это лишь ласкающие ухо слова. Творец выше наших желаний. Выполняя Его волю, мы создаем в себе сосуд, способный получать наслаждение, не выполняя – вредим лишь сами себе. И это Его воля была – создание управления в зависимости от наших действий.

Страх перед Творцом, благодарность, просьбы к Нему – суть сотворения в нас кли для получения наслаждения. Он же выше всех реакций на наши действия. Требуемое от нас условие выполнения заповедей «ради Него» (ли шма) – не что иное, как создание ор хозэр – условие для получения наслаждения, света хохма.

Рассказывают, что Провидец из Люблина в исход Йом Кипур отвечал каждому на вопрос ответом, получаемым им прямо с неба. И когда один из его хасидов сказал, что его просьба – делать все лишь ради Творца, то получил ответ: «Без одолжений!» И поэтому следует помнить – путь Торы, Каббалы, альтруизм – лишь для нашего блага.

33. Тфила – молитва, просьба о том, чего действительно недостает кли, человеку. Но если мы не знаем, что нам действительно надо, а в том, что просим, на самом деле у нас совершенно нет необходимости? Как, например, мне нужен хлеб, а я по ошибке беру в магазине молоко. Если продавец ясновидящий, т.е. понимающий, что мне действительно необходимо, – то, конечно, даст то, что мне надо, а не то, что я по ошибке прошу.

Поэтому главное – просить, а что дать каждому из нас – решает Творец. И в этом наше счастье, иначе бы мы навредили и себе, и другим. И на каждую просьбу, обращенную к Творцу, есть ответ.

34. **В человеке есть три вида желаний:**
1) собственное – желания тела: есть, пить и т.п., выполнять которые необходимо для поддержания нормального существования тела;
2) посторонние – желания, навязываемые извне, возбуждаемые стыдом и требованием почета, статуса, уважения от подобных себе.

В этих двух желаниях награждение и наказание явны, и потому постоянно есть стремление выполнить желаемое;

3) свыше – желание Творца, чтобы человек предпочел духовное материальному. Вознаграждение и наказание не явны, как в первых двух, – и потому нет сил и особого стремления выполнить это желание. Чтобы все же заставить человека неосознанно выполнять то, что Ему требуется, помещает Творец в определенные объекты нашего мира наслаждения или страдания и, таким образом, управляет человеком через первые два желания на подсознательном уровне.

35. **Возродить жизнь можно, лишь убив ангела смерти. И это имеет в виду Тора, говоря о четырех видах лишения жизни:**
1) четвертование – разделение на части, т.е. отделение клипот (Малхут Ц"А) от кдуша путем подъема малхут в бину;
2) сожжение – получение в малхут свойств бины;
3) умерщвление мечом – с помощью зивуга на среднюю линию (кав эмцаи);
4) удушение – вследствие отсутствия дыхания от кдуша путем создания зивуга ЗО"Н Ацилут.

Лишь после всех четырех видов уничтожения клипы она исчезает из мира.

36. В гмар тикун мы увидим, что то, что казалось нам прежде преследованием со стороны народов мира, раскроется и увидится совершенно противоположно – что все народы в этом лишь слепо выполняли указания Творца, чтобы привести нас к цели творения, а то, что воспринималось нами как удар судьбы, раскроется в обратном – что этим происходило их исправление и ускорение продвижения к совершенству. («Зоар», т. 1, стр. 165).

37. Все миры, все творения находятся внутри каждого из нас. В нас есть много разноречивых начал, которые можно обозначить, как Творец, Адам, Хава, Авраам, Ицхак, Яаков, Моше, Йосэф, Давид, Фараон, гои, евреи, животные, Храм и т.п., т.е. все существующее и еще даже не появившееся в нашем мире, даже звезды, страны, города. А сам человек – это наша внутренняя точка, ощущающая наше «я».

Например, ощущение нами духовной безысходности называется галут – изгнание, или темнота, или пустыня – в зависимости от того, о чем идет речь, – на каком духовном уровне находится человек. Человек может назвать себя созданием, когда он чувствует, что создан Творцом. Добро – совпадение с Создателем. Зло – любое удаление от Него.

Таким языком написана вся Тора: она говорит о единственном творении – человеке, внутри которого находится все: и райский сад, и деревья, и змей, и потоп, и все человечество, в нем ведутся войны, и все идет к намеченному концу – когда этот человек сольется с Творцом.

Человек – это маленький мир. Предводители этого мира – его основные желания. Праведники в человеке – его мысли о сближении с Творцом. Грешники – эгоистические помыслы. Так следует воспринимать все описываемое в книгах Торы.

38. **Вся духовная структура делится на три части:**
1) непосредственно Сам Творец;
2) исходящий из Творца свет;
3) келим, души, получающие этот свет.

Самого Творца наш разум не в состоянии постичь, и поэтому ни имени, ни свойства никакого мы Ему приписать не можем. В келим есть две характерные противоположности – сокрытие и раскрытие. Вначале они скрывают Творца.

Как, например, человек, закрывающий себя от взгляда другого. Сокрытие состоит из десяти экранов, называемых сфирот. Чем ниже кли, сфира, тем более скрывает оно свет. Но когда душа человека, благодаря выполнению им определенных условий-заповедей, начинает овладевать этими келим, то свойство скрывать, ослаблять свет обращается в противоположное, причем насколько было прежде велико сокрытие, настолько же проявляется теперь раскрытие света этим кли.

И таким образом, хотя сам Творец абсолютно непостижим, Он раскрывается нам посредством наполнения келим-сосудов наших душ исходящим от него светом, и в этой мере Он постигаем.

Теперь нам вполне понятно, что все те имена и действия, приписываемые Творцу в Торе, во всех ее книгах, описываемые нашим земным языком, ни в коем случае не описывают самого Творца, а лишь говорят о степени реакции кли на излучаемый Творцом свет, вернее, возбуждение души от наполнения определенным светом.

39. Ступени духовного возвышения:
получить	—	чтобы самонасладиться
отдать	—	чтобы самонасладиться
отдать	—	чтобы усладить, дать наслаждение
получить	—	чтобы усладить, дать наслаждение

Лишь действие в нашей власти, но не мысль, его сопровождающая, мотивация – ее может изменить лишь сверху сам Творец, соответственно нашей просьбе. Человек не в состоянии изменить свою природу, да и не требуется от него это, а требуется лишь, чтобы захотел этого и просил об этом Творца. И потому работа над собой называется аводат аШем – работа Творца, ибо человек только просит, а Творец делает (книга «Ешер диврэй эмэт», стр. 13).

40. Любая душа состоит из десяти сфирот, ор пними и ор макиф.

Ор пними находится в кли пними – в десяти сфирот, а ор макиф находится обычно в кли макиф. Но у Адама и Хавы не было этого кли макиф или хицон. В Торе говорится, что они были голые и не стыдились, т.е. были лишены ощущения нехватки этого кли.

А ощущение недостатка – это всегда первая причина восполнения, исправления этого недостатка (как у больного, не чувствующего, что он болен, хоть и готов бы был получить лекарство, но не чувствует потребности в нем).

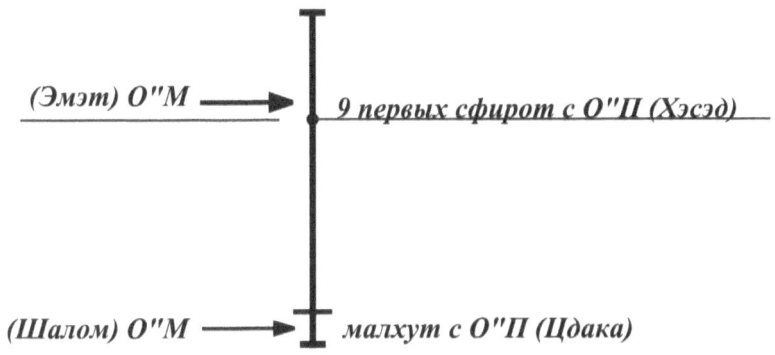

Ощущение недостатка, стыда дает кли хицон, так как оно – это часть от кли, души, незаполненное внутренним светом – ор пними, и заставляет поэтому человека идти вперед – создавать масах и наполнять душу светом.

А поскольку у Адама и Хавы не было этого кли, то они не были готовы к выполнению роли, для которой были созданы. И потому заранее было уготовлено им пройти через грехопадение для приобретения кли хицон.

41. В нас существуют два вида анализа обстоятельств:
первый – анализ хорошего и плохого;
второй – анализ правды и лжи.

Чтобы заставить развиваться и действовать в нужном направлении к цели творения, включил Творец в природу творения телесную силу анализа на основе чувства «горькое» или «сладкое».

При этом анализе телесная сила ненавидит и отталкивает все горькое, поскольку плохо чувствует себя, и любит, притягивает все сладкое.

И вот этой телесной силы совершенно достаточно для целенаправленного развития неживой, растительной и животной природы и доведения ее до требуемого совершенства, т.е. для избранной Творцом цели.

Лишь человеку приходится идти к цели вопреки желаниям тела, выбирая не из двух возможных состояний – сладкое или горькое, а вопреки им, из состояний правда – ложь.

42. Как я уже не раз повторял, человек является целью творения, т.е. все создано ради человека, – все изучаемое нами последовательное развитие миров было лишь для того, чтобы появился их обитатель-человек (Адам) в готовом месте его

Система мироздания

работы над собой путем свободного выбора из раскрываемой перед ним картины мироздания.

И все высшие миры, и наша вселенная существуют только для обеспечения решения этой задачи – создать человеку условия духовного вознесения до уровня Творца.

В момент сотворения человека из Малхут Ацилут, которая создала и миры БЕ"А, его духовное состояние, духовное кли – гуф соответствовало этим мирам. **То есть духовное постижение ощущения, осознание у Адама было в пределах всех миров БЕ"А, в то время как мы сейчас постигаем лишь ничтожную часть нашего мира, а миры БЕ"А не ощущаем вообще.**

```
                                          табур А"К
                           ──────────────┬──────────
                                         │  Ацилут
              ─────────────────          │         парса
                Адам         │           │
                    рош      │           │  Брия
                   гарон     ├─ ─ ─ ─ ─ ─┤4
                             │           │6 Ецира
                    гуф      │           │
                  раглаим    ├─ ─ ─ ─ ─ ─┤4
                             │           │6 Асия
                                                   сиюм
```

И это не зависит, конечно, от состояния нашего материального тела – мяса и костей, оно – наш спутник определенное время, вне всякой связи с границами духовных ощущений. (Как пишет в предисловии к книге «При хахам» рав Ашлаг о своем отце – тот писал лишь то, что постиг сам. А как видно из его трудов, описание им системы творения начинается с мира Бесконечности...)

Человек представляет собой как бы закрытый ящик, получающий все извне – витальную оживляющую его силу и воздействия, вызывающие в нем все ощущения.

Создателю известно заранее, какие ощущения вызовут у человека Его воздействия. От нас зависит лишь желание настроить себя на прием более тонких ощущений – и тогда мы их получим, т.е. почувствуем силы, действующие за внешней, видимой нами оболочкой нашего мира.

Поднявшись духовно в мир Ацилут, например, хотя его материальное тело и находится в нашем мире, человек одновременно ощущает оба мира – и мир Ацилут, и наш, материальный мир.

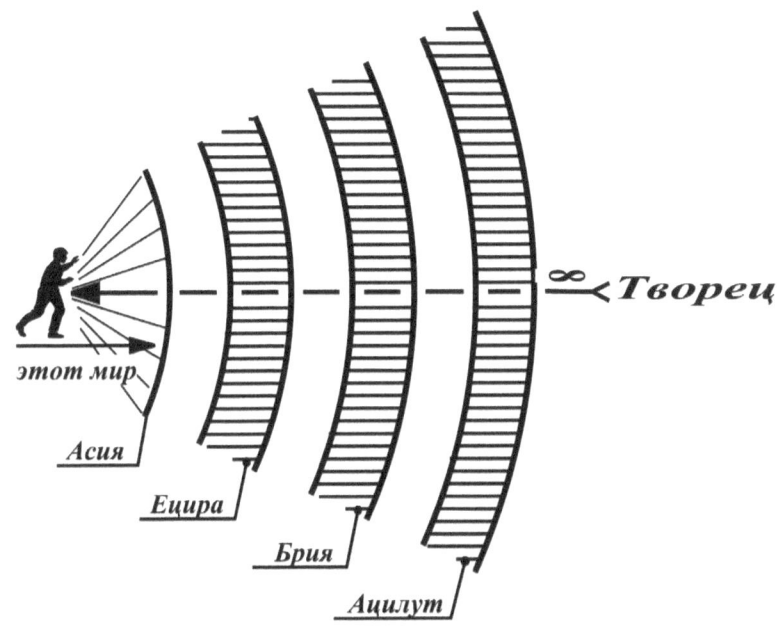

43. Вся работа человека, уже прошедшего духовный барьер, отделяющий наш мир от духовных миров, его взаимодействия с Высшим Светом, построена на принципе трех линий (гимэл кавим):

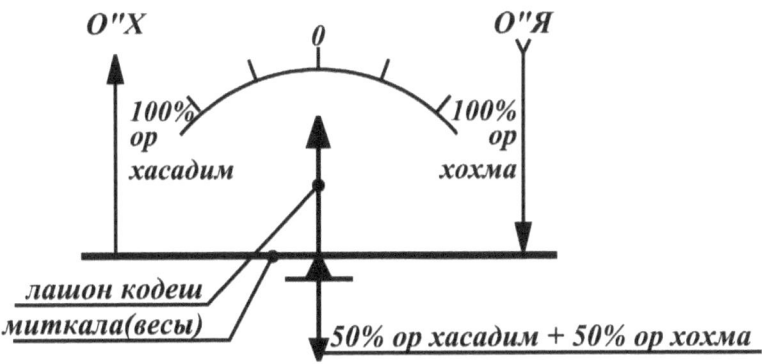

1) к духовному кли человека (желание + масах) приходит свыше свет – наслаждение. Это поступление света называется кав ямин (правая линия);

2) масах – воля человека, его нежелание самонасладиться, предпочтение духовной близости с Высшим личному эгоизму – отталкивает этот приходящий свет-наслаждение обратно. Это отторжение света называется кав смоль (левая линия);
3) оставшись в потемках без света, человек решает принять часть света из любви к Высшему. Это получение небольшой порции (ВА"К) света-наслаждения называется кав эмцаи (средняя линия). Духовная система, работающая в режиме трех линий, называется миткала (весы). Средняя линия, уравновешивающая две крайних, называется лашон кодэш (святой язык) по подобию измерительного язычка весов. Поэтому и говорится, что Тора написана на лашон кодэш, так как понять ее может лишь овладевший работой души в кав эмцаи.

ЧЕЛОВЕК И МИР

Пересказ записей рава Й.Ашлага (Бааль Сулама) конца 20-х годов.

ДОБРО И ЗЛО. Любая вещь в нашем мире – хорошая или плохая, или даже самая вредная, имеет право на существование. И нельзя уничтожить или удалить ее из мира, но возложено на нас исправить ее и сделать полезной. Ведь даже поверхностное размышление о мироздании порождает в нас чувство грандиозности и совершенства.

Известно, что Создатель не закончил творение. И это мы наблюдаем и ощущаем постоянно – и в общем, и в деталях. Все находится под действием законов постепенного развития – от появления и до достижения окончательной формы.

И сознавая это, наблюдая какой-либо элемент творения в неблаговидном состоянии (горький плод, дурной человек, питающееся ненавистью общество), мы не судим по его временному состоянию, поскольку уже знаем, что причина подобного состояния – развитие. То есть данный элемент еще не развился до своего конечного состояния – совершенства.

Если элемент творения видится дурным по своим свойствам – это не может служить свидетельством его окончательного свойства, поскольку он находится еще в переходных состояниях процесса развития. И мы не можем утверждать, что он будет вреден, как видится нам теперь (как сладкое яблоко горько в процессе созревания).

Из вышесказанного можно сделать вывод: всякая вещь должна быть оценена не по временному виду, а только по своему конечному, развитому, завершенному состоянию.

И теперь можно понять необоснованность стремлений и действий «исправителей» мира, появившихся в наше время, видящих все вокруг себя несовершенным и потому нуждающимся в исправлении, т.е. в изъятии «неисправных» частей и замене их «исправными».

Но поскольку Творец не позволяет уничтожать ничего в мире, а лишь преобразить зло в добро – тщетны все попытки «исправителей» искусственно что-либо изменить – зло останется. И оно, его величина, определяет количество ступеней развития, которые обязательно должны пройти все элементы творения до достижения ими настоящего совершенства.

И тогда эти плохие, вредные элементы, вернее, их свойства, сами обратятся в хорошие и полезные, как и замыслено было Творцом. И тогда лишь раскроется истинный смысл такого ступенчатого развития.

Необходимо знать, что хотя указанный выше закон развития природы, преобразующий все плохое в доброе и полезное, действует свыше, т.е. без нашего желания, Творец дал человеку разум и власть, дабы он взял этот закон развития под свой контроль – чтобы ускорить процесс развития по нашему желанию, свободному выбору и независимо от течения времени.

Таким образом, есть два руководителя, две силы, диктующие пути развития: «Небесная», гарантирующая привести все зло к добру и вредное к полезному, но действующая медленно и болезненно. Так что если развивающийся элемент творения – живой, имеющий органы чувств, то он чувствует боль и страдает от безжалостно толкающей его вперед развивающей силы.

И есть «Земная» власть – отдельные личности, взявшие под свой контроль закон развития и потому имеющие силу абсолютно освободиться от фактора времени и таким образом приблизить конец, т.е. высшую ступень своего развития.

Это условие выражено в Талмуде (Санэдрин, 98): «Ани – аШем бито ахишено», т.е. человечество может само идти по пути развития, а если нет – то поневоле проходит все ступени медленно и в страданиях.

Ведь поскольку речь идет о чувственных элементах творения, то именно горькие испытания и толкают человечество к переходу от самой низшей к высшей ступени развития, не позволяя останавливаться, так как задержка вызывает большие страдания, чем движение, – и потому вынуждены развиваться. Добровольный же путь развития зависит не от времени, а лишь от величины желания достичь как можно скорее нужного результата.

А теперь разберем вопрос исправления зла в человеке. Но предварительно нам необходимо условиться о значении этих категорий – «Добро» и «Зло» – и их оценке. То есть четко определить, что мы понимаем под словами «добро» и «зло», а также относительно кого производится их оценка.

Для понимания этого нам необходимо первоначально оценить связь и отношения человека и общества, в котором он живет и от которого питается как материально, так и духовно. Действительность говорит нам, что нет никакой возможности существования отдельной, изолированной от общества личности.

То есть человек создан как единица, как часть общества. Все его члены составляют единый механизм – таким образом, что нет свободного движения каждого, а каждый движется в соответствии с общим движением в определенном направлении, обусловленном необходимостью успешной работы всего механизма.

И если произойдет неисправность в одной детали этого механизма, то не оценивается неисправность лишь этой одной единицы, а величина неисправности оценивается по ее влиянию на общую работу всего механизма.

И по этому же принципу и в нашем анализе – величина полезности или вредности каждой единицы общества должна оцениваться не по ее личным качествам, а по ее полезности или вредности для общества.

Нет в обществе большего, чем в каждой из личностей, и польза общества состоит в пользе каждого. И вредящий обществу вредит в конечном счете и себе, а обогащающий общество – обогащает таким образом и себя, поскольку единицы – части общего, а сумма единиц и составляет общество. Свобода общества и свобода личности тождественны. Таким образом, плохие, хорошие, вредные и полезные качества и действия оцениваются только относительно общества.

Все вышесказанное относится к идеальному обществу, все члены которого выполняют свои обязанности по отношению к нему: получают не больше положенного, т.е. не присваивают уготованного другим. Но если не соблюдается это правило, то нарушающие вредят не только всему обществу, но и себе лично. Как известно – это самое больное и нуждающееся в исправлении явление.

Излечение заключается в осознании каждым, что его благо и благо общества – это одно и то же, и таким лишь образом придет мир к своему исправлению.

ПРАВДА, МИЛОСЕРДИЕ, СПРАВЕДЛИВОСТЬ И МИР. Эти четыре категории находятся в нашем распоряжении для достижения цели – добра и счастья. И этими категориями (понятиями, силами) пользуется Высшее управление для постепенного развития человечества до нужного, желательного Творцу состояния.

Как уже говорилось, в наших возможностях при желании взять закон нашего развития в свои руки, под свое управление и этим освободить себя от многих болезненных исторических моментов, еще ожидающих нас в противном случае впереди. И потому проанализируем эти четыре категории – что они дали нам в прошлом и чего можно ждать от них в будущем.

ПРАВДА. Самая лучшая их этих четырех категорий. Мы уже говорили, что равновесие личности и общества соблюдается в случае, когда личность **дает**, т.е. выполняет свою роль относительно общества, а также **получает** свою часть от общества, в соответствии со справедливым разделением общественного продукта.

Недостаток же данной категории в том, что на практике выявляется в ней какой-то изъян, из-за которого она не воспринимается обществом. В чем же он заключается? И более того, при более пристальном анализе категории «Правда», в особенности ее практического действия, мы находим, что она настолько расплывчата и сложна, что человечество не в состоянии следовать ей.

Правда обязывает нас приравнять всех членов общества, чтобы они получали в соответствии с затраченным трудом, не больше и не меньше. И это единственная справедливая база. Но каждый хочет насладиться трудом других членов общества.

Как же можно преобразовать Правду, чтобы она была принята всем обществом? Обязать всех членов общества работать одинаковое время? Но ведь есть разница в производительности людей, хотя бы даже ввиду разницы в их физической силе.

Кроме того, есть психологическая проблема: например, ленивый от природы человек должен приложить намного больше усилий, чем прилежный, а согласно Правде ясно, что нельзя обязать одного человека трудиться больше другого. Поэтому ловкие и сильные в обществе пользуются плодами чужого труда, поскольку трудятся меньше ленивых и слабых (тратят меньше усилий).

И более того, если мы примем во внимание закон природы «большинство определяет форму и закон», или иначе – «закон следовать за большинством», и положим в основу количество часов работы – то не сможем согласно Правде принять такой закон. Ведь ленивых и слабых – большинство, и они не отдадут себя в эксплуатацию сильным и предприимчивым.

Поэтому единственная настоящая справедливая основа – количество труда, отдаваемого личностью, с условием правдивого подхода. И с этим согласно большинство. Но это совершенно непрактично, так как величину усилия каждого невозможно измерить и, тем более, контролировать.

Ведь невозможно определить, насколько трудно слабому что-то сделать, сколько труда приложит каждый в соответствии со своим настроением, здоровьем и характером. То есть нам необходимо было бы измерять волевые усилия человека – насколько тяжело ему работать, – что в принципе невозможно из-за индивидуальных особенностей каждого, отсутствия научной базы и сложности.

Требование равного усилия от членов общества невозможно еще и ввиду того, что каждый человек чувствует себя единственным в мире и принимает весь мир, все окружающее его общество как инструмент, созданный для его обслуживания, – причем настолько, что совершенно не чувствует себя обязанным обществу.

Проще говоря, природное качество каждого человека – использовать весь мир себе на пользу, а все, что он дает другому, – он дает лишь в силу необходимости (и в этом случае есть использование другого, но скрытое, косвенное – так, что не чувствуется другим).

Причина этого в том, что ветвь подобна корню, источнику, близка ему по природе. И поскольку душа человека исходит от Творца, который Един и Единственен, и все – Его, то и человек, сын Б-жий, чувствует, что весь мир, все существа в мире должны находиться под его властью и существуют для его блага.

И вся разница между людьми лишь в цели использования мира: один выбирает путь использования других для получения животных удовольствий, другой – для достижения власти, третий – для почестей, славы. А если бы можно было, то каждый с удовольствием использовал бы весь мир для удовлетворения всех потребностей одновременно – и для богатства, и для власти, и для славы.

Но ввиду трудности выбирается одна из возможностей. И этот «закон Единственности» запечатлен в сердце каждого человека, и ни один из нас не свободен от его влияния, а каждый избирает часть из него согласно своим возможностям и стремлениям. И закон этот не хорош и не плох – это действительность и наша природа, и невозможно обойти его или даже немного приукрасить и смягчить. Закон этот и есть Абсолютная Правда.

Как же теперь мы сможем даже пробовать предлагать члену общества равенство с другими членами – ведь нет ничего более противного природе личности! Ведь стремление личности – возвыситься надо всем обществом.

Таким образом мы выяснили, что Правдой невозможно управлять жизнью общества (лишь в гмар тикун каждый член общества даст абсолютное согласие на управление своей жизнью категорией Правды).

МИЛОСЕРДИЕ, СПРАВЕДЛИВОСТЬ, МИР. Эти категории не были созданы с сотворением мира, а возникли лишь для частичной замены и помощи категории Правда, которой, как мы убедились, невозможно управлять нашим миром.

Так уж сложилось в истории, что хоть теоретически и считалось, что обществом управляет Правда, но на практике ее подменили совершенно противоположным, и пользуются ее именем самые лживые. И потому слабые и ленивые изобрели и развили категории Милосердия и Справедливости, включив их в закон жизни общества.

Сами основы общества обязывают сильных и удачливых помогать слабым, дабы те не угрожали существованию общины.

И потому вошло в практику Милосердие (сострадание, милостыня, помощь). Но природа общества такова, что с возникновением категории Милосердия настолько увеличивается количество слабых и нуждающихся, что они оказывают давление на сильных, – и это привело к появлению категории Мир. Причем все эти категории – Милосердие, Справедливость, Мир – родились и развились лишь ввиду слабости категории Правда.

И это привело к разделению общества на классы, группы. Определенная часть из них взяла себе за основу категорию Милосердие, т.е. уступку, жертву части своей доли другим. Из них затем произошли и принявшие категорию Правда, т.е. принцип – «мое – мое, твое – твое».

Эти группы, проще говоря, можно разделить на «строителей» и «разрушителей», где «строители» – заботящиеся о благе общества и готовые ради этого поделиться своим имуществом, а «разрушители» – те, которые предпочитают сохранять свое имущество и не готовы ни на какие жертвы ради других, даже если это угрожает существованию общества.

МИР. Когда внешние условия привели эти две группы к противостоянию и возникла угроза их существованию, тогда получила свое развитие категория «Мир», смысл которой в том, что обе стороны прекращают конфликт и принимают за «правдивую» основу существования – сосуществование.

Поборники этого подхода, как правило, из числа «разрушителей», сторонников Правды («мое – мое, твое – твое»). Они, будучи сильными и предприимчивыми, готовы рисковать, даже жизнью, ради самоутверждения. В то же время «строители», сторонники сострадания и милосердия, для которых главное – собственная жизнь и жизнь общества, не готовы на риск ради утверждения своей точки зрения, и потому они всегда остаются слабой стороной общества. И потому, естественно, что «разрушители» приводят к Миру.

Но так как Мир – компромисс, поскольку нет базы для внедрения категории Правда, то его немногочисленные, но сильные сторонники недовольны существующим и, постоянно реформируя категорию «Мир», изменяют общество.

Миры общества и человечества и даже отдельной личности взаимосвязаны и в общем едины. Рассматривая все строение как замкнутую систему, мы приходим к выводу, что это вообще одно и то же.

Причем если в прошлых поколениях жизнь и благополучие человека зависели и были ограничены рамками семьи, затем городища, то теперь его благополучие зависит от блага государства, а постепенно оно становится зависимым от блага всего мира.

И эта зависимость благополучия стран друг от друга и каждого из нас от всего мира еще увеличится в будущем. И хотя это уже явно видно, но еще не осознано населением планеты, так как все происходит по принципу: «Действие предшествует осознанию явления». И лишь действительность, как всегда, толкнет человечество вперед.

Но кроме этих проблем есть еще одна: четыре категории, действующие в каждом из нас, – Милосердие, Справедливость, Правда и Мир – находятся в постоянном противоречии. Например, Милосердие («твое – мое и мое – твое») противоречит Правде и Справедливости («мое – мое, твое – твое»). Ведь совершенно неверно с точки зрения Правды трудиться ради других, это портит людей, приучая их пользоваться плодами чужого труда.

И потому Правда утверждает, что человек обязан беречь и накапливать, чтобы не был вынужден упасть грузом на чужие плечи в тяжелое время. Он обязан создать материальную базу своему потомству, не взваливая задачу их обеспечения на плечи общества.

Категории «Мир» и «Справедливость» также противоречат друг другу. Ведь чтобы был мир – у сильных и энергичных должны быть условия разбогатеть согласно их вкладу, усилиям. Но при этом у непрактичных и ленивых произойдет спад в достатке – до обнищания, согласно их вкладу.

Но с другой стороны, как можно обвинять человека в том, что он родился неэнергичным или неспособным? Так что Мир и Справедливость оказываются в противоречии.

Если же разделить имущество по Справедливости, например, по количеству ртов в семье, то это вызовет недовольство, вплоть до войны, со стороны сильных и предприимчивых.

Таким образом, мы видим, что нет никакой надежды на мир в обществе...

ЭГОИЗМ – УНИЧТОЖИТЕЛЬ. Теперь, когда нам понятно, насколько противоречивы в нас четыре перечисленные категории, возникает вопрос, а может ли вообще человек прийти к ясному выводу, к единственному решению вопроса построения счастливого общества?...

Основа всех этих противоречий – «единственность», говорящая в каждом из нас. И хоть это свойство дано нам прямо от Творца – Единственного, корня всего существующего, но когда это свойство соединяется с нашим эгоизмом, то порождает разрушение и превращается в источник всех несчастий мира.

И нет, конечно, ни одного человека в мире, свободного от этого свойства – ощущения единственности, уникальности. А все отличия людей – лишь в проявлениях этого свойства – ублажении пороков, достижении богатства, власти или почета.

Общее между нами в том, что каждый постоянно, зачастую даже неосознанно, стремится использовать всех остальных для собственной выгоды. И неважно, какие оправдания он придумывает себе: ведь желание руководит мыслью, а не мысль – желанием. И еще дело в том, что насколько больше, «особенней» человек – в той же мере больше и его чувство «единственности».

ИСПОЛЬЗОВАНИЕ «ЕДИНСТВЕННОСТИ» КАК СРЕДСТВА ОПРЕДЕЛЕННОГО РАЗВИТИЯ ИНДИВИДУУМА. Чувство своей «единственности» в сердце каждого возбуждает желание поглотить всех и вся ради себя. Источник этого – Единственность нашего Творца, Его свойство породило в нас соответствующее чувство. Но почему это чувство раскрывается в нас в такой испорченной форме, настолько, что становится основой всех разрушений, хотя исходит из Источника, рождающего все живое?

Дело в том, что есть две стороны в свойстве «единственности». Если смотреть с точки зрения Творца, т.е. со стороны слияния с Ним, то свойство «единственности» побуждает к альтруизму – свойству самого Творца. Поэтому исходящее от Него свойство «единственности» обязано реализовываться в нас тоже альтруистически, а не эгоистически.

Если же посмотреть, как практически действует в нас это свойство, мы увидим, что оно действует совершенно противоположно – лишь как эгоизм – желание быть самым богатым, самым сильным, самым знатным – единственным в мире. И эти две стороны проявления «единственности» совершенно противоположны друг другу.

Так задумано Творцом, чтобы мы сами изменили использование этого свойства, и, начав развиваться с эгоистической «единственностью», дошли до альтруистической «единственности» – каждый и все вместе. И это будет условием жизни последних поколений – использовать ощущение «единственности» своего «я» в целях служения всему человечеству. И отсюда можно сделать следующие выводы.

Достичь счастья возможно лишь при условии осознания того факта, что мир общества, государства и человечества взаимосвязаны. Пока законы общества удовлетворяют большинство, меньшинство, остающееся неудовлетворенным, лишь вынужденно принимает законы и форму общества, но постоянно стремится к его изменению.

И если это не получается прямым путем, то косвенно – вызывая войны между государствами, в расчете на то что в результате войн возрастает число недовольных, и таким образом возникнет большинство для изменения формы власти.

А если возьмем то меньшинство, для которого война – источник доходов, получения наград и продвижений, и добавим к ним неудовлетворенных формой общества, то увидим, что внутри общества постоянно присутствует большое количество его членов, желающих войн и крови.

Довольные же существующим положением члены общества пребывают в состоянии беспокойства о собственной безопасности и могут лишь мечтать о мире. Поэтому мир индивидуума – основа и источник мира государства.

СТРАДАНИЯ И НАСЛАЖДЕНИЯ В ЭГОИЗМЕ. Если мы попытаемся осознать предлагаемый нам Творцом план действий, то обнаружим, что точка преткновения – в изменении нашей природы с эгоизма на альтруизм. И хотя с первого взгляда план кажется нам нереальным, даже фантастическим, выше наших сил, но осознав его, мы поймем, что **все противоречия между эгоизмом и альтруизмом – не более как психологические!** Ведь в действительности все наши приобретения в жизни определяются одним словом – «наслаждение». Лишь этого мы хотим и этого ждем от наших приобретений.

И если соберем вместе все наслаждения, получаемые человеком за его 70 лет, и все страдания, им пережитые, и сделаем подсчет – то предпочтительней не рождаться. А если так, то что выигрывает человек в мире, используя свой эгоизм? Тем более что при изменении мира к всеобщему альтруизму каждая личность получит абсолютное наслаждение.

В Торе мы находим еще большее подтверждение тому, что мир – это самое большое благословение: «Творец даст силу своему народу и благословит его миром», – благословение, заканчивающее Вавилонский Талмуд. Тяжело сердце человека, и природа тянет его вниз. И нужна вся сила Торы, чтобы преодолеть наш эгоизм.

Человек и Мир

Трудно поначалу согласиться, что всеми поступками, даже самыми вроде бы альтруистическими, у обычных людей, не перешедших махсом Ц"А, руководит эгоизм.

Когда еще в детском возрасте я заболел, то врачи запретили мне кушать, а мне как раз очень хотелось есть. И вот бабушка потихоньку, втайне от родителей, приносила мне в кроватку то печенье, то кусочек пирога – она любила меня больше, чем папа и мама? Те страдали оттого, что я хочу есть, а им запретили давать мне еду, вернее, они страдали оттого, что не могли удовлетворить своего желания накормить ребенка, а бабушка не могла заставить себя страдать и успокаивала себя, принося мне пищу. Так кто же из них больше любил меня и меньше себя?

Но сила Торы проявляется лишь в ее глубине. И тут большая проблема состоит в том, что есть четыре уровня глубины изложения в Торе – пшат (простой), рэмэз (намек), друш (иносказание), сод (тайна). Причем изучающий начинает постигать Тору с сод – так как вся Тора для него тайна, затем друш и т.д. – пока не доходит до пшат – простого, т.е. абсолютного понимания и ощущения всего мироздания (а не только его темной точки – нашего мира).

Причем этот последний, четвертый уровень должен быть обязательной и конечной целью каждого начинающего: ведь для этого, последнего достижения – слияния с Творцом – и дана Тора.

Эти четыре уровня постижения есть во всех книгах Торы – от первых и написанных до рав Ашла-акадош (затем ввиду падения поколений не все авторы являлись сведущими во всех уровнях Торы).

И эти четыре уровня сокрытия тайн Торы действуют, т.е. находятся в каждой букве и каждом слове написанного. Возникает вопрос – если жизнь и цель творения зависят от занятий Торой как главного инструмента нашего исправления от эгоизма к альтруизму, так почему она, тем более ее основная, самая действенная часть – Каббала – так глубоко скрыта?

Как я уже писал, еще Аристотель предостерегал своих учеников и коллег не пускать в науку любого желающего, так как основная масса людей – эгоисты и, захотев извлечь личную пользу, используют научные знания и достижения во вред человечеству.

Поэтому Каббала, включающая в себя все науки и раскрывающая тайны всего мироздания, требует отказа от личных интересов, дабы не использовались ее могучие и тонкие духовные силы во вред цели человечества.

Но говорится в книге «Зоар», что к концу поколений раскроется Каббала для всех, и каждый сможет заниматься ею, и не потребуются ни принятие клятв, ни строгий отбор желающих. С другой стороны, говорится, что лицо поколения будет, как морда собаки, наглость станет обыденным явлением. И именно это поколение станет достойным изучения Каббалы.

Причина в том, что не останется людей, желающих Знания, никто не захочет его, и поневоле лишь идеалисты придут в Каббалу, и естественно отпадет необходимость в строгом отборе учеников, и даже возвращающиеся к вере и люди молодого возраста смогут войти в нее.

Но без знания Каббалы, как утверждает «Зоар», нельзя выйти из галута и достичь гмар тикун, так как только скрытый в Каббале свет в состоянии изменить нас. И потому мы нуждаемся в распространении Знания, как можно в более широких кругах нашего народа.

Но как это возможно, если массы пренебрегают Каббалой, так как это не приносит личной выгоды и удовлетворения животных потребностей, а короткий ум не видит уготованного вечного совершенства?

Закат любого течения в иудаизме всегда начинался с того, что место почившего руководителя, рава, адмора занимал не его лучший ученик, а его ближайший родственник...

Неужели мы вновь нуждаемся в страданиях, дабы трезво взглянуть на этот временный, мельтешащий мир? Это подобно притче о короле, у которого к старости родился сын, и он на радостях заранее приготовил к его совершеннолетию чудесный замок с прекрасной библиотекой, музыкантами, яствами, учеными и развлечениями.

И вот вырос сын. Но он недоразвит – и нет ему радости в науках, не чувствует прекрасного, слеп – и не видит прекрасных картин, глух – и потому не слышит чудесных звуков, болен – и не может насладиться яствами. Чтобы мы все же смогли насладиться уготованным нам Творцом наслаждением, предусмотрено, как не раз уже говорилось, два пути: путь Торы – сознательный путь духовного развития, или путь страданий, который все равно вернет нас на путь Торы.

Наша свобода воли состоит лишь в том, чтобы выбрать сразу путь Торы либо ждать, пока страдания заставят нас поневоле выбрать этот путь. В нашей природе уже заложены необходимые для этого выбора силы.

Чтобы убедиться в этом, рассмотрим, как создан человек, на примере рассказа из Мидраш Раба (часть 6) о четырех силах-ангелах, описанных выше.

Обратился якобы к ним Творец: «Стоит ли создавать человека?»

— Милосердие ответило, что стоит, так как человек способен к милосердию;
— Правда возражала, что не стоит, так как человек лжив;
— Справедливость ответила – стоит сотворить, так как он способен к справедливости;
— Мир сказал – не создавать, так как человек постоянно ищет распрей.

Выслушав их, Творец спрятал Правду в Землю, хотя она является как бы Его печатью (основой), и ответил, что Правда взрастет из Земли.

Мы должны для начала понять два совершенно противоположных вида управления свыше: одно – поддержка существования всего сущего, и второе – жесткая управляющая рука, подталкивающая, ведущая к цели путем страданий.

С одной стороны, мы видим чрезвычайно заботливую опеку, «мягкое» управление с момента зачатия – прекрасно подготовленное место для внутриутробного развития, защита от постороннего влияния, снабжение всем необходимым, соответствующее питание, приготовленное место в мире и после рождения – в период первоначального развития – забота родителей, дом, школа и т.д. То же самое мы обнаруживаем в животном и растительном мирах – заботливое управление, обеспечивающее зарождение и развитие каждого организма.

Но с другой стороны, мы обнаруживаем беспорядок, страх, страдания и беспрестанную борьбу за существование на всех последующих уровнях жизни, и особенно у человека – вроде бы высшего существа природы. Только в конце своего развития он видит решение этого противоречия. И смысл всего нашего существования именно в достижении этого «конечного пункта», где разрешаются все противоречия и человек приходит к своему совершеннейшему состоянию.

Из десяти сфирот первые девять – **влияющие, дающие свет**, а последняя – малхут – **берущая, желающая получить**. При этом первые девять полны света, а последняя – пуста. И в каждом парцуфе мы обнаруживаем это противоречие. В нем есть два вида света – ор пними (внутренний) и ор макиф (окружающий) – и соответствующие им сосуды-келим – кли пними и кли макиф (или хицон).

И причина этого в том, что невозможно нахождение двух взаимопротивоположных сил или явлений в одном носителе, поэтому должно быть отдельное кли для ор пними и отдельное – для ор макиф. Причем если в малхут есть масах, то посредством ор хозэр она получает в себя часть света.

Таким образом построены все духовно чистые объекты – парцуфы и миры. Если же в малхут отсутствует масах, и поэтому она желает получить свет для себя, то в силу запрета Ц"А она остается пустой. Таким образом устроены нечистые (клипа) миры, и потому они противоположны чистым мирам (кдуша).

Как нам уже известно, единственная причина Ц"А состояла лишь в том, что души возжелали быть подобными Творцу, т.е. изменить свою эгоистическую природу на альтруистическую. В мирах кдуша это уже произошло, но не в мирах клипа. И для исправления душ необходим человек – носитель двух взаимопротивоположных сил, который именно в нашем мире, на низших стадиях развития (катнут) соединен с силами клипа и получает от них пустые кли – желания, чтобы затем, духовно развиваясь, соединиться с силами кдуша. С помощью Торы и заповедей он должен исправить желания-келим, т.е. создать масах на пустые келим и, следовательно, сравняться по свойствам, т.е. сблизиться с Творцом.

Причина существования понятия времени в нашем мире заключается в том, что общая душа – кли, малхут – разделилась на две противоположные части – кдуша и клипа, – и чтобы исправить, перевести клипа в кдуша, эти части должны находиться в одном носителе – человеке. Только поочередно – одна после другой – могут быть две противоположные силы в одном человеке – время катнут и время гадлут. И потому рождается «время».

Теперь нам станет понятней и необходимость «разбиения сосудов» – швират келим. Ведь как уже говорилось, есть ор яшар (сверху вниз от кэтэр до малхут) и ор хозэр (от малхут до кэтэр), соединяющиеся вместе в один. Но после Ц"А это стало возможно лишь в девяти первых сфирот. В малхут до гмар тикун может быть лишь ор хозэр, так как именно на нее был Ц"А.

А так как все миры клипа создались именно из этой последней сфиры – малхут, то лишены света и страстно желают его. И человек, будучи под властью этих нечистых сил, постоянно стремится к микродозам света в нашем мире – наслаждениям – и, конечно, никогда не сможет себя наполнить, ведь кли остается пустым и только увеличивает свои желания, растет (чем больше получает – тем больше желает).

И потому возникла необходимость в швират келим, в результате которого 320 искр ор хозэр опустились под парса в малхут, и они-то и оживляют пустые келим клипа – доставляют маленькие удовольствия человеку, пока тот не обретет масах, а с ним и настоящий свет.

И это происходит в параллельных системах кдуша и клипа: четыре мира АБЕ"А кдуша против четырех миров АБЕ"А клипа (или тума). И при преобладании одного уничтожается другой: если 320 искр ор хозэр войдут в миры АБЕ"А клипа, то АБЕ"А кдуша исчезнет (относительно нас, перестанет на нас воздействовать), а если все 320 частей войдут в миры АБЕ"А кдуша, то АБЕ"А клипа исчезнет (совершенно), так как не может существовать без света, а своего света, как в АБЕ"А кдуша, в ней нет.

И стало возможным нынешнее состояние – одновременное управление нашим миром посредством этих двух систем и согласно действиям человека, перемещающего искры из одного мира в другой и соответственно меняющего, таким образом, управление.

После швират келим и падения 320 искр света с места Ацилут (над парса) – в место миров БЕ"А (под парса), поднялось обратно в Ацилут 288 искр (те, которые находились в первых девяти сфирот: 9 x 32 = 288) и подсоединились к системе чистых миров АБЕ"А, а в темной АБЕ"А остались, таким образом, 32 искры.

Но в таком состоянии система темной АБЕ"А не в состоянии нормально функционировать, поскольку нет источников наслаждения, а потому и нет стимула какого-либо движения у населяющих эти миры (включая и наш мир).

А теперь разберем точнее природу четырех сил, названных выше ангелами: Милосердие, Справедливость, Правда и Мир, использованных Творцом в создании человека, вернее, создании его души. Душа, как любой парцуф, состоит из десяти сфирот с внутренним светом и десяти сфирот с окружающим светом.

МИЛОСЕРДИЕ – соответствует внутреннему свету в девяти первых сфирот души.
СПРАВЕДЛИВОСТЬ – это внутренний свет в малхут души.
ПРАВДА – это окружающий свет в девяти первых сфирот души.
МИР – окружающий свет в малхут души.

Мы уже говорили, что ор пними и ор макиф взаимообратны. Ор пними распространяется от Творца к творению в зависимости от наличия масаха у последнего и не входит в малхут ввиду запрета Ц"А. Ор макиф же окружает все миры, как и мир Бесконечности, и, как до Ц"А, светит в малхут. Кли, в которое светит ор пними, называется кли пними, а кли, в которое светит ор макиф, называется кли макиф или хицон (наружное).

Теперь понятно, почему Правда утверждала, что все в человеке ложь: ведь человек лишен кли хицон и потому лишен, соответственно, ор макиф, а без его воздействия не в состоянии получать свет от высших миров. А Милосердие и Справедливость были довольны строением души человека, так как ничто не мешало им заполнять имеющееся внутреннее кли души светом.

Сказано в Торе: «И были Адам и жена его оба обнаженные и не стыдились». Одежда, как нам уже известно, левуш – это кли хицон, и в отсутствии этого кли, как указывает Тора, и заключается причина греха Адама. Поскольку Адам был создан без кли хицон, ему заранее было уготовано согрешить.

Адам и Хава были созданы только с кли пними каждый, т.е. соединены только с системой светлых миров АБЕ"А, и потому не стыдились, т.е. не чувствовали недостатка, так как стыд – это чувство недостатка (неполноты, несовершенства).

Но как известно, чувство несовершенства – это первая причина, единственный стимул для исправления недостатка. Так больной, чувствующий болезнь, готов пройти любое лечение. Но если человек не чувствует, что болен, он всячески уклоняется от лечения.

И эта роль – внесения в ощущения человека чувства неполноты, несовершенства – лежит на кли хицон, так как оно пустое еще из мира Бесконечности, после Ц"А, и потому рождает ощущение пустоты, незаполненности наслаждением (светом) – в общем, вызывает страдания и потому вынуждает восполнить недостаток – принять ор макиф в это кли хицон.

Но у Адама и Хавы это кли отсутствовало, и потому они не были в состоянии выполнить программу творения. И это кли хицон смогли приобрести, лишь пройдя грехопадение, обман Змея.

В нас существуют два уровня анализа действительности:

1) Добро (хорошее) и Зло (плохое).
2) Правда и Ложь.

Руководствуясь ими, мы можем развить себя до возможности получения уготованного бесконечного наслаждения. Первый уровень анализа – телесный, т.е. действующий через ощущения «сладкое – горькое»: отторжение горького как плохого и приближение сладкого как хорошего. И этот уровень анализа достаточен для неживой, растительной и животной природы (и их частей в нас) в развитии их до желательного результата.

Но в человеке Творец создал дополнительную силу – разум, действующий по пути второго уровня анализа – отклонения от себя лжи, вплоть до ненависти к ней, и приближения к себе правды. Этот уровень анализа называется «правда – ложь» и действует в любом человеке в зависимости от степени его развития. Он приобретен человеком от Змея, так как по природе своей, как уже говорилось, у человека было лишь кли пними, и телесный уровень анализа «хорошо-плохо» («добро-зло») был ему совершенно достаточен.

Например, если бы вознаграждались праведники за добро, а грешники наказывались за зло на наших глазах, то духовная чистота называлась бы нами сладкое и хорошее, а клипа – плохое и горькое. И в таком случае свобода выбора сводилась бы к правилу: «Дам я вам сладкое и горькое – выбирайте же сладкое».

Тогда все человечество было бы уверено в достижении совершенства и отдалилось бы от грехов – горьких и плохих в ощущениях, и занималось бы только выполнением заповедей. Адам (родившись обрезанным, т.е. альтруистом) помещался в Райском Саду для работы и стражи.

Работа его состояла в выполнении заповедей, а охрана – в выполнении запретов, и все выполнения сводились к еде и наслаждению «ради Творца» от плодов Сада, а запреты – к запрету есть от Древа Познания Добра и Зла (хорошего и плохого).

Таким образом, заповедь «Делай» была сладкой и приятной, а заповедь «Не делай» отдаляла Адама от горького и неприятного. Итак, у Адама свобода воли сводилась к выбору «избери сладкое». Ему было достаточно одних органов ощущений для знания того, чего хочет от него Творец, и выполнения Его указаний.

А теперь разберем, что же такое скрывается под именем Змей. Ведь нет ничего другого созданного, кроме желания насладиться, и его центральная точка (малхут) называется ангел смерти (Сатана, Змей, Фараон и т.д., в зависимости от случая, аспекта исследования).

Змей утверждал, что в день, когда съедите плод (т.е. сможете получить удовольствие, как и от других плодов, – не ради себя, а доставляя радость Творцу), станете, как Творец (сблизитесь с Ним), и познаете добро и зло (т.е. увидите, что и добро и зло, и сладкое и горькое – все будет (как относительно Творца) лишь сладким. То есть достигнете гмар тикун, исправив самую сердцевину желания насладиться, обратив ее в наслаждение ради Творца.

И конечно, этим Змей мог соблазнить Хаву, желавшую достичь цели творения. Хава относительно Адама как Малхут относительно З"А, а когда Малхут изъявляет желание, то З"А дает ей требуемое – ведь речь идет о чистых действиях – не ради собственных наслаждений.

Человек и его жена (Адам – Хава), с точки зрения Каббалы, это одно целое, т.е. в любом из нас – в мужчине или женщине есть часть альтруистическая, называемая мужской, и часть эгоистическая – женская.

(Да не обидится на меня читатель за нарочно недосказанное и запутанное – чем ближе к нашему миру, тем более закрыта информация, и полную, истинную правду познает лишь поднявшийся в миры чистой АБЕ"А, а до того времени у каждого есть лишь смутное представление. Настоящую связь нашего и высших миров, суть душ невозможно познать, будучи эгоистом, – ни философия, ни фокусы, ни тем более кружки всяких «чудотворцев» не помогут.)

Древо Познания Добра и Зла – это часть не заполненной светом части малхут, на которую еще надо создать масах. Как уже говорилось, у Адама не было никакой связи с этой пустотой, так как был он создан из чистой АБЕ"А, т.е. альтруистом, не стремящимся к собственным удовольствиям, проистекающим из пустоты. И потому было запрещено ему соединяться с Древом Добра и Зла (с эгоизмом, нечистой АБЕ"А) под страхом смерти – исчезновения света – как у всех эгоистов в нашем мире.

Так вот, Сатана (ангел смерти, Змей) начал с того, что раскрыл Хаве цель творения – исправить эгоизм Древа Добра и Зла (т.е. желание насладиться без масаха, оставшееся без света после рождения всех миров, исправить на желание давать наслаждение).

И так как это была Правда, и она соответствовала полученным ранее заповедям – есть все плоды, кроме плодов этого дерева ради Творца, то Хава поверила ему. Тем более, что когда захотела съесть – получить не ради себя, т.е. создала масах, – то исчезло все Зло из Древа Познания Добра и Зла и осталось Древо Познания Добра.

И вкусив первый раз, смогла выстоять и получить весь огромный свет ради Творца. Но второй раз, когда уже было решимо, т.е. ощущение огромного наслаждения и тяга к его источнику – плоду (свету, соответствующему пустоте, т.е. бесконечному по объему наслаждения), – не смогла устоять против желания самонаслаждения (так как уже знала вкус и стремилась к нему сама). И потому первый раз вкушение плода – получение света – было в чистоте, а во второй раз – в грехе.

И это стало источником страданий и причиной смерти, как и предупреждал Творец: в день, когда вкусите, – умрете. Так как вкусив «плод», человек получил келим каббала (сосуды получения), и потому исчез свет из его души и осталась лишь поддерживающая витальную жизнь искорка – нэр дакик.

Жизнь Адама разделилась на мельчайшие жизни, и душа его разделилась на мельчайшие души людей, поколение за поколением исправляющих незаполненную часть Малхут. Таким образом, действие Творца не изменилось совершенно от греха Адама – лишь свет его жизни разделился на кругообороты маленьких жизней.

Так же и все другие творения скатились с уровня вечности и общности на уровень мелких кругооборотов, как человек. И поднимаются или опускаются в зависимости от действий человека – единственного, способного к анализу «добро – зло».

Следствием греха Адама и Хавы было появление двух основных зол. Сатана (дурное начало человека, его ангел смерти) может подниматься в высшие духовные сферы и обвинять человека. Теперь, после греха, он связан с человеком эгоизмом, полученным человеком от пустой части Малхут. Таким образом, произошло отдаление между Творцом и человеком – ведь свет и эгоизм противоположны .

И второй недостаток, рожденный от греха Адама, – спуск РАПА"Х – 288 искр света, находившихся в системе светлой АБЕ"А (оставалось лишь перевести туда же последние 32 искры, что и хотел сделать Адам), в систему темных сил. Дабы не уничтожился мир.

Поскольку теперь, когда система светлых сил не может питать людей ввиду их духовного несоответствия – противоположности между эгоизмом и светом, – то спустились 288 искр света в темную систему, чтобы питать человека и наш мир во все времена кругооборота душ в телах до гмар тикун.

И отсюда понятно, почему темная система АБЕ"А называется клипа – оболочка: как кожура покрывает плод и защищает его от повреждения, пока не поспеет, не созреет, не достигнет должного развития, – так 288 искр света, перешедших в клипа, питают наш мир, пока не достигнет он своей цели.

Об этом втором недостатке, рожденном от грехопадения, сказано также: «Приходит и забирает душу», т.е. даже эта маленькая частица от прошлой жизни, что теперь есть в человеке, – и та забирается у нас миром клипот.

Уже не раз говорилось о связи нашего и духовных миров как о связи ветвей с корнем, где вся разница между мирами только в материале их строения – материальном в нашем мире и духовном – в других, но не в соотношении между частями, деталями каждого мира или между одноименными объектами миров. И зная, чего требует клипа в нашем мире, можно узнать ее высший корень.

Желания человека происходят от системы темных сил. И потому в животном уровне этого – нашего – мира есть природное стремление к наслаждению. И оно связано с телом настолько, что лишь наслаждение дает телу ощущение жизни.

Дети (и оставшиеся на детском уровне взрослые) постоянно в любом месте, куда ни бросят взгляд, должны найти удовольствие даже от незначительных объектов. Низкий уровень их развития требует умножения ощущения жизни, чтобы возникла потребность и удовольствие от роста и развития. И потому они находят удовольствие в каждой мелочи. И хотя тяга к наслаждению – основа жизни, но приводит она к прямо противоположному – смерти.

Например, наслаждение от расчесывания участка кожи несет в себе разрушение, т.е. частицу смерти. И если не преодолеть это желание, то расчесывание приведет к умножению желания, поскольку дает наслаждение, пока поврежденное место не разболится настолько, что наслаждение превратится в боль.

Теперь мы можем представить себе строение системы клипот: Рош – желание самонасладиться. Гуф – требование наслаждения, которое невозможно насытить, так как получение порции наслаждения тут же вызывает увеличение требования (как при расчесывании все возрастает желание почесать). Соф системы – это капля смерти, разделяющая и забирающая последнюю оставшуюся искру жизни.

Точно, как говорится в Торе, что ангел смерти подносит меч с каплей яда ко рту человека, и последний сам открывает рот. Меч ангела смерти – наслаждение от клипот, отдаляющее нас все больше от вечной жизни. И поневоле вынужденный получить наслаждение для продолжения своего существования человек открывает рот и питается от системы клипот, пока не получает с конца меча последнюю каплю – окончательное отделение от последней искры жизни.

Итак, существуют две взаимопротивоположные системы управления, причем вследствие грехопадения Адама обеспечение существования и питания нашего мира перешло от светлой системы к темной. И потому так запутан порядок управления: уменьшение света приводит к страданиям, а увеличение света – к еще большему отдалению от светлых сил. И у кого есть 100 – хочет 200, а у кого есть 200 – хочет 400, как в примере с расчесыванием раны.

Увеличение наслаждения приближает смерть. Поэтому прежде всего человеку надо позаботиться об исключении всех излишеств (чтобы полученное излишество не увеличило тут же вдвойне желание) и уж затем – попытаться переходить от эгоизма к альтруизму, чтобы соединиться со светлой системой, удостоиться света Торы, сближения с Творцом.

Если бы Творец советовался с ангелами после греха Адама, то даже ангелы Милосердия и Справедливости не согласились бы. Ведь после грехопадения человек полностью вышел из-под их влияния и связал себя с темными силами. А Правда упрятана в землю, т.е. отстранена от управления творением.

До грехопадения осуществлялся анализ Правда – Ложь, анализ чувства «сладкое – горькое», поскольку 288 частиц из 320 уже находились в светлой системе миров АБЕ"А, и потому Адам, притягивая «сладкое» и отталкивая «горькое», мог продолжить исправление. Это состояние изменилось после того, как 288 частиц света упали в темную систему, смешались с ее силами и породили новую форму анализа: «сладкое» – вначале, но в конце – «горькое», называемое ложью и являющееся источником разрушения.

Так человек «включил» новый вид анализа – чувством, а не силой разума. Выбор Правда – Ложь обязан действовать до полного исправления (гмар тикун) в противовес оппозиции: «сладкое» вначале, а в конце – «горькое» – вкус лжи. И человек не в состоянии противостоять ей.

Тора дана человеку для исправления греха Адама – подъема обратно в светлую систему миров АБЕ"А 288 частиц-искр, вследствие чего управление творением возвращается к светлой системе сил, аннулируется путаница между «Правда – Ложь», «сладкое – горькое», и вновь анализ сводится к выбору «сладкое – горькое». И эта форма анализа возобновится с приходом Машиаха (освободителя).

Усилия всех поколений направлены на воссоединение всех душ в одну, называемую Адам, как было до грехопадения. И ни один из нас не живет для себя, а сознательно или бессознательно – лишь во имя этой цели. Как мы уже говорили, Адам должен был совершить грех, так как в нем отсутствовал кли хицон для получения ор макиф.

Лишь человек – носитель двух противоположностей, связанный с клипот (под действием наслаждений увеличивающий свое пустое кли до нужного размера), может Торой и Заповедями обратить кли каббала – эгоизм в кли ашпаа – альтруизм.

Но прежде чем человек соединит себя со светлыми силами, он обязан освободиться от удовольствий, рожденных в нем соприкосновением с клипот. И таких людей – праведников, способных уничтожить собственный эгоизм, – единицы в каждом поколении.

А вся остальная масса людей существует лишь для того, чтобы обладая кли хицон – пустым кли, предоставить его этим избранным для исправления (посредством служения, частичного приобщения к ним, даже поневоле и случайно).

Ведь все составляющие человечества взаимосвязаны, обмениваются и влияют друг на друга материально, информационно и духовно. И таким образом дают возможность немногим праведникам получить ор макиф – окружающий свет.

Но почему на каждого праведника есть миллионы грешников? В природе действуют два фактора – качество и количество. Находящиеся под действием клипот – духовно ничтожны, они следуют лишь желаниям тела и в состоянии противопоставить себя духовно сильному праведнику, лишь будучи соединены в огромное количество, в массу, и лишь таким образом они могут снабдить его – конечно, бессознательно – кли хицон, подходящим его духовной силе. И потому важен каждый из нас в этой огромной цепочке от начала человечества до его конца, но праведник – основа мира.

РАЗВИТИЕ ЧЕЛОВЕЧЕСТВА

Эта глава представляет собою пересказ записей рабби Й. Ашлага начала 30-х годов. Дополнительный материал по данной теме можно найти в статьях раздела «Последнее поколение» (о каббалистическом обществе).

Человечество развивается постепенно, причем каждый этап его развития строится на отрицании предыдущего. А время существования каждой общественной системы определяется достижением ею такой стадии, при которой раскроются ее недостатки в необходимой для отрицания степени.

И по мере осознания отрицательного намечается поворот для перемещения в новое состояние, свободное от недостатков прежнего. И эти раскрывающиеся в каждой формации недостатки, умерщвляющие ее, суть причины развития человечества.

Этот закон постепенного развития – общий для всей природы и на всех ее уровнях – от горького и невзрачного плода, гадкого утенка, беспомощного детеныша, мировых войн – к созревшему, устойчивому состоянию.

Возьмем для примера нашу планету. В первоначальном состоянии появился газовый шар, в котором под действием сил тяготения произошло уплотнение атомов до их воспламенения. Затем действием позитивной и негативной сил снизилась температура. Это привело к образованию тонкой, плотной оболочки.

Но не прекратилась на этом борьба сил – и снова воспламенился жидкий газ, и вырвался наружу, взорвав всю оболочку, и вернулось состояние к первоначальному, пока в результате борьбы двух сил вновь стала преобладать тенденция к охлаждению, и снова появилась тонкая оболочка – но уже более прозрачная, способная выдержать большее давление изнутри и в течение более длительного периода. Пока снова не повторился процесс.

И так чередовались периоды, и каждый раз появлялась более прочная оболочка в результате все большего преобладания позитивной силы, что привело систему к абсолютной гармонии. И залили жидкости внутренние пустоты Земли, а оболочка уплотнилась настолько, что появилась возможность зарождения органической жизни.

Но в отличие от всего остального – неорганического, органического и животного миров, заканчивающих свое развитие автоматически, под действием внутренних материальных сил человек обязан пройти дополнительный постепенный путь развития, поступенчатое развитие мышления, а кроме этого, еще и развитие совокупности себе подобных – постепенного развития общественного мышления и общества.

Как уже выяснено нами ранее, есть два пути достижения этого совершенства – путь Торы или путь страданий. И если еще непонятно миру, каковы размеры будущих глобальных катастроф, то у оставшихся в живых жалких остатках человечества не будет уже другого пути, как принять для себя закон, устанавливающий, что личность и общество в целом должны работать на себя лишь в объеме, необходимом для существования.

А все прочие продукты труда должны направляться на благо нуждающихся. И если согласятся на это все народы мира, то исчезнут войны, поскольку никто не будет беспокоиться о себе.

И этот закон о необходимости совпадения наших свойств со свойствами Творца и есть Тора. И именно о ней сказано, что в последние дни мира придут все народы в Сион, и Машиах научит их этой Торе – работе над собой, развитию альтруизма для слияния с Творцом.

И докажет, что добровольно или под давлением обстоятельств обязано все человечество принять эту Тору – быстрым путем разумного избрания пути Торы или болезненным, длительным путем поисков, пытаясь избежать постоянно угрожающих войн.

И необходимо понять убежденность Маркса и Энгельса в конечной победе коммунизма, когда каждый, работая по способностям, получит согласно потребностям, и почему мы обязаны принять на себя такое необычайно тяжелое условие как «мое – твое, твое – твое», т.е. абсолютный альтруизм как единственное спасение от грядущей мировой катастрофы.

Но нет никакой надежды у коммунизма выжить, если не привести его к абсолютному альтруизму.

В отношении к коммунизму существуют два противоположных подхода, два лагеря:

1) ненавидящих его и приписывающих ему все существующие пороки;
2) приверженцев этой идеи, считающих этот строй чуть ли не райским.

Необходимо провести тщательный анализ аргументов обеих сторон, а главное – в результате анализа положительных и отрицательных аспектов выяснить, каким образом возможно исправление недостатков коммунизма, чтобы увидели все этот строй в истинном виде – справедливое и счастливое братское существование.

А заодно выясним, почему советская попытка создания коммунистического общества привела к возникновению диктатуры, во много раз ужасней буржуазного строя, и вместо ожидаемой коммунистами мировой революции буржуазные цивилизации укрепляются и прогрессируют.

СВЕРЖЕНИЕ. Все люди делятся на два вида: эгоисты и альтруисты. Эгоист – это человек, действующий лишь ради собственного блага. А если изредка ради другого, то разве что за подходящее вознаграждение – деньги, почести и тому подобное.

Альтруист – это тот, кто жертвует все свое время, силы, а то и жизнь, на благо других, без всякого вознаграждения и, помогая другим, постоянно забывает о себе.

Эгоизм свойственен, т.е. заложен в природе как животного, так и человека, тогда как альтруизм противен природе человека. И все же он существует у единиц, называемых нами идеалистами. Но любая страна или общество в подавляющем большинстве своем состоит из простых заурядных членов, т.е. эгоистов. И меньшинство, исключение из них, составляют альтруисты – не более 10% населения.

И поскольку альтруисты составляют меньшинство в любой стране и в любом народе во все времена, то первые коммунисты (до Маркса) не могли преуспеть где-либо в установлении коммунизма. Создавались коллективные хозяйства, но безуспешно, поскольку в таком коллективе все должны быть коммунистами-альтруистами, какими были основоположники, организаторы этих коллективных хозяйств.

А поскольку 90% членов любого общества – даже самого развитого – эгоисты, то они не могли выдержать установленных для них коммунистами правил. Ведь правила поведения диктовали, согласно своей природе, альтруисты.

И так продолжалось до Карла Маркса, нашедшего чрезвычайно удачное решение для победы и распространения идей коммунизма: участие угнетенных, неудачников, малоимущих в борьбе коммунистов против капиталистического буржуазного строя:

«Я обращаюсь к пролетарию, т.е. к угнетенным, и к тем идеалистам, кто готов отдать жизнь за свою идею, но не к преуспевающим, потому что они довольны любым порядком, и даже в наихудших условиях, при любом общественном строе, незачем обращаться к промышленникам и торговцам...» (Капитал, стр. 128)

А поскольку неудачников большинство, и они заинтересованы в победе коммунизма ради собственного блага, т.е. из эгоистических соображений, то неудивительно, что идеи коммунизма распространились среди малоимущих.

УСТАНОВЛЕНИЕ. Но сотрудничество коммунистов-альтруистов с пролетарием-эгоистом хотя и было чрезвычайно успешным в свержении буржуазного строя, ненавистного обоим, все же не могло продолжаться далее – в построении коллективного общества со справедливым делением продукта общественного труда.

И это потому, что, как уже пояснялось, не в состоянии человек совершить какое-либо действие, если не преследует определенную цель, вынуждающую его совершить данное действие. Эта цель служит ему стимулом, толкающей силой, энергией для совершения действия, как горючее служит движущей силой в автомобиле.

При этом человек не может даже передвинуть свою руку с одного места на другое, если не уверен, что на новом месте его руке не будет удобнее. И эта цель, требующая нового, более удобного места для руки, и есть стимул, толкающий руку с места на место.

Тем более рабочий, тяжело работающий весь день, нуждается в энергии для своих движений. И она – это плата, которую он получает за работу. То есть получаемое вознаграждение является стимулом, толкающим его на тяжелую работу. И если не получит вознаграждение, причем в желанном ему виде, не сможет работать, как мотор без горючего.

И потому в идеальном коммунистическом строе – где каждый рабочий знает, что не получит надбавки за дополнительную работу, как не получит меньше в случае невыполнения работы, согласно лозунгу «От каждого по способностям, каждому по потребностям», – находим, что у рабочего нет никакой награды за дополнительные усилия и нет страха перед наказанием за невыполненную работу. То есть нет у него стимула, толкающего к работе.

И снижается производительность до минимального уровня, грозящего самому существованию строя. И никакое воспитание не в состоянии изменить природу человека так, чтобы он смог работать без стимула, т.е. без вознаграждения.

Исключение составляют лишь идеалисты-альтруисты от рождения, для которых стимулом, вознаграждением служит сама забота о других. И этот альтруистический стимул совершенно достаточен им для работы в той же степени, как эгоистический стимул – для прочих людей. Но поскольку идеалистов меньшинство, то их количество совершенно недостаточно для создания базы общества.

И потому сотрудничество идеалистов-альтруистов с эгоистами, столь успешное в деле свержения буржуазного строя, совершенно неспособно построить коллективное общество братски сотрудничающих людей.

И более того, наоборот, это плодотворное сотрудничество породит впоследствии взаимную ненависть и явится причиной падения общества. Таким образом, мы приходим к выводу, что истинный коммунизм и идеализм – это одно и то же.

ДИКТАТУРА. Известно, что существуют методы поощрения и принуждения работающих к увеличению объема труда. Это могут быть те же методы, что и при буржуазном строе, где каждый получает согласно производительности. Или это может быть страх перед тяжелыми наказаниями за неусердие, введенными в советском обществе.

Сталин, говоривший, что цель оправдывает средства, продолжил начатое еще Лениным планомерное, хладнокровное уничтожение противников режима. И довольно преуспел в этом. Но не сумел воспитать в рабочих качество альтруизма, т.е. желание работать не только на себя, но и на другого.

И потому, будучи диктатором, выбрал путь насилия. Это, конечно, грубая диктатура, а не коммунизм. И уж, конечно, не тот, возникавший в грезах, ожидаемый коммунистический строй, за который стоит отдать жизнь. В итоге он получился ужаснее любого буржуазного. И если бы эта диктатура была лишь необходимым переходным периодом на пути к идеальному коммунизму, то еще можно было бы принять и вытерпеть ее.

Но и это не так – поскольку никакое воспитание не изменит природу человека и не превратит эгоизм в альтруизм. И потому советская диктатура окончательна и неизменна по своей форме. А если бы и пожелали диктаторы перейти к справедливому общественному строю, то исчез бы стимул (страх) у работающих, и не смогли бы работать и поставили бы под угрозу существования весь строй. Поэтому эгоисты – они же и антикоммунисты.

Поскольку советский строй держится лишь на диктатуре устрашения, то, как и все империи и диктатуры, постепенно под давлением большинства самоаннулируется. Ведь никоим образом и никогда не смогут 10% идеалистов властвовать над 90% эгоистов и антикоммунистов, даже взяв власть и установив диктатуру советского типа. (Текст писался Бааль Суламом в конце 20-х годов XX века.)

И более того, даже если бы группа идеалистов-коммунистов стояла у власти в социалистических странах, то вовсе не обязательно, что такое положение сохранилось бы в следующих поколениях, поскольку идеалы не передаются по наследству.

И хотя отцы – идеалисты, но нет никакой уверенности, что их дети последуют им, и нет гарантии, что руководство следующего поколения останется в руках коммунистов-идеалистов. А если всеобщими выборами будет избираться руководство, то поскольку большинство – эгоисты, то, конечно, изберут близких по духу представителей. И уж конечно, не противников.

Всем известно, что сегодняшнее руководство в социалистических странах вовсе не выбирается большинством. А как только эгоисты доберутся до власти – без сомнения, изменят строй или, по крайней мере, преобразят его в национал-коммунизм расы господ.

Никакая власть не признает сантиментов. Но незначительное количество идеалистов-альтруистов в обществе свободных стран и незначительное их количество, находящееся в самом правительстве, сдерживает любую буржуазную власть от перехода к диктатуре.

ДЕЛЕНИЕ ОБЩЕСТВА. Если мы спросим самих коммунистов, правда ли, что истинный коммунизм тождествен альтруизму, а эгоизм – антикоммунизму, то они, отрицая это, будут утверждать, что далеки от сентиментальности и требуют лишь справедливости: чтобы не было угнетения человека человеком, т.е. соблюдался закон «мое – мое, твое – твое», что в общем-то чисто эгоистический принцип.

Прежде всего, согласно картине развития коммунистического строя, видно, что обобщенные определения типа «буржуазия», «пролетариат», «правящие», «угнетенные» – не отражают реальности. Точнее и адекватнее разделение общества на преуспевающих и неудачников, которые при буржуазном строе определяются, соответственно, как «капиталисты» и «средний класс», с одной стороны, и «рабочие, создающие все общественные ценности» – с другой.

А в коммунистическом обществе преуспевающие называются «управляющими», «начальниками», «стражниками», а неудачники – как и при капитализме – «рабочие, создающие все общественные ценности».

Естественно, что большинство общества – неудачники, а преуспевающие составляют не более 20%. Естественно, что управляющие используют все возможности для эксплуатации неудачников-рабочих.

И нет разницы между преуспевающими-капиталистами в буржуазном обществе и надсмотрщиками-начальниками при коммунизме. Потому как в конце концов все равно: энергичные-преуспевающие эксплуатируют неудачников-рабочих максимально.

Как уже говорилось, человек не в состоянии работать без какого-либо вознаграждения, выполняющего роль рабочей энергии, как горючее в машине. И эгоистическо-коммунистическое общество обязано давать рабочим вознаграждение за работу и наказание за отлынивание.

А поскольку вознаграждение минимально, то необходимы многочисленные надсмотрщики всех рангов, кропотливо работающие по поддержанию необходимого порядка. И потому даже приставленные надсмотрщики и надсмотрщики над надсмотрщиками до самого высокого ранга, следящие друг за другом, – все они вместе не смогут никоим образом заставить рабочих производительно работать, согласно своему желанию.

И нет другого пути, как увеличить количество вознаграждения надсмотрщикам до уровня, соответствующего их тяжелой работе, – дать им зарплату, во много раз большую зарплаты рабочего. И потому мы видим, какими благами и видами услуг окружены в Советской России надсмотрщики всех рангов.

Если же не предоставят им достаточного вознаграждения, то и надсмотрщики запустят свою работу, и рухнет строй. А поскольку вознаграждение надсмотрщиков в несколько раз больше зарплаты рабочего, то с течением времени в их руках скапливается капитал, как и у капиталистов. А по истечении нескольких десятков лет они превращаются в миллионеров. Потому и правильнее делить любое общество не на буржуазию и пролетариат, а на преуспевающих и неудачников.

Но мне возразят, что это, дескать, лишь необходимый переходный период к идеальному коммунизму, что под влиянием воспитания и общественного мнения постепенно воспитываются миллионы – так, что каждый будет работать по способностям, а получать по потребностям. И отпадет необходимость в надсмотрщиках.

Это большая ошибка – потому как лозунг «от каждого по способностям, каждому по потребностям» – чисто альтруистический. И работа человека на благо общества без стимула-вознаграждения вообще невозможна. Разве что при условии, что альтруизм станет вдруг естественен и сам будет вознаграждением.

СТИМУЛЫ. Есть люди, которые верят в воспитание: они полагают, что возможно изменить природу масс – сделать людей альтруистами. Это тоже ошибка, поскольку воспитание не может быть действеннее, чем общественное мнение, которое лишь на короткий период времени способно поддержать альтруизм и пренебречь эгоизмом.

И пока общественное мнение восхваляет альтруизм, ставя его на почетное место в общественной системе ценностей и принижая при этом эгоизм, – воспитание действует. Но как только наступит время, что какой-либо преуспевающий эгоист захочет постепенно изменить общественное мнение – он, вне всякого сомнения, сможет это сделать.

Исторический опыт нацизма доказывает, что даже такой развитый народ, как немецкий, можно было превратить во что угодно, т.е. с легкостью изменить даже традиционное воспитание и столетние общественные привычки. И произошло это именно так: изменились общественные приоритеты, воспитанию не на что стало опираться, а оно не в состоянии существовать без общественной поддержки.

И значит, нет у масс никакой возможности изменить диктатуру любого типа, и беспочвенны все надежды прийти к истинному коммунизму, где каждый «трудится по способностям, а получает по потребностям».

И навеки останутся неудачники рабами строя надсмотрщиков. И эксплуатация будет еще более изощренной. Ведь при диктаторско-коммунистическом строе нет даже права на выступления, забастовки, демонстрации, нет свободы высказываний и организаций.

А если исчезнет постоянный страх голода, высылки, а то и смерти, то, несомненно, разрушится общество, так как исчезнет «горючее» – стимул работающего.

На основании вышесказанного можно понять и причину гитлеризма как одного из исключительных явлений. Цивилизованнейший народ вдруг, в один день, стал варваром, ниже всех примитивных, когда-либо существовавших народов. А ведь Гитлер был избран демократическим большинством. Произошло это потому, что у масс не может быть никакого самостоятельного мнения, и их с легкостью можно ввести в заблуждение. И потому если большинство плохое, то руководство еще может быть хорошим.

Но если среди лидеров появляется низкий человек, способный изобличить перед массами общественные пороки и методы эксплуатации и представляющий группу, якобы достойную управлять, – что и сделал Гитлер, – то удивляться результатам выборов не приходится.

И в этом-то исключительность ситуации – никогда еще не случалось большинству прийти к власти в какой-либо стране. Обычно у власти была группа автократов с минимальными нравственными принципами, или олигархия, или дутые демократы, но никогда – большинство простого люда.

И вот в данном случае диктатор сумел внедрить в сознание масс чувство превосходства перед другими народами и поставить благо общества – этих масс – выше личных интересов каждого.

СОБСТВЕННОСТЬ. Коммунисты утверждают, что в коммунистическом обществе пролетариату стоит терпеть все тяготы режима, поскольку все продукты общественного труда находятся в его руках, и никто посторонний не может ими воспользоваться. Тогда как в буржуазном обществе рабочим с трудом достается лишь хлеб насущный, а все богатства скапливаются у капиталистов.

Это верно лишь относительно преуспевающих управляющих и надсмотрщиков, к которым попадают все лучшие продукты общественного труда. Но уж, конечно, не для пролетариев.

Для примера возьмем хотя бы нашу израильскую железную дорогу. Это – государственное имущество, т.е. собственность каждого из граждан страны. Чувствует ли обычный гражданин страны себя совладельцем данного предприятия? Испытывает ли он большее чувство удовлетворения, когда пользуется государственной железной дорогой, чем если бы она была частной – капиталистической?

Или возьмем еще пример такой ярко выраженной собственности пролетариата, как компания «Солель Боне», находящаяся под управлением рабочих. Неужели есть у работающих здесь – на своем предприятии – большие блага и удовлетворение, чем у работающих на чужом, капиталистическом?

Думается, что работающие у чужого подрядчика чувствуют себя много увереннее, чем рабочие «Солель Боне», хотя у последних и существует якобы право на это предприятие. Все имущество и сила, и власть действовать и поступать с общественным имуществом, как вздумается, принадлежит лишь группе управляющих. А у простого гражданина даже нет права спросить, что там делается с его якобы собственностью.

Воистину пролетариат не чувствует ни малейшего удовлетворения от государственного и общественного имущества, находящегося во власти преуспевающих управляющих, которые эксплуатируют и угнетают «неудачников», не принадлежащих к их клану.

Что есть у рабочих при коммунистической власти, кроме их хлеба насущного? Пролетариату в стране с коммунистической диктатурой не в чем завидовать. Он находится под тяжелой рукой власти надсмотрщиков, которые могут поступать с неудачниками-трудящимися как заблагорассудится – ведь все средства подавления, воспитания, печати в руках безжалостных управляющих.

И нет никакой возможности выступить против несправедливости, ведь все являются заключенными-рабами коммунистической диктатуры. А поскольку каждый работник создает общественные ценности, то как может позволить подобный режим свободный выезд производителей из страны?

Одним словом, в эгоистическо-коммунистическом обществе обязательно наличие двух общественных статусов – статус преуспевающих управляющих, надсмотрщиков и статус работающих, неудачников.

И положение преуспевающих волей-неволей обязывает их, согласно законам страны, к угнетению и унижению неудачников безо всякого сострадания к последним. И угнетению во много раз большему, чем в буржуазном обществе, поскольку полностью отсутствует всякая защита прав трудящихся.

И нет возможности у эксплуатируемых раскрыть действия эксплуататоров, так как отсутствует свобода обмена информацией, свобода прессы. И нет у них причин возрадоваться общественной собственности, созданной их трудом.

И поскольку коммунистическая диктатура советского типа не в состоянии победить человеческую природу и показать таким образом всему миру цветущие плоды экономического и общественного процветания, то ею уже давно взят курс на насильственное распространение своего влияния.

БЕЗОПАСНОСТЬ. Теперь главное: задача, цель коммунизма – не только экономически исправить мир, но и дать каждому уверенность в его существовании, т.е. предотвратить войны между народами. Тем более в наше время, когда войны грозят существованию всего человечества.

Но избежать их нет никакой возможности, если все народы не примут идеальный коммунистический строй, т.е. альтруистический коммунизм. Ведь после современной мировой войны исчезнет цивилизованное человечество. А эгоистический коммунизм не в состоянии обеспечить мир и безопасность – ведь даже если все народы мира и примут подобный строй, еще не обязательно, что развитые, богатые нации разделят с малоразвитыми и бедными поровну свои богатства.

Как, например, богатый американский народ не захочет снизить свой жизненный уровень ради народов Африки и Азии или даже народов Европы. А если у одного народа и есть возможность сравнять жизненный уровень богатого меньшинства с пролетариатом, то даже и это перераспределение имущества не может послужить примером для богатого народа, чтобы он еще и с другим, бедным народом разделил свои богатства.

Богатые страны запаслись достаточным для своей защиты количеством оружия. Так в чем же смысл установления коммунизма в отдельных странах, если остается зависть между народами, как при буржуазном строе? Ведь из справедливого распределения внутри одного народа (даже если бы такое было возможно) вовсе не следует справедливое разделение богатств между народами.

БЕЗВЫХОДНОСТЬ. Все несчастья в сегодняшнем эгоистическо-коммунистическом режиме – в отсутствии соответствующего вознаграждения, т.е. горючего, оживляющей силы, необходимой для плодотворного труда рабочих.

И нечего надеяться, что этот строй изменится когда-либо, как рассчитывают оптимисты, – ведь ни штыки, ни воспитание, ни общественное мнение не в состоянии изменить природу человека и заставить его работать по собственному желанию, без вознаграждения, выполняющего роль горючего.

И потому эта власть – проклятие этого поколения. А после уничтожения подобной диктатуры рабочие прекратят создавать общественный продукт, необходимый для существования государства.

РЕШЕНИЕ. Нет другого выхода, как взрастить в сердце каждого веру в вознаграждение и наказание духовное – свыше, когда под влиянием соответствующего воспитания это духовное вознаграждение или наказание будут выполнять роль горючего, достаточного для эффективного труда. И не понадобятся более надсмотрщики, а каждый и каждый станет с восторгом трудиться на благо общества, чтобы удостоиться высшего духовного вознаграждения от Создателя.

Разница между верующими в вознаграждение свыше и идеалистами в том, что у последних нет основы для действий, поскольку не в состоянии объяснить кому-либо, почему их путь верен и что их обязывает к действию на благо других.

И потому расправились с ними Сталин и Гитлер. Верующий же ответит просто – есть указание Создателя, и потому я отдаю за это жизнь. Желающие идеального общества для потомков должны в первую очередь взрастить в сердцах сыновей веру в Высшее управление миром – вознаграждение и наказание свыше.

И неважно, что сами основатели в большинстве своем неверующие – вера в наличие Творца в данном случае является лишь средством построения счастливого общества для будущих поколений. Только на основании принципа «возлюби ближнего как самого себя», независимо от типа религии, возможен приход каждого отдельного народа к коммунизму.

МЕТОДЫ РЕШЕНИЯ. Возможны три основы для распространения веры:

1) удовлетворение стремлений;
2) доказательство;
3) возвышение.

В каждом, даже совершенно неверующем существует ощущение неизвестного – основа единения с Творцом. Когда возбуждается это стремление узнать, соединиться или отвергнуть Творца, что в общем-то одно и то же, найдется кто-то, готовый удовлетворить его желание, и соглашается человек слушать и вдуматься.

Доказательство состоит в осознании каждым, что другого пути в наше время нет, и возвышении конечной цели «от каждого по способностям, каждому по потребностям», т.е. альтруистического коммунизма.

РАСПРОСТРАНЕНИЕ В МИРЕ. Необходимо доведение до сознания каждого, что единственное избавление от голода и страданий – в построении альтруистического коммунизма. Осознав эту истину, каждая личность сможет пойти на определенные лишения и жертвы.

Иудаизм должен шире раскрыть свое учение всем народам – то, чего нет в их наследии, – мудрость, справедливость и мир. Сионизм исчезнет. Населению бедного ресурсами Израиля предстоят страдания, большинство покинет страну, а немногочисленные остатки растворятся в море арабского населения. И спасение от этого лишь в построении нами альтруистического коммунизма, а затем и всеми народами – построении Храма, слиянии всего человечества с Создателем, как и до своего возникновения.

Все вышеизложенное основывается на самой сути человека – эгоизме, нашей природе. Требуемое от нас Создателем совпадение с Ним желаний, свойств обязывает нас поневоле или добровольно принять альтруизм как духовную цель каждого. Согласно Каббале, всеобщий переход от эгоизма к альтруизму приобретет реальное воплощение лишь в дни Машиаха, благодаря чему и произойдет духовное и материальное освобождение человечества...

ИМЕНА ТВОРЦА

Различные имена Творца характеризуют многообразие Его свойств относительно человека. Другими словами, мы называем Творца тем именем, которое раскрывает нам его свойства в наших ощущениях: Милосердный, Справедливый, Грозный, Страшный, Далекий или Близкий.

Сам Творец, как много раз указывалось, непостигаем нами. Лишь свет, идущий от Него, вернее, та часть света, которая входит в кли (в нас), и вызывает те чувства, которыми мы называем Творца.

Каждое слово, каждый знак в Торе несет информацию о Создателе, Его раскрытии творениям, поэтому и говорят, что вся Тора – это имена Творца.

Кэтэр – свет, исходящий из Творца, несет в себе зародыш будущего творения, и потому эта скрытая форма создания в исходящем свете обозначается точкой, так как точка – начало любого изображения.

Хохма – распространение света в кли, пока еще без реакции со стороны последнего. Эта стадия называется хохма, обозначается она точкой и выходящей из нее небольшой линией, след которой свет оставляет в кли, – буква юд.

Бина – выражает реакцию кли на свет, появление ор хасадим и поэтому обозначается распространением линии вширь. Бина соответствует букве хэй.

З"А – соответствует букве вав – распространению ор хохма сверху вниз.

Малхут – обозначается буквой хэй, как бина.

Таким образом, десять сфирот, или пять ступеней кли можно изобразить как:

кэтэр	•
хохма	י
бина	ק
З"А	ו
малхут	ק

Лишь два вида света входят в кли: ор хасадим и ор хохма. Несмотря на то что в духовном мире нет понятия места, мы используем язык ветвей и потому говорим, что ор хасадим распространяется вширь (хэсэд – милосердие, широкая рука, большое сердце, широта души), а ор хохма распространяется сверху вниз – от Творца к творениям, чтобы выразить соответствие духовных сил.

Если в Каббале изображается горизонтальная линия, то подразумевается распространение в кли ор хасадим. Вертикальная линия соответствует распространению в кли ор хохма.

Источником всех букв являются два их корня – юд и алеф. Любое изображение и буква в частности – это кли, проявляющееся на белом, бесцветном фоне света. Сам этот фон – свет – не имеет определенных границ. Мы не в состоянии охватить свет нашим глазом и разумом, так как наши органы чувств – это келим.

Лишь граница, начинающаяся с точки, как и любая линия, так как представляет собой ограничение света, дает нам возможность постичь какую-то определенную его часть. Точка – ограничение, отторжение света (ор хозэр – некудот), и поэтому сумма, совокупность точек дает очертание буквы, кли. Однако естественно возникает вопрос, почему тогда первая буква алфавита алеф, а не юд?

Объясняется это тем, что лишь после наполнения и исчезновения света рождается кли – желание к бывшему в нем свету. Эти желания называются решимот. Вследствие того что Ц"А – причина исторжения света из келим во всех мирах, то точка Ц"А и является первым корнем букв.

Но Ц"А не является непосредственным корнем наших миров БЕ"А. Наш корень – Ц"Б. Ц"А произошел лишь на одну точку – Малхут, а Ц"Б – и на бину, т.е. две точки (бина и малхут) соединились между собой.

Соединение двух точек дает прямую. Таким образом, Ц"Б создал линию, называемую небосвод, или парса, отделяющую келим ашпаа (дающие) над парса от келим каббала (получающие, принимающие) под парса в виде буквы алеф:

Где верхняя юд – это Г"А (кэтэр и хохма), а нижняя, перевернутая юд – АХА"П (бина, З"А и Малхут). И потому буква алеф – начальная буква, т.е. первое кли нашего мира, созданного под Ц"Б. Итак, буквы юд-кей-вав-кэй – это основа (скелет) любого кли. Имя, образуемое ими, называется АВАЯ.

После Ц"А кли может получить свет только в том случае, если у него есть масах. От величины масаха зависит свет, заполняющий десять сфирот кли или заполняющий четыре буквы имени АВАЯ.

Кэтэр – точка, желание Творца, ор без кли, и потому соответствует скелету АВАЯ, т.е. незаполненной АВАЯ. Таким образом, парцуф Гальгальта обозначается лишь как четыре буквы АВАЯ.

Хохма – соответствует букве юд, и потому, чтобы изобразить парцуф, т.е. десять сфирот, заполненные ор хохма, мы везде в буквах АВАЯ вписываем букву юд.

То есть вместо простого изображения:

י ק ו ק

мы пишем: יוד קי ויו קי

показывая этим, что десять сфирот кли заполнены юд, т.е. светом хохма.

Как известно, каждой букве алфавита соответствует числовое значение:

1 - א	7 - ז	40 - מ	100 - ק
2 - ב	8 - ח	50 - נ	200 - ר
3 - ג	9 - ט	60 - ס	300 - ש
4 - ד	10 - י	70 - ע	400 - ת
5 - ה	20 - כ	80 - פ	
6 - ו	30 - ל	90 - צ	

Если мы произведем простой расчет:

י ה   ו י ו   ה י   יוד
10 5   6 10 6   10 5   4 6 10

то, суммируя эти цифры, мы получим:
10 + 5 + 6 + 10 + 6 + 10 + 5 + 4 + 6 + 10 = 72.

Числовое значение, полученное нами, соответствует значениям букв **ע"ב**, т.е. А"Б – парцуф хохма мира А"К.

Аналогично возникли названия всех остальных парцуфим: парцуф СА"Г тоже заполнен светом хохма в таамим, но в его некудот произошел Ц"Б, что изображается буквой алеф в заполнении АВАЯ СА"Г.

Парцуф М"А весь погружен в Ц"Б, поэтому он весь заполнен буквой алеф. Парцуф БО"Н – заполнен буквой хэй, которая соответствует и малхут, и бине. Напомним еще раз, что под буквой кэй подразумевается хэй.

Теперь нам понятно, почему парцуф хохма называется А"Б (числовое значение 72), парцуф бина – СА"Г (так как его числовое значение 63) и т.п. Заполнение АВАЯ называется милуй (наполнитель).

Другие имена Творца соответствуют определенным соотношениям кли и света. Например, имя Элоким – относится к ор хозэр, имя Ад'нут – обозначает незаполненную Малхут и т.д. Рибуа – заполнение парцуфа светом в момент подъема масаха из табура в пэ.

Часто можно встретить в молитвеннике совместное написание имен АВАЯ и Ад'нут – символизирующее объединение девяти первых сфирот (АВАЯ) и малхут (Ад'нут), или – ор яшар с ор хозэр.

Малхут мира Эйн Соф была полностью заполнена светом. После Ц"А эта Малхут заполнена лишь частично – от пэ Гальгальта до парса. Цель творения – заполнить ее, как в олам Эйн Соф, как до Ц"А.

Парцуф Гальгальта, А"Б, СА"Г, находящиеся выше табур Гальгальта, заполняют эту часть Малхут от пэ до табура, что обозначается именем Мэм-Бэт (42):

1) Четыре буквы АВАЯ Гальгальты.
2) Десять букв АВАЯ А"Б.
3) Двадцать восемь букв АВАЯ СА"Г.

Что в сумме составляет 42. В наших молитвах этому имени соответствует молитва «Ана бэ коах», состоящая из 42 слов, тайный смысл которых содержит характеристику этих трех АВАЯ.

Иногда для вычисления свойств парцуфа, для вычисления времени в частности, применяются перестановки и сочетания букв, принятые в математике: из двух букв – две перестановки, из трех – шесть, из четырех – двадцать четыре и т.д.

Каждый парцуф, как известно, делится на рош и гуф. Рош его – простая (незаполненная) АВАЯ, так как в рош нет еще келим. Гуф парцуф – это его часть, Малхут, заполненная светом в зависимости от величины масаха, и потому ему соответствует заполненная АВАЯ.

Можно разделить парцуф на девять сфирот и малхут. Тогда девять сфирот соответствуют имени АВАЯ, а малхут соответствует гематрии – числовому значению этого имени АВАЯ.

Существует также деление парцуфа на паним и ахораим, где паним соответствует прямое имя, а ахораим – рибуа.

Огласовка букв в иврите также несет в себе духовную информацию. Называются эти обозначения некудот. Для примера смотрите наш сидур «Тфилат коль пэ», стр. 4.

Отиет (буквы) – это келим. Ор – точка. Если точка находится над буквой, это означает, что свет еще не вошел в кли. Когда точка располагается внутри буквы – свет находится в кли, а если точка под буквой – это означает, что свет разбил кли и ушел в клипот.

Сказано, что вся Тора – это имена Творца, вся Тора говорит только о духовных мирах, их состояниях и пути постижения Божественного.

Целующий Тору, может быть, целует такие имена Творца, как Фараон, Билам, Амалек. Но един Творец, лишь Он Один руководит всем творением посредством разных, подчас противоположных сил. Им создано Зло, которое мы должны исправить, из Него исходят Добро, Свет. У этих двух противоположных сил и есть множество имен Творца, и мы воспринимаем лишь эти имена, а не Его Самого. Но все имена Творца – суть Его силы.

Буква – это не что иное, как запись определенного состояния определенного духовного объекта. Каббалист ощущает записанные буквами духовные состояния духовных объектов и миров, как музыкант по партитуре слышит записанные нотами сочетания звуков. И может, как любое духовное кли с зивуг дэакаа, согласно записи в буквах, получать свет Творца, т.е. производить исправления келим (тикуним).

Для примера приведем страницу из специального молитвенника и таблицы имен Творца из книги «Зоар».

Есть любители заниматься всякими вычислениями, сопоставлениями гематрий. Уже и Тору заложили в вычислительную

Имена Творца

машину и пытаются отыскать в ней всякие закономерности. Конечно, как во всей Торе, так и в любой ее самой малой части существует бесконечное количество всевозможных зависимостей: ведь Тора – это воистину Древо Жизни. Но что проку от получаемых формул, ведь что на самом деле кроется за ними, знает лишь постигший их духовный корень – а такому человеку уже и сама эта формула, выданная компьютером, не нужна.

Неужели от знания того, что гематрия имени АВАЯ равна 26, сердце взмывает ввысь в большем порыве к Творцу, чем от продумывания сути этого Имени?! Что толку в изучении графических изображений букв без понимания их внутреннего смысла!

В духовных мирах ведь нет места, времени, движения; нет никаких изображений – лишь чувства. Но дурное начало человека всяческими путями уводит его с прямого пути постижения Истины. И потому так падки на «исследования» гематрий, букв и каванот не посвященные в Настоящее Учение.

Что даст неучу молитвенник с каванот тфила (смотри прилагаемую страницу из молитвенника «Сидур тфила ле РАША"Ш»)? Как сказал рав из Коцка (Ешер Диврэй Эмэт стр. 11): «Наша работа – анализ добра и зла – возможна лишь в мысли и желании (мозге и сердце). Но есть умники в наше время, якобы изучающие Каббалу и считающие, что могут исправлять мир (бирур нэцуцот света упавших в клипот) тем, что едят с каванот (мысленаправленно) – как это возможно, если они сами не находятся на уровне этих нецуцот!»

О таких сказал рав Буним из Пшиска (Наим Змирот Исраэль, стр. 72): «Основная мысль при поглощении пищи должна быть – хорошенько жуй!»

Есть мнение у ряда верующих, что любой простой человек может даже во время еды, работы, выполнения заповедей или при благословении производить исправление высших духовных сфер. Мы же уже знаем, что без приобретения масаха это невозможно. А масах – это отказ от всего ради исправления, условие Ц"А. Кто это в состоянии сделать – он уже не простой человек!

Тора написана для всех. Но каждый чувствует, понимает ее по-своему. Есть Тора ше бэ ктав – письменная Тора. Но каждый понимает ее в зависимости от своего кли – величины и чистоты сердца, масаха. А так как масах, определяющий духовный уровень, стоит в пэ, то в зависимости от его величины свет Торы входит в духовное кли человека.

סידור תפלה להרש"ש

סד

גומר
פנימיות דפנימיות

להמשיך פרקין אמלעיים דאבא לכחב"ד דז"א ולדחות הפ"ת לחג"ת דז"א

לג' כלי בינה	לג' כלי דעת	לג' כלי חכמה
אֶהְיֶה	אהיה אהיה	אֶהְיֶה
יְהֹוָה	יהוה יהוה	יֱהֹוִה
יהוה	יהוה	יהוה

	יוד הי ואו הא	אלף הא, אלף הא יוד,
יוד הי ואו הי	יוד הי ויו הי	אלף הא יוד הא
אלף הא יוד הא	יוד הי ואו הי	
יוד הא ואו הא	יוד הה וו ההּ	
ה י ה	א	

אֲהִיָּה	אוהיונהו אוהיונהו	אֲהִיָּה
יְהֹוָה	יהוונהו יהוונהו	יְהֹוָה
וד י יו י	וד י יו י	וד י יו י

| לג' כלי גבורה דז"א | לג' כלי ת"ת | לג' כלי חסד דז"א |

	אלף. אלף. למד. אלף	
	למד הי. אלף למד הי	יוד הא ואו הא	א אל אלו אלוה
	יוד. אלף למד הי יוד מם	יה יהו יהוה	א ל ו ה י
			אלף למד הי ה ו ה

יכוון לדחות מוחין דקטנות לב"ש התחתונים דת"ת דז"א

בינה   חכמה
אלף למד הי יוד מם   אלף למד הה יוד מם

גבורות   חסדים
אלף למד הא יוד מם   אלף למד הא יוד מם
          כ"ש פ"ת דז"א

страница из молитвенника "Сидур тфила ле Рашаш"

בשלח

חלופי גרסאות
*) י בדפוס״י הנוסח כזה

ם	י	מ	ה	ו	ע	ק	ב	י
ו	ל	ה	ה	ר	ח	ל	ם	ה
ת	א	ס	מ	ש	י	ו	י	ה
ל	ה	ל	כ	י	ז	ע	ס	י
ד	ק	ח	ר	ו	ס	ב	י	ה
ת	ך	א	נ	ו	י	מ	ל	י
י	ו	ל	ל	י	ע	א	ד	ל
י	ת	ל	ס	ה	ב	י	ה	י

הנוסח שבפנים הוא מסודר ומוגה מבעל הסולם

י	ה	י	ה	ו	ד	ו
ב	י	ל	ם	י	ל	י
ק	ם	ה	ע	ד	ע	ט
ע	ל	ל	ז	ב	י	מ
י	ח	י	ה	ה	ה	ש
ה	ר	ש	כ	ו	י	ה
מ	ב	ס	ל	ח	ם	א
י	ה	א	ה	ק	א	ת
ם	ת	ו	ל	ד	ת	י

ע״כ כלילן טורין דמלכא קדישא בחפארי׳

לבתר מתחברן אבהן ואתעבידו שמא קדישא

כהת	אכא	ללה	מהש	עלם	סיט	ילי	והו
הקם	הרי	מבה	יזל	ההע	לאו	אלד	הזי
חהו	מלה	ייי	נלך	פהל	לוו	כלי	לאו
ושר	לכב	אום	ריי	שאה	ירת	האא	נתה
ייז	רהע	חעם	אני	מנד	כוק	להה	יחו
מיה	עשל	ערי	סאל	ילה	וול	מיכ	ההה
פוי	מבה	נית	ננא	עמם	החש	דני	והו
מחי	ענו	יהה	ומב	מצר	הרח	ייל	נמם
מום	היי	יבמ	ראה	חבו	איע	מנק	דמב

אלו הם הע״ב שמות, היוצאים מן ג׳ פסוקים אלו במרובע כל שם ושם מן ג׳ אותיות
היוצאים מג׳ פסוקים אלו ישר הפוך ישר

(דפו״י דף נ״ב ע״א)

Система мироздания

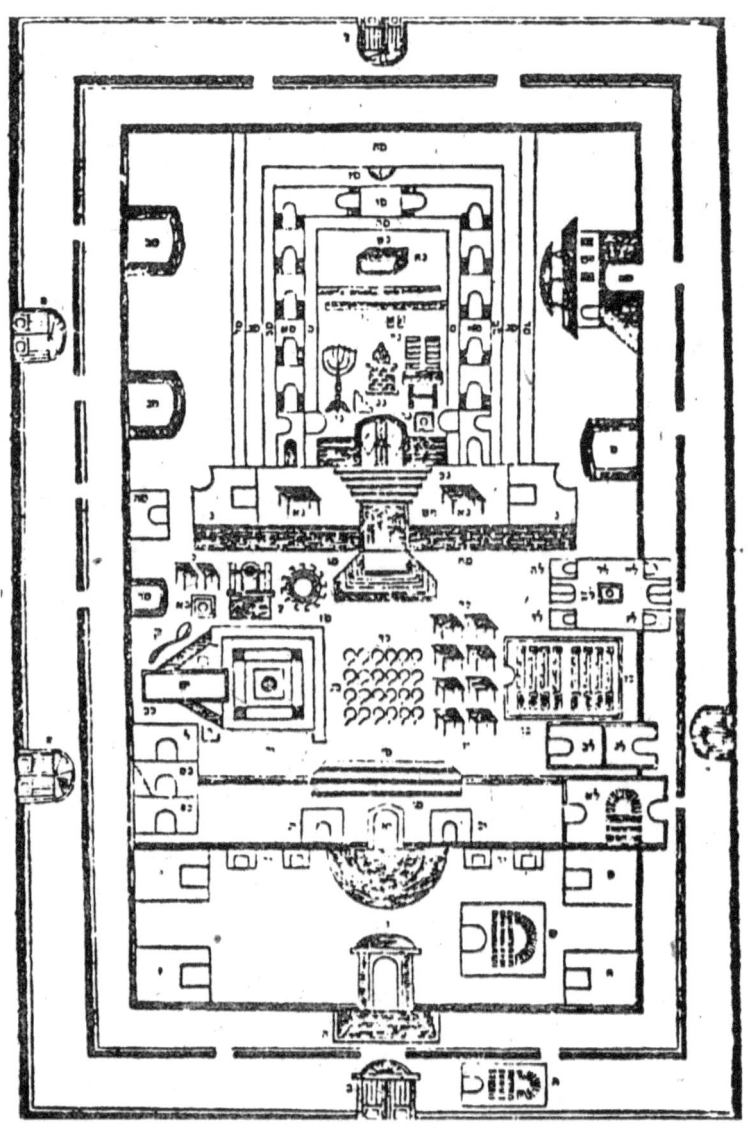

Эта часть Торы – света (Тора – ор), которую постигает именно таким образом человек, называется Тора шэ бааль пэ – устная Тора (так как зависит от пэ – масах), поскольку индивидуальна у каждого, в зависимости от величины его масаха. Каждый понимает Тору согласно своему масаху, т.е. согласно своему духовному кли. Кли может постичь лишь то, что входит в него; гематрии и каванот – ошибочный метод изучения Каббалы.

Гематрия – лишь метод записи и информации, суть которой раскрывается не в знании числа, а в слиянии с духовным уровнем объекта, обозначаемого данным числом. Поэтому в истинных каббалистических трудах им так мало уделяется внимания.

Примером перехода духовных сил в материальные объекты может служить чертеж будущего Третьего Храма, описанного в книге Рамхаля «Мишкани аЭлион». Этот великий каббалист, поднявшись по духовным ступеням путем огромной работы над собой, увидел силы, свет, источники еще не материализовавшегося Третьего Храма и по ним, т.е. по корням, увидел, в каком виде, объеме они должны будут материализоваться в будущем, и составил подробнейший чертеж с указанием точных размеров каждой детали.

О ЧЕМ ГОВОРЯТ ВСЕ КНИГИ ТОРЫ

Уже неоднократно приводились высказывания мудрецов о смысле, цели и содержании Торы. В сжатом виде они содержат весь смысл творения.

Талмуд Вавилонский. Макот, 23,2: «Хотел Творец очистить Израиль, потому дал им Тору и Заповеди.»

Эвэн Эзра. Ясод Морэ, 8,2: «А теперь открой сердце и слушай, что все заповеди, записанные в Торе и те, которые затем добавили наши мудрецы, хотя большинство из них требуют физического выполнения, – все они – для очистки сердца, потому как очищения сердца требует Творец от нас».

Тора, Ваикра 19,17: «Возлюби ближнего как себя». Берешит Раба: «Раби Акива сказал – это общий Закон всей Торы».

Талмуд Вавилонский. Хулин, 24 – дискуссия о том, сколько лет проходит от обычной учебы до первого духовного постижения.

Талмуд Вавилонский. Псахим, 119 – дискуссия о тайнах Торы...

В принципе этот список можно продолжать до полного исчерпания всей Торы, так как вся Тора говорит лишь о путях сближения с Создателем и лишь для этого дана. Но видит это лишь тот, кто желает видеть (как для историка Тора – это история, а для юриста – сборник юридических законов и актов).

Также и большинство изучающих Тору в наше время считают, что вся Тора – это всего лишь свод законов, и вся их учеба сводится к юридическому выяснению требований Талмуда, и думается им, что уже познали этим все. А по правде – коснулись лишь физического выполнения заповедей. Но главное – еще далеко от них, потому как даже изучаемого ими нельзя постичь без знания внутреннего содержания Торы. И большинство страниц Талмуда закрыты перед ними, так как они раскрываются лишь знанием тайн Торы.

И поэтому сказано, Талмуд Вавилонский. Санэдрин, 24: «Талмуд – тело Торы без света, и осветить его можно только через тайны Торы, о которых сказано: Тора – свет».

Поэтому Виленский Гаон писал: «Нет во всем Талмуде даже одной заповеди, которую можно полностью понять без познания части тайной Торы, на которой эта заповедь построена, и пока не понял тайную часть, даже открытая часть заповеди не может быть ясна».

Обычно начинающий изучать Вавилонский Талмуд начинает его с книги Бава Меция («Законы о находке, утере, возврате пропажи, делении имущества»), с дискуссии «Двое держатся за найденную вещь», и каким образом ее можно поделить между ними. Из того же места Талмуда, по принципу Торы «с низшего изучать высшее», можно изучить духовный мир: «Двое держатся за одну вещь» – в таком случае трактуется, как двое, т.е. доброе и дурное начала (альтруизм и эгоизм), держат в своих руках человека. «Один утверждает, что человек его, а другой возражает, что человек – его». И ведется дискуссия, каким образом человек может выявить в себе эти два начала и отделиться от дурного.

И уж конечно, более понятны моему читателю разделы Талмуда о чистоте (очистке от эгоизма) тела (гуф), очищении сосудов (кли), чистоте одежды (левушим).

Человеческое желание «получить» называется в Каббале земля, и как обращаться с ней, возделывать, сажать, взрастить и собирать урожай (урожай – плоды, желаемые нами, – сближение с Творцом), говорится в разделе Шаббат Талмуда, так как после исправления творения, в шаббат, эти работы аннулируются (гмар тикун).

Мы уже знаем, что такое зивуг дэ-акаа, зивуг З"А и нуква. Их духовные связи и породили законы, касающиеся новобрачных и супругов в нашем мире (Талмуд. Масэхэт Кидушим). Физически выполняя их, мы хотя бы на физическом уровне ставим себя в соответствие с духовными корнями. Но конечно, главное – достижение духовного соответствия, оно-то и дает сближение с корнем.

Большая часть Талмуда Вавилонского заполнена Агадой. Агада – сказание, но все признают, что это лишь внешнее выражение тайн Торы особым языком, понятным лишь Поднимающимся.

Хороший учебник – наш сидур (молитвенник). Утренняя молитва (см. сидур «Тфилат коль пэ», стр. 6) начинается со слов: «Благодарю Тебя, Творец, за то, что Ты возвратил мне душу». Как и всю Тору, это можно трактовать: «Спасибо, что я жив (витальная душа)».

Но Тора подразумевает и более высокую, истинную ступень: когда у человека есть уже духовное кли, поступающий в него высший свет называется божественная душа.

Следующее благословение из молитвенника: «Благословен Ты, Творец, поскольку обособил нас своими заповедями и наказал очищать (буквально – забирать) руки». Руки человека – это его кли, которыми он желает прибрать весь мир. Заповедь же Творца – чтобы мы убрали свои руки, отказались от получения. Соответственно этому физическое действие – омовение рук, так как ор хасадим называется маим – вода. «Омываясь» в ор хасадим, кли из эгоистического становится альтруистическим, не желающим брать себе.

И уже после этого благословения человек может поблагодарить Творца за Тору (стр. 7 молитвенника), так как пока «руки нечисты», мы не видим пользы в Торе. Далее – благодарность за нашу избранность – нам уже ясно, что она заключается в благодарности отрешения от эгоизма.

Все молитвы делятся на две группы – благодарственные и просительные. И обе они говорят об одном – или это просьба, чтобы Творец извлек нас из мира клипот, в котором мы находимся, или это наша благодарность за то, что он это уже сделал.

Почему же такое многообразие молитв? Да просто потому, что и просьбы, и благодарности на разных уровнях духовного постижения – разные. В зависимости от широты видения Творец представляется Постигающему (мы говорим о вошедших в духовный мир, а не просто читающих сидур) то Господином, то Спасителем, то Другом, то Создателем, то Любящим, то лишь Справедливым, а то подчас и Жестоким и т.д.

Обладатель великих темных сил Билам (см. Тора, глава «Балак»), равный по величине Моше – но с обратным знаком, – когда поднялся на свой самый высокий уровень (а клипот по высоте достигают уровня З"А мира Ацилут), вместо того чтобы проклясть Израиль, вдруг воскликнул:

«Как хороши твои жилища, Израиль,
И я по великой милости Твоей

*Явлюсь в Твой дом,
Чтобы преклониться в трепете
Храму Святому твоему.
Творец, люблю я место пребывания Твое
И я повергаюсь пред Тобою
В благодарности, мой Создатель,
И молю Тебя в этот час благоволения Твоего
В великой милости Твоей –*
Ответь мне истинным освобождением!»

Он увидел, что выше З"А мира Ацилут находится лишь святость и чистота (см. сидур, стр. 11).

Стихи «Адон Олам» и «Игдаль Элоким хай», следующие далее в сидуре, мой читатель поймет без труда. Далее следуют утренние благословения. Нам уже известно, что ночь – это состояние кли без ор хохма, когда оно не в состоянии видеть, т.е. анализировать Добро – Зло.

– И потому **первое благословение** утром за то, что дал мне Творец способность различать между днем и ночью. Эта способность и есть начало «дня».

– **Второе благословение** – за то, что не сотворил меня гоем. Вот я «встал» «утром» и обнаруживаю, что я уже не гой (гой – человек, находящийся под властью эгоизма).

– **Третье** – за то, что не сотворил меня рабом (моих телесных желаний).

– **Четвертое** – что не сотворил меня женщиной (мужчина дает, влияет, а женщина – нуква, получает. Ясно, что такие состояния не зависят от пола).

– **Пятое** – за то, что Творец дает зрение слепым (человек во тьме духовной, пока не получит ор хохма – ор видения, сфира хохма – глаза).

– **Шестое** – за то, что Творец одевает голых (вспомним голых Адама и Хаву, лишенных левушим, т.е. одежды. Одежда – это ор хозэр, условие получения ор яшар, ор хохма, ор хаим.) По этому же принципу можно объяснить и все остальные благословения.

Молитва учит, подсказывает, указывает путь. Приведем лишь места, говорящие читателю уже сами за себя:

– Творец, благослови нас, освяти нас – стр. 35.

– Множество мыслей в сердце человека, и лишь совет (свет) Творца поддержит его – стр. 37.

— Счастлив, кто уже находится в Твоем доме – стр. 37.
— Творец дает хлеб (веру) голодным (чувствующим нехватку этого), освобождает узников (из плена эгоизма) – стр. 39.
— Возблагодарим Творца, пожелавшего именно так создать мир (праведником называется тот, кто оправдывает все действия Создателя) – стр. 41.
— И выведет Творец в этот день Израиль (желающий сблизиться с Творцом) из Египта (клипот-эгоизм), и воспоет народ – стр. 45.

Особенно красочно и ярко звучит отрывок перед Криат Шма – центрального места всей молитвы (стр. 52):

«Отец наш, ради отцов наших, уповавших, что Ты научишь их законам жизни, научи и нас (дай нам желание идти Твоим путем и силы в этом пути, и разум понять Твой путь). Пожалей нас и дай нашему сердцу (злому с рождения) возможность понять, внять, учиться и соблюдать с любовью (не вынужденно, а осознанно и ради любимого, т.е. бескорыстно) все Твои законы (столь противоестественные нам). И прилепи сердца наши (желания) к заповедям Твоим, и объедини (помоги возлюбить ближнего как себя) наши сердца в любви и к благоволению Твоему (но в естественной любви к Творцу – цель творения, а любовь к ближнему – лишь средство к достижению этой цели), чтобы не ошиблись мы. Потому как лишь на Тебя полагаемся и радуемся будущему освобождению (т.е. верим обещанному Торой). Сведи нас к миру (шалом – от слова «шлемут» – совершенство) со всех сторон земли (эгоизма) в землю нашу (альтруизм), ибо Ты творишь спасение, а нас (желающих этого) избрал из всех народов (не стремящихся к духовному) приблизиться к Тебе (т.е. мы признаем сближение с Творцом как цель творения), чтобы восхвалить, и возлюбить, и провозгласить Единство Твое (и в этом наше наслаждение). Благословен Ты, Творец, с любовью выбравший Израиль (Израиль – от слов «Исра» – яшар и «Эль» – Творец; т.е. Исраэль – это тот, кто устремлен прямо к Творцу) из всех народов».

Полагаясь на помощь Творца, заранее радуется просящий освобождения от эгоизма и того же освобождения и других людей на земле, объединяющихся в итоге в Единый Израиль, восклицающий затем: «Слушай, Израиль, Творец наш Един!», поскольку постигает слияние с Творцом и видит, таким образом, что цель творения – общее единство в Едином Корне.

Затем следует главная молитва, называемая Шмона Эсрэй – 18, по числу просьб.

И все они также о помощи, о спасении от эгоизма, духовном освобождении и возвышении:

1) Благодарение за то, что Творец приносит освобождение (от эгоизма).

2) Что оживляет мертвых (вносит свет в кли), поддерживает (в пути исправления), освобождает узников (своих желаний), спящих (не осознавших пути) в земле (в эгоизме).

3) Благодарение, что Творец – святой (т.е. особый тем, что его желание – лишь давать и делать добро).

И так далее. Заканчивается молитва просьбой: «Господи, огради мой язык от плохого слова и лжи и уничтожь врагов души моей (сидящих во мне), уничтожь мое самомнение, открой мое сердце Торе, чтобы устремился я за Твоими указаниями, а всех (мои мысли) желающих мне зла на пути к Тебе – уничтожь. Сделай так, чтобы не гневаться мне на другого (гнев – прямое проявление эгоизма), не завидовать другому (не проявлять желания получить), избавь от дурного (желания), и пусть душа моя будет перед всеми, как прах, прояви Свое Единство в мире (чтобы во всем окружающем нас мы увидели Тебя), построй (в наших сердцах) Свое жилище».

Как видно из этого пересказа, наши молитвы – как и вся Тора – средства нашего духовного возвышения, перехода в духовный мир – ведь молитва, как уже говорилось, это и есть МА"Н, возбуждающий высший источник света.

Думается, теперь сам читатель, раскрыв любую из книг Торы, увидит и поймет замыслы авторов – наших мудрецов. И не отрывки, приведенные выше, а все книги Торы станут подтверждением уже многократно сказанного: Тора дана нам как средство (а не самоцель) для возвышения и слияния с Творцом.

Время в нашем мире – следствие изменения духовных корней, поэтому в субботу есть дополнительные молитвы и чтения Торы.

Существуют специальные молитвенники с каванот (мысле-направленность, мотивация), страница из которого здесь приводится с переводом указаний.

סידור תפלה להרש"ש
אל עליון

להמשיך הארה לח"ס מיסוד דאימא יו"ד פ' ה"א פ' וא"ו ג"י אל עליון. עי' הנ.ל.ג

$$\left.\begin{array}{c} \text{הא הא הא הא   הא הא הא הא הא} \\ \text{הא הא הא הא הא   הא הא הא הא} \\ \text{ואו ואו ואו ואו ואו ואו} \end{array}\right\} 1$$

ג' כלי ח"ח

$$\left.\begin{array}{c} \text{יוד הא ואו הא} \\ \text{י יה יהו יהוה} \\ \text{י ה ו ה} \end{array}\right\} 2$$

להאיר מסנים דיסוד דאימא ייא׳
דס"ג ליסוד דאבא ויולאים הארת
יסוד דאבא עם הארת יסוד אימא
מחווה דז"א לתקן כתר דיעקב.

וכנגדו מאחור כתר דרחל להמשיך
לה אחוריים דס"ג מיסוד דאימא ג"י
עליון ע"י א"א. (א)

יוד הי ואו הי
נ״י
אל

יוד יוד הי יוד הי ואו
יוד הי ואו הי
ג״י
עליון

כתר דיעקב

כתר דרחל

$$3\left\{\begin{array}{c} \text{יוד הא ואו הה .} \\ \text{יוד. יוד הא . יוד} \\ \text{הא ואו. יוד הא} \\ \text{ואו הה} \\ \text{י יה יהו יהוה} \end{array}\right.$$

$$\left.\begin{array}{c} \text{יוד הא ואו הה} \\ \text{יוד. יוד הא.יוד} \\ \text{הא ואו.יוד הא} \\ \text{ואו הה} \\ \text{י יה יהו יהוה} \end{array}\right\} 4$$

חילוקיות דפנימיות

להמשיך מקיף לכתר דפרצוף דיעקב ורחל דחילוקיות דפנימיות מחלי סתחתון דס"ח. גומל

(א) עיין שהכ"ו פ"ג :

1) Получить ор в тифэрэт З"А от есод Има – 10 раз (приводится десять повторений в большой строке) и еще 10 раз и 6 раз, что соответствует гематрии Эль Элион – числовому значению одного из имен Творца.
2) Гематрия кли тифэрэт.
3) Провести свет от есод Има СА"Г до есод Аба, и оттуда этот свет выходит через хазэ З"А исправить кэтэр Яаков.
4) Параллельно этому то же от кэтэр Рахель.

***

Обычный переход от сферы к сфире, от мира к миру происходит благодаря тому, что малхут – последняя сфира предыдущего, высшего – становится первой сфирой кэтэр нижестоящего, последующего.

Но при переходе от мира А"К к миру Ацилут произошли дополнительные изменения с целью ослабить свет, чтобы келим мира Ацилут не разбились, подобно келим мира Некудим.

Парцуф Атик связывает олам А"К с олам Ацилут, т.е. Атик – это как бы промежуточное звено между А"К и Ацилут. И поэтому парцуф А"А считается кэтэр мира Ацилут.

Атик относится еще к Ц"А, тогда как А"А уже весь находится под властью Ц"Б. Поэтому вопрос о передаче света из Ц"А в Ц"Б сводится к передаче света от Атик к А"А, и уже А"А передает свет далее до ЗО"Н и к нам, связанным с ним.

Передача света от А"А вниз занимает сотни страниц Талмуда Эсер аСфирот. Мы же попытаемся понять этот вопрос в общих чертах, в кратком изложении.

Передача света от А"А к нижестоящим АВ"И происходит с помощью специального наружного, внешнего относительно А"А парцуфа, называемого Сэарот Дикна А"А – волосы бороды (по аналогии с нашим внешним, относительно тела, волосяным покровом).

АВ"И соответствуют сфире бина и потому безразличны к свету хохма, да и к Ц"Б. Передача света, в общем, сводится к подготовке, исправлению в течение 6000 лет келим, разбившихся в олам Некудим, и к заполнению их светом.

Все сводится к передаче света от А"А к З"А через парцуф АВ"И, стоящий между ними. Этот парцуф сэарот А"А – корень, источник наших бород (ветвей).

Не то, что наши бороды связаны с ним, как думают подчас, объясняя запрет стричь и брить. Запрет стричь и брить (вернее, запрет касается лишь бритья и лишь в точках висков и подбородка) исходит из нашего желания подражать корню, сопоставить ветвь с корнем, но они – корень и ветвь – никак не связаны. Состригая бороду, мы не наносим ущерба духовным мирам, лишь наши желания вызывают реакцию, но не физические действия. Распространение света, волос называется мазаль – удача в дословном переводе (отсюда и поговорка, что все зависит от удачи).

Всего существует 13 частей бороды – путей нисхождения благодати – света на З"А и далее на нас:
1. От уха до подбородка – бакенбарды.
2. Усы.
3. Щечный покров.
4. Свободное от волос место посреди усов.
5. Свободное от волос место подо ртом.
6. С двух сторон рта.
7. Свободные от волос скулы.
8. Передняя часть бороды (мазаль элион), распространяющаяся до груди.
9. Короткие волосы внутри верхней части бороды.
10. Задняя часть бороды, относящаяся к бине.
11. Задняя часть бороды, относящаяся к малхут.
12. Рот, свободный от волос.
13. Общее распространение по всем частям бороды позади (мазаль тахтон).

В молитвах мы три раза повторяем эти 13 частей нисхождения света жизни к нам в Йом Тов, Рош ходэш, Йом Кипур и Ошана раба перед чтением Торы (сидур, стр. 224), а также в таханун, когда его читают.

Наглядная связь нашей молитвы с высшими сфирот видна из текста, читаемого в Сфират Омэр. Но как уже говорилось, если человек устремляет свои мысли и желания (мозг и сердце) к Творцу, то это заменяет все каванот, так как автоматически включает их все, вознося к Самому Источнику.

В одной из книг Торы – книге Миха указываются 13 частей бороды А"А, а в Торе дважды указываются соответствующие им 13 частей в З"А:

Части	З"А	А"А
1	Эль	Ми эль камоха
2	Рахум	Носэ авон
3	Вэ ханун	Вэ овэр аль пэша
4	Эрэх апаим	Ле шеарит нахалато
5		Ло ихзик леад апо
6	Вэ рав хэсэд	Ки хафэц хесед ху
7	Вэ эмэт	Яшув вэ ирахамейну
8	Ноцар хэсэд	Ихбош авонатейну
9	Вэ алафим	Вэ ташлих бэ мецулот ям

10	Носэ авон	Титэн эмэт ле Яков
11	У пэша	Хэсэд ле Авраам
12	Вэ хата	Ашэр нишба ле авотейну
13	Вэ наке	Ми ямет кедем

НЕОБХОДИМОСТЬ ИЗУЧЕНИЯ КАББАЛЫ

Первое систематическое изложение основ Каббалы дано в книге «Зоар». Затем много веков, до появления великого каббалиста Ари, лишь единицы втайне занимались Каббалой. У Ари было несколько учеников. Но лишь один из них – Хаим Виталь, по словам самого Ари, понял его учение и верно записал его. Ученики Ари были в свою очередь выдающимися знатоками Торы.

Сразу же после смерти учителя Хаим Виталь принялся за систематизацию записанного им материала. Можно лишь поразиться тому огромному количеству материала, слово в слово записанного со слов Учителя, – более десятка томов убористого текста. Ниже кратко излагается ряд мыслей из предисловия Хаима Виталя к книге Шаар акдамот.

Каждое поколение, не удостоившееся прихода Машиаха и не построившее Храм, тождественно поколению, которое разрушило Храм. Отчего же зависит приход Машиаха? В книге «Зоар» дан однозначный ответ: пока люди занимаются «сухой» Торой, говорящей лишь о физическом, но не духовном выполнении заповедей, Машиах не придет. Духовное осмысление Торы возможно лишь с помощью Каббалы.

Занятия Торой должны сводиться не к собственной выгоде – не для получения выгодных мест, почета и не ради звания рава и мудреца. Про таких людей, таящих подобные замыслы, сказано в Талмуде (Брахот, 17), что лучше было бы им и вовсе не родиться.

Тора может быть одновременно лекарством и ядом – оживляющей или умертвляющей силой.

Тора включает в себя все четыре мира АБЕ"А. Когда она (Тора) еще находится в мире Ацилут, то называется Каббала. Там она свободна от всех скрывающих оболочек.

Именно в соответствии с этой Торой (подобно строению мира Ацилут) и создал Творец остальные миры, в том числе и наш. Творец создавал мир, глядя в Тору. Ацилут – чисто божественный мир, где нет еще разделения на добро и зло – кдуша и клипа. Тора там совершенно открыта сама по себе, без всяких оболочек.

Тора мира Ецира, называемого также Древо Познания Добра и Зла, относительно Торы в мире Ацилут, подобна служанке, наложнице относительно госпожи. В Торе мира Ецира есть изменения и даже противоречия, которые отсутствуют в Торе мира Ацилут. В ней (Торе мира Ецира) уже говорится о соотношениях добро – зло, кашер – пасуль, святое – несвятое.

Мишна и Талмуд, хотя и составленные на основе тайн Торы, но называются лишь ее телом, в отличие от Каббалы, называемой душой Торы. И как говорили сами мудрецы Талмуда (Санэдрин, 24): Талмуд может светить только посредством книги «Зоар», о которой и сказано, что Тора – это свет.

И нет сомнения, что если мир Брия является лишь оболочкой и клипой мира Ацилут, подобно будням относительно субботы, так и Тора мира Брия – Мишна – всего лишь клипа Торы Ацилута – Каббалы.

Каббала скрыта Мишной, Вавилонским и Иерусалимским Талмудами, как зерно скрывается под несколькими верхними оболочками. Лишь мудрый поймет, почему Мишна зовется клипой относительно Каббалы – ведь все понятия Мишны ограничиваются нашим миром, низкими и грубыми материальными составляющими.

Однако клипа эта способствует сохранению зерна, если только не применяют ее во вредных целях.

Но если же цель изучения Торы в извлечении какой-либо пользы (кроме избавления от эгоизма) лично для себя, то считается, что занимаются не Торой, а ее заменителем, а сами изучающие не считаются детьми Творца, а слугами, требующими плату и лишь ради нее работающими.

Различие между нашим и будущим миром, как сказано в Талмуде (Брахот, 34), лишь в изменении власти земной на небесную и поэтому Небесная Тора, Тора Машиаха, – это Каббала.

Каждый должен заниматься Мишной и Талмудом в той мере, в какой его мозг способен выдержать, а затем необходимо приступить к изучению Каббалы, как завещал царь Давид своему сыну Шломо – «познай Бога отцов своих и служи Ему».

А если занятия Талмудом трудны изучающему, он может полностью заняться Каббалой, как сказано (Талмуд. Хулин, 24): «Кто не увидел хорошего результата (своей учебы) после пяти

Необходимость изучения Каббалы

лет – больше его не увидит». Но и в таком случае вместо Талмуда должен изучать упрощенные, краткие пособия, дабы не ошибиться в выполнении заповедей.

В книге «Зоар» описаны четыре великих ученых, вошедших в Пардэс: ПАРДЭ"С – пшат (простое толкование), рэмез (намек), друш (иносказательное), сод (тайное).

Три первых толкования считаются клипот. Они поверхностны относительно тайного. И поэтому лишь владеющий тайным толкованием рабби Акива, единственный из четырех мудрецов, вышел с миром из Пардэса. Имеется в виду духовное путешествие в миры АБЕ"А, называемые Пардэс (сад).

Трое остальных – пострадали: один не понял ни одного толкования и стал неверующим (аналогично происходит и в наше время от недопонимания смысла Торы), второй стал поклоняться другим силам – идолам, третий сошел с пути.

Начиная с Адама, который предпочел Древо Познания Добра и Зла (Тора миров БЕ"А) Древу Жизни (Тора мира Ацилут – Каббала), увеличивается число противников изучения Каббалы. А список несчастий растет. В этом причина того, что были разбиты первые Скрижали Завета, относящиеся к Древу Жизни, и заменены другими, относящимися к Древу Познания Добра и Зла.

Мишна, служанка Торы, привела к разрушению первого и второго Храмов и к этому, последнему горькому и длительному изгнанию, выход из которого возможен только изучением Истинной Мудрости – хохмат эмэт – Каббалы. Только с помощью книги «Зоар» (Насо, 124) «возвратятся сыны Израиля из изгнания».

Еще пророк Элиягу предсказал рабби Шимону, что этот грех от Адама будет тянуться до наших дней, пока не вернемся с любовью к изучению истинной мудрости – и тогда лишь вернемся из изгнания.

«Зоар» (Толдот, 139) объясняет причину длительности нашего изгнания так: «Весь народ Израиля делится как бы на три группы. Первая группа – простой люд. Вторая – мудрецы, занимающиеся простым толкованием Торы, третья – каббалисты.

О первой группе сказал Творец: «Меня они не знают». Третью группу он назвал «сыновья мои». А вторую группу, отвергающую изучение Каббалы и занимающуюся лишь простым толкованием и притом утверждающую, что это и есть Тора, назвал «злыми мудрецами, не умеющими делать добро». И Он, Творец, не помогает им. А они лишь бесконечно повторяют свои простые, грубые объяснения и пильпулим (запутанности), и они-то – причина всех страданий.

Первая группа подобна животным. Душа их животная, и умирают они, как животные. Все их занятие в заселении земли, а все их стремления – к насыщению тела. Поэтому они опустошают душу. «И Меня не познают они, – сказал Творец, – ведь далеки они от Торы, называемой Жизнью, и потому мертвы для будущего мира» (олам аба).

Вторая группа – мудрецы, занимающиеся Торой, душа их спускается с неба, а не поднимается с земли, как у первой группы, но нет света в их Торе, поскольку их Тора – грубые овеществленные оболочки нашего мира, которыми оперирует Талмуд. И совершенно скрыты от них 32 потока высшей мудрости «13 правилами толкования» Талмуда. Изучащие лишь Талмуд подобны грызущим стены, их глаза не видят истинной Торы.

Те, кто посвящает себя Каббале, – сыновья Творца – получают ключи от Врат Жизни – и обращается тьма нашего мира в свет всех миров, и тьма Талмуда в его простом толковании нашего мира обращается каббалистическим толкованием в свет, и вся их Тора – свет! И все трудности толкования Талмуда обращаются ими в яркий, широкий путь.

Речь не идет о бесполезности изучения Талмуда. Ведь тот же рабби Акива – единственный вышедший из Пардеса, т.е. постигший все миры и их тайны, еще будучи в нашем мире, занимался его толкованием. Но занимающиеся только простым изучением Талмуда надевают как бы траурные одежды на Тору, и их укоряет каждый день голос, исходящий из горы Хорэв: «Ой! Им – принижающим, стыдящим Тору».

Правы народы мира, говорящие что в вашей Торе, ведь она всякие легенды. И горе вызывающим подобное отношение к Торе. Они удлиняют наше изгнание и умножают наши страдания, но все равно не желают заниматься Каббалой, придумывая всевозможные доводы-оправдания.

Да и зачем им это – ведь и так они слывут мудрецами. Но глупость в глубине их глаз. Так и Авраам назвал Элиэзера – одним из народа ослов, поскольку тот хотя и учил Тору у самого Авраама, но не удостоился увидеть Шехину – Божественное свечение.

Так и все, от мала до велика, преследующие в своих занятиях только простое изучение и не желающие постигать Истинную

Необходимость изучения Каббалы

Мудрость, выискивают себе всякие оправдания и утверждают, что нет Торы, кроме их толкований. Нет сомнения, что нет им доли в будущем мире – ведь там удел лишь занимающихся тайной Торой, а «кто не работал до субботы, что будет есть в субботу?...»

Занимающийся же Каббалой зовется сыном Творца. О нем сказано: «это – Человек!». Ведь все его помыслы – вверх, к своему Создателю.

Не имеет значения, каковы мнимые причины у отстраняющихся от изучения Каббалы. Достаточно им того, что у них есть, и если они довольны имеющимся, то этим они удлиняют наше изгнание».

Изучение Каббалы возбуждает жажду ощущения, приближение к Творцу. В Талмуде (Хагига, 14) описывается, как предстают пред Творцом трое: изучавший Пятикнижие, изучавший Мишна, изучавший Талмуд. Спрашивает их Творец: «Занимались ли вы Каббалой, стремились ли познать Мое Величие? – ведь нет большей Мне радости, чем видеть мудрецов, углубленных в Каббалу».

Сами танаим (составители Талмуда) утверждают тем самым, что, не изучая Каббалу, человек совершенно не выполняет обязанности изучения Торы. Человек обязан всеми своими силами стремиться к познанию Каббалы. Ведь именно этим доставляет он радость Творцу, видящему сыновей Своих, постигающих Им созданное, постигающих Его Величие.

В то время как ни Мишна, ни Талмуд, ни законы и правила выполнения заповедей не дают никакого представления о Творце и Его творении. Напротив, есть законы, с которыми разум не в состоянии согласиться, вызывающие ненависть народов мира к Израилю и усмешки: «И это Тора, заповеданная вам, вашим Б-гом – взять коровий рог и трубить в Новый год, отгоняя этим злых духов?...» Суть Торы в постижении Высшего, ложные мудрецы...

Занимающийся Мишной и Талмудом зовется рабом, поскольку служит ради награды. Занимающийся же Каббалой – исправляет творение, доводит его до гмар тикун и потому служит Творцу.

Именно для того и создан человек, чтобы занимался Каббалой. И если можно получить награду за обычную Тору – то только в этом мире; в будущем же мире вознаграждается лишь тот, кто занимался, согласно своим возможностям, мудростью книги «Зоар».

Известно, что души Израиля происходят от Адама. Душа Адама – сумма всех душ. У каждого, у кого есть душа, есть тело – часть от тела Адама, нэфеш – соответствует части его, Адама, нэфеш; руах – части от его руах; нэшама – часть от его нэшама.

Тело Адама состоит из 248 мышц и 365 сухожилий. И так же душа. И все эти части взаимосвязаны и зависят от Торы, от ее 248 заповедей «делать» и 365 запретов «не делать». Также все миры созданы по образу одного человека с 613 (248 + 365) частями. И человек обязан с помощью изучения Каббалы постичь свой корень в Адаме и в мирах.

И именно в наших, последних поколениях открывает эта Наука для всех свои врата и доступна каждому, как никогда ранее. Но раскрывается эта мудрость лишь свыше, светом Творца, индивидуально каждому. И не сухим изучением Каббалы, как всякой науки, а личным, Божественным откровением (согласно чистоте сердца и помыслам жаждущего).

Рабби Шимон особо уполномочил именно рабби Аба записать все в книгу «Зоар», потому как последний умел особым, тайным образом излагать Учение – чтобы донести нам, последним поколениям, это Учение, чтобы с его помощью мы вызвали Машиаха.

И потому явилась в наш мир особая душа моего Учителя – рабби Ицхака Лурия Ашкенази – Ари, раскрывшего нам написанное в книге «Зоар». Его духовный взлет – результат упорной учебы и работы над собой, а не использование сил Каббалы (Каббала маасит), поскольку это совершенно запрещено. Эта наука – источник жизни, и потому я назвал эту книгу, записанную со слов моего учителя, «Эц Хаим» – «Древо Жизни».

Все вышесказанное обязует нас не оставаться всю жизнь на детском уровне понимания Торы, т.е. без понимания устройства и управления миров – в то время как наше познание окружающего нас материального мира каждый день расширяется в течение всей жизни.

Невозможно спокойное сосуществование этих двух видов познания – застывшего и прогрессирующего в одном человеке. Как правило, это приводит к ослаблению связи человека с Торой.

Тора и даже ее тайная часть – Каббала изложены обиходным, земным языком человека, словами, которыми мы пользуемся в обиходе. И как каждое наше слово выражает определенное понятие, так же каждое слово в Торе выражает определенное духовное постижение, смысл, мысль – свет, постигаемый посредством этого слова.

И хотя «говорит Тора языком человека», но «вся Тора – это имена Творца», т.е. каждое слово Торы представляет собой определенное свойство Творца, определенный уровень ощущения – постижение Его человеком.

Вкратце можно выделить четыре группы слов (имен) в Торе:

1) Непроизносимое четырехбуквенное имя Творца – Авая, включающее всю Тору. То есть вся Тора – это лишь разные уровни постижения этого имени.

2) Десять нестираемых имен. (Нестираемых – так как при допущении ошибки в написании исправление запрещено и свиток предается земле).

3) Определяющие имена, как то: «поднялся», «пошел» и т.п., описывающие действия Творца.

4) Остальные слова Торы, представляющие собой как бы трубопроводы, по которым изобилие нисходит на постигающего – в соответствии с тем что «вся Тора – это имена Творца».

Из всех книг Торы лишь в книге «Зоар» раскрываются все эти четыре группы слов. И на каждое слово дается его полное значение, так как «Зоар» учит нас определенному – духовному – постижению смысла слов. По внешнему виду текст «Зоар» составлен из обиходных, земных слов. Каким же образом мы постигаем их внутренний смысл?

Как нам уже известно, мир Ацилут соответствует имени Авая, а его десять сфирот – это раскрытие, объяснение десяти нестираемых имен. Смысл же слов «подъем», «спуск», «катнут» и т.д. – привлечение, исторжение света – не что иное, как выяснение значения слов Торы «поднялся», «пошел».

Изучением же Каббалы постигается значение и остальных слов Торы.

Тора дана нам на горе Синай в ее абсолютном совершенстве и полноте, со всеми четырьмя уровнями ее постижения – ПАРДЭ"С. Но разрешено было записать лишь часть, выясняющую выполнение духовных заповедей земным языком ветвей. Да и то не во всей ее полноте и глубине, а только в пшат (буквальный смысл).

И более того, то, что записано, нельзя передавать устно, и наоборот – устную часть Торы запрещено записывать, а лишь

Система мироздания

передавать, как Моше передал Иошуа, Иошуа – мудрецам и т.д. До тех пор, пока в дни рабби Акивы постановили дополнить первую часть Торы, говорящую о выполнении заповедей, дабы не забылись истинные духовные законы. И таким образом была записана Мишна, а затем и Талмуды – Вавилонский и Иерусалимский.

Но с остальных трех частей Торы – рэмэз, друш, сод – запрет не был снят. И лишь единицы, постигавшие духовные миры, тайны Торы, записывали втайне свои мысли и видения, называемые Мегилат Старим (тайные откровения).

И как рабби Меир, ученик рабби Акивы, начал писать Мишну, завершил которую рабэйну аКадош, так и другой ученик рабби Акивы – рабби Шимон бар Йохай начал в то же время записывать остальные три части Торы, и его ученики закончили эту работу.

Но эта рукопись была доступна для изучения лишь немногим избранным. А впоследствии и вообще сокрыта на многие века, даже от единиц, пока ввиду развития поколений и духовного фактора времени (приближение дней Машиаха) была книга «Зоар» вновь раскрыта, причем теперь уже для всех.

И теперь нам понятно, что невозможно ограничиться в изучении Торы лишь одной ее частью пшат, поскольку вручена была Тора на горе Синай во всей полноте своих четырех частей ПАРДЭ"С, представляющих собой четыре ступени познания Торы.

Причем нет среди нас ни одного, кто бы не смог, выполняя заповеди, даже без мотивации «ради Творца», дойти до самой высшей тайной последней ступени, т.е. до выполнения заповедей в их истинном объеме – наслаждение Создателем...

КНИГА «ЗОАР»
Фрагменты

Две точки

«Зоар»: Рав Хия начал: Начало всей мудрости – трепет перед Творцом. Но правильнее было сказать: конец мудрости. Ведь трепет – это свойство малхут, последней из сфирот. Но, продолжил рав Хия, малхут – это первая ступень к сфире хохма.

И поэтому сказано: «Отворите Мне врата справедливости», так как малхут называется справедливость (цэдэк), «это врата к Творцу». А кто не вошёл в них – никоим образом не сможет приблизиться к Творцу, – ведь Он – Всевышний (т.е. буквально – «выше всего») и потому создал пред Собой целый ряд закрытых ворот.

Комментарии: Творец совершенно скрыт от недостойных, настолько, что обычный человек не чувствует Творца, а может лишь верить в Его существование. Он скрыт рядом ворот, лишь раскрыв которые, можно приблизиться к Нему. Таким образом, видно, что существует строго определенная последовательность постижения, раскрытия Творца созданиями.

Но в конце ряда этих ворот поставил Творец особые врата с несколькими запорами-замками. Эти последние врата и есть малхут в малхут, и это первые врата на пути восходящих к Высшей мудрости. И потому сказано: «Трепет пред Творцом – начало мудрости», так как именно это – первые ворота, ведущие к познанию Творца.

«Зоар»: А после всех врат поставил Создатель особые – с несколькими замками, входами и залами. И сказал: «Кто желает войти ко Мне – эти врата будут у него первыми, пусть войдет чрез них». Эти врата – первые к Высшей мудрости – трепету перед Всевышним. И это и есть малхут, называемая решит (первая).

Комментарии: Постигающие Творца испытывают на себе действие замков, входов, залов. И поскольку это высокие, неуловимые обычными чувствами, ускользающие от анализа разумом понятия, необходимо особенно напрячь душевные силы, чтобы хоть минимально осознать, о чем говорит нам «Зоар».

Сам Творец абсолютно непостижим. Его желанием в творении было создать души и насладить их, и потому не может быть у создания понятия о наслаждении в удалении от Творца. Кроме того, сказано: «Возжелал Творец вселиться в низшие творения». Эти два противоречия говорят об абсолютно противоположных свойствах Создателя и создания.

Наш мир создан в виде абсолютного эгоизма, а единственное из известных (так как проявляется относительно нас) свойств Творца – желание воздать, насладить. И поэтому Его абсолютно доброе управление проявляется в нашем мире как противоположное.

Так мы воспринимаем – чувствуем и оцениваем это управление в наших ощущениях – в наших кли кабала – эгоизме. И это суть засовов – замков на воротах. И хотя множество противоречий и фактов нашего мира, отрицающих существование единства Творца, поначалу вроде бы удаляют нас от Него, – но если мы все же усилием воли выполняем с любовью заповеди Торы, т.е. ради Творца, то все силы, отталкивающие нас от Него, – если мы преодолеваем их, – обращаются в ворота постижения Его мудрости.

В каждом противоречии есть свойство, позволяющее раскрыть новую ступень познания Его. И вошедшие обращают таким образом тьму в свет и горечь в сладость – соответственно двум отталкивающим силам – логическим противоречиям и неудобствам, ограничениям физических действий.

Пропорционально, насколько сильны были отталкивающие силы – они же обращаются в притягивающие к Творцу. И каждая из этих сил становится вратами справедливости, поскольку раскрывает цель, смысл всего творения – в благе сотворенных.

Но до того как удостаиваются творения обратить свой эгоизм в альтруизм, прочно замкнуты эти ворота и служат преградой, отделяющей нас от Творца, и поэтому называются замками, так как не позволяют приблизиться к Творцу. А если мы боремся с их охлаждающим действием, то обращаются замки в врата – и там, где ранее была тьма, – свет, а вместо ощущения горечи – сладость. И на каждый замок открываются новые врата – уровень постижения Высшего Управления, и эти уровни называются залами (эйхалот) мудрости.

Таким образом, мы видим, что замки, ворота, залы – это три формы ощущения Управления, последовательно действующие на нас.

«Зоар»: Тора начинается со слова «берешит» (вначале), где первая буква бэт означает 2 (как буквы алфавита, используемые для нумерации). Это говорит о двух точках в малхут – одна из которых скрыта, а другая проявляет свои свойства.

А так как нет между ними противоречия, называется решит, т.е. одна, но не две, поскольку тот, кто выбирает одну точку, должен взять и вторую – ведь они едины, как един Творец.

Комментарии: Эти две точки – малхут и бина, где малхут – кли каббала, а бина – кли ашпаа, соединенные Ц"Б вместе. Сама малхут, как одна точка, не может ничего раскрыть – осветить светом. И лишь ее соединение с бина позволяет миру существовать и двигаться к цели, – когда вся малхут получит свойства бины в гмар тикун и сольются в одну точку, – о чем и говорит изречение, что в тот день будет Творец и Имя Его едины, а земля (малхут) полна знанием Творца (ор хохма).

Ввиду этих двух точек называется малхут также Древо Добра и Зла – смотря как им пользоваться. Оно может привести к добру (свойство бина – милосердие) или ко злу (жестокости – как крайнему виду эгоизма). И потому как необходим страх ошибиться в выборе пути, называется малхут ира (трепет). И пока человек не преодолел эти первые врата, он постоянно в сомнениях – ведь подчас совершенно не поддается анализу – что к добру, а что ко злу.

Видение рава Хия

«Зоар»: Упал рав Хия на землю, поцеловал ее и зарыдал, говоря: «Земля, земля, до чего же ты неподатливая и скольких мужей ты поглотила, все светочи, столпы мира поглощены тобою. И даже освещающий весь мир, могущий управлять всем миром и страдать за весь мир рабби Шимон поглощен тобою». Помолчав, добавил: «Но не гордись – не были преданы тебе светочи мира и рабби Шимона не поглотила ты».

Комментарии: Малхут сама (конечный эгоизм, каким он родился в мире Эйн Соф) находится под запретом Ц"А на получение света в течение 6000 лет. Лишь соединения малхут с остальными девятью сфирот создают кли для получения света, т.е. небольшие вкрапления эгоизма, его соединение с альтруизмом позволяет получать, но не для себя. Такие соединения называют шеарим – врата, поскольку они позволяют войти в духовные пространства – эйхалот (чертоги, залы света).

После грехопадения Адама раскололась его душа на 600 тысяч отдельных душ, и они упали в место клипот, как бы попав в их плен. И Адам, и все появляющиеся, чередующиеся поколения – до гмар тикун – исправляют (посредством многоразового рождения в нашем мире – кругооборота душ) свои души, изымая их из плена – власти желаний, клипот.

Но есть особо высокие души, которые возможно исправить, лишь если произойдет зивуг на саму малхут и появится ор ехида – лишь этот большой свет сможет помочь низко упавшим душам выйти из клипот. А так как такой зивуг возможен лишь в гмар тикун, то потому и возрыдал рав Хия к земле – клипе, которая крепко держит такие высокие (в потенциале), – а потому пока столь низко павшие – души.

И этот шаар, т.е. сама Малхут, называется шаар сатум – закрытые ворота. А кроме этого, все праведники, освещающие наш мир, проводящие в него искры света и не позволяющие поэтому окончательному и полному торжеству зла, насилию поглотить нас, также и они, эти праведники, не могут себя абсолютно, полностью исправить, поскольку все души соединены вместе, включают одна другую. В каждой из душ есть части от всех остальных (так называемый иткалелут анэшамот).

И таким образом, даже души праведников находятся отчасти под властью земли. Потому и возрыдал рав Хия. Но подумав, пришел к выводу, что такая душа, освещающая и дающая существование миру, как душа рабби Шимона, обязана быть в состоянии абсолютного совершенства.

Только он, рав Хия, не может понять, как это возможно до гмар тикун. (Речь, конечно, идет о скончавшемся, т.е. умершем телесно, ушедшем из нашего мира рабби Шимоне. Душевно же он, еще при нахождении в нашем мире, обитал во всех других мирах, причем намного высших, чем души обычных, закончивших земной путь людей.)

«Зоар»: Постился с того дня 40 дней рав Хия, чтобы увидеть рабби Шимона. Сказано было ему свыше – не достоин ты увидеть его. Заплакал рав Хия и продолжил пост еще 40 дней (вот что значит желание!). И вот дано ему было в видении (ничто не устоит пред настоящим желанием) увидеть рабби Шимона с сыном равом Эльазаром, изучающими Тору, и тысячи внимающих им.

Произнес рабби Шимон: «Да войдет рав Хия и увидит, чем воздает Творец праведникам в будущем мире. Счастлив, кто придет сюда без стыда, своими силами устоит». И вот увидел рав Хия самого себя, входящего к ним, и встали все пред ним. А он, рав Хия, стесняясь, вошел и сел у подножия рабби Шимона.

(Рав Хия стеснялся своего желания выяснить свой вопрос, каким образом вообще можно исправить коренной эгоизм, созданный Творцом еще в олам Эйн Соф, лев эвэн, в то время как другие присутствующие были более совершенны...)

Появился голос и произнес: «Потупи глаза, пригни голову и не гляди (уничтожь гордыню, принизь себя – и тогда увидишь)» – и увидел свет. А голос продолжал: «Высшие, скрытые, видящие все миры души, посмотрите на низшие, дремлющие, и как свет скрыт в глазницах их».

Комментарии: Голос разделил все души на две группы: высшие – зрящие свет и низшие – не постигающие его.

«Зоар»: «Кто из вас, – продолжает вещать голос, – обратил тень в свет, горечь в сладость еще до того, как пришел сюда, еще будучи в низшем мире? Кто из вас каждый день, будучи в низшем мире, жаждал света, раскрывающего величие Творца? Кто не жил этим ожиданием – тому не место здесь!»

Комментарии: Голос четко разделяет все души на две группы по вышеуказанному принципу. К первой группе относятся души мира Ацилут, обращающие тень, горечь, т.е. все виды эгоизма в его противоположность, причем чем более низкий человек переделывает себя – создает масах на свою авиют (величина эгоизма), – тем больший свет, сладость он постигает.

И потому в Торе миров БЕ"А есть кашер (годное к употреблению) и пасуль, тарэф (не годное), запрет и разрешение, святое и нечистое. Тогда как в Торе мира Ацилут – вся Тора –

имена Творца, и нет ничего не святого, а все имена: Фараон, Лаван и прочие клипот в мирах БЕ"А – абсолютно чистые и святые имена. И потому души, постигшие Ацилут, удостаиваются его света и превращают темноту и горечь в свет и сладость. Прочие души – относятся ко второй группе.

«Зоар»: И тут ангел Матат (полное имя Мататрон не произносится в обычном тексте, как и другие имена Творца) появился и поклялся рабби Хия, что сам слышал из-за масаха, что Творец не забывает о малхут, низвергнутой в землю, и всякий раз, когда Он вспоминает ее, содрогаются все 390 небесных сводов и Творец роняет, горящие, как огонь, слезы о Шхине – малхут, низвергнутой в прах земной, и они падают в глубины Большого моря.

И от силы этих слез оживает царь моря Рахав и благословляет Творца, и клянется поглотить все, с первого дня творения, в то время, когда соберутся все народы вокруг святого народа, высохнут моря и пройдет Израиль по суше.

Комментарии: Творец поклялся, что он не забывает о малхут в малхут, которую мы, души, не можем исправить, и потому она полностью находится под властью клипот. Свет, который ударяет в масах, желая войти в кли, вызывает содрогание масаха. Но масах отбрасывает его обратно в виде отраженного света (ор хозер), облекающего прямой свет (ор яшар).

Масах, называемый небосводом, состоит из четырех разделов: хохма, бина, тифэрэт, малхут. А от подъема – подслащения малхут в бине вследствие Ц"Б получается, что масах, стоящий теперь в бине, состоит из 400 (так как в бине каждый раздел из четырех разделов равен 100. Малхут – единицы, З"А – десятки, бина – сотни, хохма – тысячи: таково ослабление света сфирот – т.е. каждая ослабляет его в десять раз).

А так как сама малхут в малхут отсутствует в подъеме, то получается масах, называемый небосвод, стоящий в бине, который состоит из 390 частей и небосводов. Так как масах стоит после сфиры хохма в бине, а хохма – видимый глазами – хохма – свет, то частицы света, выделяемые масахом наружу, называются слезами.

Так ор яшар весь хочет войти внутрь малхут и потому горит и кипит, а масах отбрасывает его; тем временем, пока масах еще не успел отбросить весь ор яшар, прорываются его отдельные маленькие капельки сквозь масах в малхут. И эти капли ор яшар – без одежды ор хозэр, так как масах не получил их путем отражения. И потому они выходят наружу из парцуф хохма, из глаз, где находится масах, и называются слезы.

И поэтому, когда человек наполняется сожалением и любовью к другому, он плачет. Ведь каждый высший корень дает в материальном мире свое следствие – ветвь. Ведь ор яшар идет от Творца, как и до Ц"А, к Малхут, без всяких ограничений. И желает, как в олам Эйн Соф, полностью заполнить Малхут – насладить ее. Поэтому эти слезы исходят из чувства любви и сострадания Творца к низшему.

Но духовные слезы не исчезают, они все падают в Малхут, называемую Большое море. И эти слезы – ор яшар – исправляют ту часть Малхут, которую сами души не в состоянии исправить (они исправляют лишь первые десять сфирот малхут, но не малхут в малхут) – они оживляют царя моря и постепенно, капля за каплей, уничтожают все нечистые силы – клипот. И тогда сможет олам Ацилут распространиться и под парса до сиюм, т.е. БЕ"А будет как Ацилут – и наступит гмар тикун.

И будет в то время: соберутся все народы мира вместе уничтожить Израиль (как погнался Фараон за уходящими из Египта евреями). Но сыны Израиля выйдут из Египта (эгоизма, малхут в малхут) и пройдут посреди моря, по суше, к Эрец Исраэль, но не временно, как это было в прошлом, а навсегда, освобождаясь от рабства (клипот).

А пока, до гмар тикун, поглощаются падающие слезы Большим морем (малхут в малхут), и поэтому мы не видим их действия, но оно проявится в то время, когда соберутся все народы на Израиль.

И тут раскрылось рабби Хия, что ничто не пропадает в земле, а наоборот, каждый день происходит ее исправление. Зивуг на малхут в малхут вызывает ор ехида, называемый Машиах (Мессия – освободитель). Но до этого каждая душа должна исправить присущий ей эгоизм первых девяти сфирот в малхут. Иными словами, встретить Машиаха можно, лишь сравнясь с ним по уровню, – и к этому все придут путем страданий или путем Торы.

Погонщик мулов

«Зоар»: рав Эльазар собрался навестить рава Йоси. Присоединился к нему и рав Аба. Вышли в путь. Впереди рав Эльазар и рав Аба, за ними – погонщик их мулов. Сказал рав Аба: «Откроем врата Торы, так как сейчас подходящее время заняться ею – делать исправления нашего пути».

Комментарии: «Зоар» никогда не говорит о нашем мире. Языком нашего мира она повествует о действиях в духовных мирах. Так и здесь: навестить, встретиться – значит сравняться по духовному уровню, т.е. подняться или опуститься со своего уровня на уровень того, с кем желаешь встретиться, – этим достигается полное совпадение душ – мыслей, чувств, т.е. полное взаимопонимание, коммуникация.

Погонщик мулов – это помощь, оказываемая самим Творцом душам праведников. Дабы смогли подняться по ступеням духовных миров. Без подобной помощи, посылаемой душам праведников, никакой их подъем невозможен.

Кстати, погонщик бьет и покалывает мулов, чтобы заставить их быстрее идти! И потому посылает Творец особо высокую душу каждому праведнику, согласно его уровню и свойствам его души, чтоб помогла подняться.

Далее «Зоар» повествует, как два великих ученых мужа не смогли найти решение по вопросам устройства высших миров. А погонщик мулов, вмешавшись в их дискуссию, с легкостью разрешил все их трудности (ввиду громоздкости и трудности этот текст не приводится).

Комментарии: Поначалу праведник не может оценить явившуюся к нему душу. И кажется ему, что это какая-то низкая душа, привязавшаяся к нему в его пути. Это состояние называется ибур – зарождение души праведника, т.е. высшая душа еще не проявляет свою помощь и поэтому совершенно неощутимо, кто она, – как погонщик мулов. И лишь по достижении праведником определенного духовного уровня (места в пути) он начинает постигать высоту этой души, и это состояние называется открытие души праведника.

Так и здесь «Зоар» повествует, что поначалу эта душа – лишь как погонщик, помогает путешественникам двигаться на мулах, а сам идет пешком впереди, направляя и взбадривая их. И вид его соответствует роду занятий.

И потому начал рав Аба с предложения открыть врата Торы, т.е. открыть сосуды души раскрытием врат тайн Торы, – чтобы не ошибиться в правильном пути навстречу Творцу, в который они собрались. А запутавшись в пути, получили решение, т.е. открытие нового духовного уровня, от погонщика. И лишь поднявшись на этот уровень, поняли, кто был их спутник и как его зовут, так как знание имени говорит о постижении.

Как видно из предыдущей статьи о видении рава Хия, хотя общего состояния гмар тикун души еще не постигли, но есть особо высокие души, создающие усилием воли на свой эгоизм масах на ор ехида – т.е. постигающие кэтэр (Атик), и этот свет, душа, вселяясь в праведников в нашем мире, помогает последним возвышаться.

РАМХАЛЬ*. ДААТ ТВУНОТ
Краткое содержание

1. ОБЯЗАННОСТЬ ЧЕЛОВЕКА ПОНЯТЬ УПРАВЛЕНИЕ ТВОРЦА МИРОМ. В основы мироздания Творец поставил точные законы управления.

2. ЧТОБЫ В ПОЛНОЙ МЕРЕ ДАТЬ НАСЛАЖДЕНИЕ СОЗДАНИЯМ, ВОЗЖЕЛАЛ ТВОРЕЦ, ЧТОБЫ ЧЕЛОВЕК САМ ДОПОЛНИЛ И ИСПРАВИЛ НЕДОСТАТКИ СВОЕЙ ПРИРОДЫ. Чтобы понять справедливость такого решения, необходимо вначале выяснить суть человека, его роль в мироздании и цель самого мироздания. На человеке лежит обязанность дополнить себя – в этом его возвышенное положение над остальными творениями и в этом его вознаграждение.

Творец сотворил Создание, потому как в природе доброго – творить добро, и создал творения, чтобы те получали добро как вознаграждение за свой труд, без чувства стыда, как от подаяния. Если человек должен исправить, дополнить свою природу, то справедлив вопрос, в чем заключается недостаток, порок его природы, каким образом его можно исправить и чем дополнить.

В общем, постигая совершенство, можно понять, что наш недостаток заключается в его, совершенства, отсутствии. Совершенство заключается в слиянии с Творцом и, как результат этого, получении наслаждения от постижения Его Величия, и потому первоначальное удаление от Творца и есть порок и недостаток. Творец не создал творение совершенным, как Он Сам, а ограниченным.

---

*РАМХАЛЬ: аббревиатура имени – рабби Моше Хаим Луцато – великого каббалиста прошлых поколений, великого Человека, подвергавшегося за свою любовь и преданность Правде гонениям и преследованиям, великого Учителя каждого «восходящего».

Вывод: в соответствии с желанием Творца насладить творение Он ограничил свою волю, силу, власть и создал творения несовершенными, чтобы довершили себя, и постигаемое ими совершенство и есть их вознаграждение и наслаждение.

Теперь же надо выяснить, как это в наших силах возможен путь к совершенству – восполнению недостатка нашего творения. Творец раскрыл лишь часть от своего совершенства, и в постижении этого все наше наслаждение.

3. РАСКРЫТИЕ ЕДИНСТВА ТВОРЦА – ОСНОВА ТВОРЕНИЯ. Из всех действий Творца полностью выявляется лишь Его Единство, а остальные достоинства мы полностью не в состоянии понять. Мы обязаны полностью выявить Единство Творца из Его действий, и это цель, поставленная перед нами Торой и пророками.

Единство – это постижение того, что только Творец является обязательно существующим и что лишь Он творит, управляет, властвует, и ничто Его не ограничивает.

Существует пять мнений, препятствующих постижению Единства:

1) Творец выше нашего постижения, и мы должны подчиняться лишь Его требованиям;
2) есть два вида управления – хорошее и плохое;
3) законы природы властвуют, и человек может использовать их по своему выбору, как угодно; и есть утверждающие, что все зависит от случая, удачи;
4) ввиду падения евреев решил Творец заменить их другим народом;
5) возможно действие против Творца с помощью магии.

Лишь полное постижение Единства выявляет вышеперечисленные ошибки.

Невозможно использовать законы, установленные Творцом против Него, поскольку они зависят от Его воли. Цель творения – раскрыть Единство всех действий и всех созданий, и для этого созданы творения и законы природы.

Несовершенство человека, его исправление и вознаграждение: их корни в основе раскрытия Единства. Определение Единства – на основе отрицания обратного Ему; остальные же характеристики уже не из отрицания, а из утверждения.

Выявление Единства обусловливает причину сотворения Зла, так как отрицанием его и выявляется Единство.

Творец создал все и управляет всем в соответствии с нашими, человеческими, представлениями, чтобы позволить нам понять, хотя бы частично, Его пути и действия. Определение Единства включает все достоинства – что Он единственный – совершенный и обязанный существовать.

Поскольку цель творения – выявление Единства, то создано несовершенство и возможность его исправления усилиями человека. Окончательное выявление Единства – устранение всех недостатков.

Скрытие Творца рождает недостатки, пороки; выполнением заповедей человек раскрывает лик Творца, и благодаря свету устраняются, аннулируются пороки. Грешникам раскроется Творец после получения ими наказания, которым покроются грехи, или же сами грешники исправятся.

В будущем, благодаря полному раскрытию лика Творца, уничтожатся все недостатки и поэтому исчезнет работа над собой и свобода воли. По мере усиления дурного – увеличивается сила выявления в будущем Единства Творца.

Если бы заслужили люди своими поступками – выявилось бы Единство без надобности в росте зла. Если бы Адам устоял против искушения змея – выявил бы Единство и уничтожил Зло.

Грех Адама сделал необходимым увеличение зла и трудностей этого мира, чтобы выявить Единство в действии посредством выявления Зла и его уничтожения. По мере духовного падения поколений и их все большей тяги к Злу необходимо Творцу еще более увеличивать влияние Зла, чтобы в конце пути полнее выявилось Единство.

Вывод: Единство в любом случае раскроется, а свобода воли уничтожится. И это говорит о том, что цель сотворения зла – в выявлении Единства, а свобода воли – побочная цель творения. Есть время сокрытия Единства, и в нем – работа человека. И время раскрытия Единства – получение вознаграждения.

Сам Создатель выше нашего постижения, Его свойства выявляются лишь относительно нас, пути Его действий – согласно нашим свойствам. Чтобы мы постигли Его, и выявляет Он свои свойства относительно нас. Его желания властвуют над всем, а величие раскрывается лишь частично. Через Его действия. Нам раскрываются результаты Его действий, а не пути их совершения.

4. ПЕРИОД СКРЫТИЯ ЕДИНСТВА ТВОРЦА. В период скрытия Добра Добро и Зло равнозначны, и возможна работа, а с усилением Зла рождаются недостатки. Но и во время сокрытия Творец оживляет все мироздание – но с меньшей силой, чем в период Своего раскрытия.

Внутри управления Добром и Злом действует скрытое управление Единства и использует все средства для конечного раскрытия Единства. Управление явное – в соответствии с нашими действиями, но внутри него действует Добро, приводящее все к совершенству вне связи с нашими действиями.

В будущем мы поймем из самих действий – что все они были необходимы для Добра и совершились благодаря Его мудрости. И это руководит управлением Добром и Злом как средством достижения совершенства.

Все пути управления постоянно и абсолютно зависят от воли Творца – как Его постоянное желание оживляет все творение. Творец первичен, место для творения, которое вторично, создано Им из ничего, из небытия, лишь Его желанием.

Творец раскрыл, что желает признания от творений, – значит, для этого и создал их, а ранее этого не испытывал недостатка в признании. Человек является целью мироздания, поэтому познание сути человека – ключ к познанию мироздания.

5. ВОСКРЕШЕНИЕ МЕРТВЫХ – ОСВЯЩЕНИЕ ТЕЛА ЧЕРЕЗ ДУШУ. С воскрешением мертвых вновь соединятся душа и тело, чтобы вместе получить вознаграждение, поскольку вместе работали в этом мире. Все недостатки – в теле, а душа – чистое, святое творение, и ее роль в очищении тела, и в этом ее награда. Величие Творца – в совершенстве творений, и поэтому, когда душа возвышает тело, возрастает и величие Творца. И потому душа удостаивается вознаграждения.

Ввиду греха Адама душа может очистить и возвысить тело лишь после возврата последнего в прах, очищения от скверны и воскрешения. При возвращении души в тело ослабевает ее свет, чтобы дать место Злу.

В будущем мире тело возвысится в соответствии со своими действиями и пропорционально этому очистится. Душа же возвышается тем, что в будущем очищает тело. Но уже и в нашем мире есть некоторое очищение выполнением заповедей Торы.

6. СОКРЫТИЕ И РАСКРЫТИЕ ЛИКА ТВОРЦА – ИСТОЧНИК СУЩЕСТВОВАНИЯ ДУШИ И ТЕЛА.

Духовное происходит из Света, исходящего из Творца, и поэтому оно совершенно. Материальное же происходит из сокрытия света и потому низменно и полно недостатков.

Основа тела – скрытость света, основа души – свет Творца. Насколько душа исправляет тело – это и есть мера исправленности человека. Поколения от получивших Тору и до разрушения Храма жили во имя души и потому возвысились. Последние поколения живут для тела и этим увеличивают сокрытие и духовное падение.

От греха Адама появилось скрытие и уменьшилось знание. Творец раскрыл свой Свет, вручая Тору, но затем в поклонении Тельцу вновь увеличилось скрытие Творца. Когда человек возвышает душу над телом – светит ему свет Творца, пропорционально усилию человека по возвышению души. В соответствии с возвышением или тела, или души – Творец управляет миром скрыто или явно. Поэтому все зависит от человека.

Душа и тело: их свойства зависят от скрытия или присутствия света Творца. Основа тела – тьма, основа души – свет, и она очищает и освящает тело. Душа не делится на части, поскольку совершенное – неделимо, а части тела – пример управления делением в состоянии скрытия. У души одно действие – устранить недостатки тела и этим привести мир к совершенству.

Если тело диктует действия человека, то Творец управляет миром скрыто. Разные пути управления Творцом – лишь относительно созданий. Как душа изнутри управляет телом согласно его свойствам, так совершенство Творца скрывается Его внешними свойствами.

7. РАЗЛИЧНЫЕ ВЗАИМООТНОШЕНИЯ ДУШИ И ТЕЛА.
Попытаемся объединить множество законов и путей, ведущих к совершенству человека и творения.

Три знания:
1) знание свойств скрытия и яви Творца;
2) знание их совмещения;
3) знание следствий этого совмещения.

Состояние совершенства человека – в абсолютном подавлении тела душой, в таком случае не затемняется свет души. Состояние менее совершенное – когда у тела есть немного власти. Низменное состояние – власть тела над душой.

Пять уровней соотношения души и тела:
1) нет никакой власти у тела, и поэтому душа находится в совершенстве;
2) некоторая власть тела, вызывающая уменьшение власти души и проявления ее совершенства;
3) власть тела в незначительном объеме;
4) все свойства тела видны, но не проявляются;
5) тело властвует над душой и действует в полном объеме – по пути зла или по пути добра.

В основном это три уровня:
1) власть тела;
2) власть тела и души в той или иной пропорции;
3) власть души.

Этим трем соотношениям соответствуют три периода:
1) 6000 лет;
2) седьмое тысячелетие;
3) обновление мира.

В деталях мы можем постичь лишь период 6000 лет, а остальное – лишь в общих чертах.

8. СОТВОРЕНИЕ ЗЛА И ЕГО ГРАНИЦЫ. Работа человека – в устранении из себя – и этим из мира – всех недостатков. Зло – специально сотворено, так как оно абсолютно противоположно Творцу и его цель – в аннулирование его. Добро же не требовалось создавать, поскольку оно исходит от самого Творца.

Все происходит и существует благодаря свету, постоянно исходящему из Творца. Творец создал и обновляет пути управления творениями для их блага. Управление и все его изменения – лишь относительно созданий. Из Творца не исходит Зло, потому как Он – источник абсолютного Добра. Творец лишь сотворил Зло, но не делает его.

Существование Зла заключается в существовании отрицания – отсутствии Добра. Добро и Зло – это благо или его отсутствие. Тем, что Творец дал изобилие (благо, свет), а потом ограничил его, и создались Добро и Зло; Зло родилось из недостатка Добра, т.е. из отсутствия изобилия. Зло существует не при полном исчезновении изобилия, а лишь при его частичном отсутствии.

Все наши понятия родились и действуют только внутри творения, и потому не может быть понятия «до», «прежде» творения. Совершенное благо, исходящее от Творца, скрыто в «несовершенном» управлении, дающем место для действий человека. И в будущем все пути управления поднимутся до единого, совершенного.

Скрытие Единства рождает несовершенство. Выявление Единства приведет к абсолютному изобилию. Сначала родилось Зло в мире, а потом оно получило ограничение, чтобы не распался мир. Основа управления – скрытие или явь; скрытие рождает тело, Зло, а Свет, явь рождает Добро и души.

Недостаток совершенства – это еще не Зло, но порождает недостаток, из которого постоянно появляется Зло. В будущем исчезнет Зло, а творение останется навечно.

9. ЧЕЛОВЕК И ЕГО РАБОТА. Работа человека заключается в исправлении недостатка (эгоизма, Зла) – в нем самом, а таким образом и в мире и, как следствие этого, в слиянии с Творцом. Творение подобно системе колес, запускаемых работой души, невидимой из-за материальной оболочки. Зло также включено в эту систему, чтобы раскрыть Единство, и когда оно раскроется, то постигнет человек самого себя.

Есть два вида воздействия Творца на человека: во время работы и во время получения вознаграждения. Когда Зло на нужном месте в системе мироздания, то помогает человеку в его работе. Польза Зла в скрытии Света, совершенства, выявлении Единства, награде выстоявшему в испытании и исправляющему мир.

Зло, находящееся в нужном месте, является средством постижения духовного, а с полным познанием мироздания Зло аннулируется. Зло приготовлено для работы и увеличивается или уменьшается ради исправления, пока не исчезнет в конце.

Две части Зла: ничтожность (униженность) и урон. Первая – от падения человека с его настоящего духовного уровня. Влияние действий человека на все творение зависит от уровня действия: его качества и глубины. На каждом духовном уровне определяются последствия действий человека и пути их рождения.

Все условия Райского Сада соответствовали духовному уровню Адама до грехопадения. Материальность (уровень тела) Адама до греха такая же, как его духовный уровень после греха, а мог бы вознести тело, как душу, а душу, соответственно, еще выше.

Особенность Древа жизни – духовный подъем, особенность Древа познания – спуск в материальность. Но уготован подъем с помощью наказаний. Сотворение человека низменным обусловило грехопадение, вследствие чего усилилось влияние Зла в человеке.

10. РОЛЬ ИЗРАИЛЯ В ТВОРЕНИИ. Все части творения взаимосвязаны и действуют во имя единой цели – возвеличивания Творца. Когда же части творения не связаны между собой – есть место для Зла. Когда же выявляется их связь с единой целью – обнаруживается, что все к Добру.

Пути Доброго управления созданы соответственно действию будущих праведников. Пути Злого управления (неисправностей) – соответственно будущим грешникам. Добру заранее дана большая сила и вечность, а Злу – ограниченность и в силе, и во времени.

Творец поддерживает существование творений и в крайне неисправленных состояниях, дабы исправились. Смерть не прекращает духовную жизнь человека, и благодаря этому он возрождается из мертвых. Зло в состоянии уничтожить творение, поэтому начало исправления в его удалении и уменьшении. Зло заранее уменьшено и уменьшается его принижением, а также возвышением Добра.

11. УПРАВЛЕНИЕ ПО СПРАВЕДЛИВОСТИ И ПО ЛЮБВИ. Единство управления приводит к уничтожению Зла, существующего лишь для работы над ним. Творец заранее определил Добрые действия как полезные, а Злые – как вредные. Потом определил вознаграждение и наказание, и духовный уровень человека в соответствии с его действиями, и пути исправления через раскаяние и страдание.

Два закона управления:
1) воздействие исходит от Творца;
2) творения получают эти воздействия.

Основа суда – любовь Творца к созданию, и потому наказание смягчается, а при необходимости и отменяется. У каждого действия есть причина, рождающая его и дополняющая. Одно управление может быть причиной другого и его дополнением. Когда суд происходит по Справедливости, то это к Добру для мира – праведники возвышаются, а грешники унижаются.

Во время скрытия управления, когда суд не по справедливости – увеличивается скрытость, и Зло торжествует. Во времена исправленного мира Зло исчезнет, и исчезнет потребность в суде по справедливости, суд станет абсолютно Добрым.

1) В период первых 2000 лет Египетского изгнания Управление было абсолютно скрыто. С усилением зла увеличилась скрытость суда, этим готовил Творец пути исправления, возвращения, покаяния.
2) В Вавилонском и последнем изгнаниях чуть раскрылись пути Творца через Тору.
3) В Первом и Втором Храмах раскрывались действия Творца через чудеса.
4) В дни Машиаха, в конце дней мира, полностью раскроется величие Творца и знание Его путей – через внутреннее постижение и пророчество.
5) Постепенное возвышение человека соответствует глубине постижения величия Творца.

Вышеперечисленные пять периодов соответствуют пяти периодам развития человека.

Все создания – пример поведения Творца. Суд ведется с помощью свойств Творца – Снисхождения, Справедливости, Сострадания – иногда скрыто, иногда явно. Управление судом обязывает связь материи и духа в человеке, и качество периодов управления определяет духовный уровень.

Все мироздание зависит от соотношения Тьмы и Света, властвующих в разные времена в различных пропорциях. Строгость суда – согласно действиям человека, сила Любви – вне зависимости от действий, и в итоге прольется Свет и уничтожит Зло.

Три влияния:
1) материи;
2) духа, уничтожающего материю;
3) духа внутри материи.

Соотношение влияний материи и духа рождают времена светлые (особые) или темные (будние). Человек должен вначале подняться из глубины, образованной грехопадением Адама, а потом и далее, до совершенства, ему уготованного.

Любовь смягчает или вообще аннулирует суд, а также приводит приговор в исполнение. Качество Творца не есть его личные свойства, а лишь Его действия относительно нас.

12. ПОЛУЧЕНИЕ БОЖЕСТВЕННОГО ИЗОБИЛИЯ.

Необходимо разделять между управлением Творца, оживлением созданий и их исправлением. Основа творения – народ Израиля, и самый ничтожный человек из него может вознестись к вершинам миров.

При исправлении Зло обращается в Добро и, таким образом, творение достигает совершенства. Израиль получает совершенство от Творца, соответственно близости к Нему. Праведники – сообщники Творца по совершенству творения и гордо наслаждаются Его близостью, а до рождения душа получает наслаждение лишь как подарок.

Отношения лицом друг к другу и спиной друг к другу Израиля и Творца соответствуют взаимной близости или отдалению. Творец дает силы выполнять заповеди и создавать духовные совершенства, как дал на горе Синай. Праведники исправляют творение от недостатков и грехов, и согласно этому Творец изливает изобилие на творения. Творец изливает изобилие, а Израиль подготавливает себя к его получению.

Таким образом, оба – и Творец, и Израиль – партнеры по исправлению творения. Сила, рождающая Израиль, соответствует во всех деталях управлению Творца, и от нее зависит все происходящее с Израилем.

Шхина (присутствие, явь Творца) – источник созданий и печется о них. Но прегрешения созданий отдаляют ее и, таким образом, уменьшают изобилие, изливаемое ею на творения. Малахим (ангелы) – посредники, посланцы выявления, раскрытия шхины. Храм – главное место яви Шхины, и это цель всех действий в нем.

Величие Творца раскрывается посредством единства творения, в этом была цель работы коэнов, и этим они притягивали свет во все миры. Работой праведников раскрывается единство Творца, и этим развивается и совершенствуется творение. Пропорционально сближению с Творцом, желает Он нашей работы, и согласно этому – плоды ее – исправление творения.

Два вида единения Израиля:
1) на основе Источника;
2) на основе работы, определяющей все направление.

Величина влияния света (изобилия) в субботу и будни, утром и в остальные часы дня зависит от силы связи Творца с нами, и в этом была также основная работа коэнов в Храме.

13. ПУТИ УПРАВЛЕНИЯ ЕДИНСТВА. У нас есть возможность постичь абсолютно все, что необходимо для выяснения вопроса веры.

Цель существования Зла – ради Добра, привести к раскрытию Единства и уничтожению Зла. Предоставление Злу свободы действия даже над праведниками – для раскрытия Единства.

Праведники в страданиях раскрывают Единство, и потому оно – вознаграждение, а не подарок, и весь мир пользуется плодами их труда. Вблизи цели возможно состояние или изобилия или, наоборот, уменьшения Света – следствие тайных причин в Управлении.

У каждого есть своя часть в исправлении творения, согласно тайным причинам, и каждый, согласно этой части, получает вознаграждение. Удача – скрытое управление во имя конечной цели, однако вознаграждение в будущем – лишь согласно проделанной работе и выдержке в испытаниях.

Управление «наказанием-вознаграждением» или управление «удачей» периодически сменяют друг друга, и это увеличивает испытание веры. При приближении дней Машиаха действует в основном управление удачей, и кажется, что отсутствует Справедливость, и это – ради исправления творения.

Основа управления – во имя исправления, но оно невидимо, раскрыты лишь законы вознаграждения и наказания. Вознаграждение в будущем согласно исправлению, которое произвел каждый в течение всех кругооборотов души.

14. КРУГООБРАЩЕНИЕ ВРЕМЕН. Звезды властвуют над всеми творениями, родившимися под ними. Есть влияние звезд общее и частное. Духовный рост человека соответствует кругообращению времени в творении.

* * *

Давайте сделаем для примера один практический вывод из краткого пересказа содержания книги «Даат Твунот»:

Написано: «Нет никого, кроме Него», т.е. нет воли и силы в мире, кроме Творца. А все, что, как кажется человеку, отвергает утверждение, что все от Творца, – лишь потому, что таково Его желание в соответствии с принципом: «Левая (рука) отталкивает, а правая притягивает».

Это значит, что есть вещи в мире, специально созданные, чтобы свести человека с его пути. Ведь только такие толчки и приводят к ломке привычных понятий, к расщеплению цельного желания, установившегося взгляда на жизнь. И все это для того, чтобы возжуждался в Творце для истинного, вечного сближения с Ним.

Поскольку ситуации запутанности, растерянности, неустойчивости «давят» на человека, не может он более оставаться в привычном состоянии «ло ли шма», и только усилиями, отбросив разум и расчет, может спастись, победить все факты и препятствия на пути к вечному.

И только когда человек видит, что он не в состоянии выйти в духовный мир без усилия выше разума, вопреки утверждениям разума и чувствам сердца, то возникает в его сердце настоящее требование к Творцу. Поскольку окончательно убеждается, что нет у него другого пути – разве что Творец откроет ему глаза и сердце. И так нарочно задумал и уготовил ему Творец, чтобы приблизить к Истине.

И человек должен стараться постоянно стремиться к близости с Творцом, чтобы его мысли были постоянно о Творце. Даже если он находится в самой плохой ситуации, самой низкой – также связать это с Творцом. То есть понять, что это Творец препятствует ему войти в духовный мир. Но не думать, что есть другая воля, могущая творить добро или зло, что якобы нечистые силы не дают ему возможности совершать добрые дела, затрудняют его путь к Творцу. Все делается Творцом!

...Рабби Шломо из Карлина путешествовал с одним из своих учеников. В дороге они остановились ненадолго в трактире, сели за стол, и рабби попросил, чтобы ему согрели медовый напиток – он любил пить теплый мед. Между тем в трактир вошли солдаты и крикнули им, чтобы они убирались вон. «Мед уже согрелся?» – спросил рабби трактирщика. В гневе ударили солдаты по столу и закричали: «Иди отсюда, или!...» – «Так он еще не готов?» – сказал рабби. Тот, кто был у солдат вожаком, выхватил саблю из ножен и приставил рабби к горлу. «Но только не нужно, чтобы он был слишком горяч», – сказал рабби Шломо. И солдаты ушли...

И как сказал Бааль Шем-Тов, кто говорит, что есть другие силы, кроме Творца, – как бы поклоняется другим богам. Даже если человек думает, что есть еще одна власть, даже его собственная. Например, считает, что вчера сам он не хотел идти по пути Творца – также ошибается и как бы не верит в единственность Создателя.

И потому когда человек совершает преступление, то не должен сожалеть о том, что он совершил его, а сожалеть о причине, по которой Творец отверг его, отдалил от Себя: ведь это Творец дал мысль и желание совершить проступок.

И так же, когда есть стремление к духовному возвышению и работе над собой, человек должен знать, что это оттого, что нашел он благоволение Творца. И потому Творец приближает его к себе, внушая ему соответствующие мысли и желания. И должен стремиться удерживать эти мысли и желания постоянно.

И так же сожаление, что Творец не привлекает его к Себе, не должно быть сожалением о себе, сожалением, что он удален и потому стал получателем, эгоистом, т.е. находящимся в удалении от Творца. Сожаление должно быть о том, что доставил огорчение Создателю. И это чувство огорчения у Творца неизмеримо сильнее, чем самое сильное, искреннее сожаление человека (как огорчение, доставляемое родителям от проступка сына).

И, когда чувствует радость от того, что удостоился обрести благоволение Творца, тоже должно быть это чувство не на свой счет, а должен радоваться тому, что удостоился порадовать своего Создателя.

РАМХАЛЬ. МЕСИЛАТ ЯШАРИМ

Рамхаль был велик не только в постижении духовных ступеней, но и в умении четко и методично изложить материал. На основе изречения из раздела Мишны «Поучения отцов» (Пиркей авот) построена его книга «Месилат яшарим» («Путь праведников»):

Тора ведет к появлению осмотрительности, осмотрительность – к быстроте, быстрота приводит к чистоте, чистота – к отрешенности, отрешенность приводит к очищению, очищение – к хасидут, хасидут – к ощущению ничтожности, ощущение ничтожности – к страху прегрешения и страх прегрешения – к святости.

Разберем по порядку эти десять ступеней духовного восхождения человека.

1. ТОРА – имеется в виду изучение Торы как обязанности для:

1) исправления человека;
2) выяснения цели существования человека – слияния по свойствам с Творцом.

2. ОСМОТРИТЕЛЬНОСТЬ – в действиях, относительно запрещающих (ло таасэ) заповедей. Осмотрительность в речи, выборе круга общения, в правде и лжи, уважении к созданиям.

Достигается эта ступень в борьбе с привычками, из чего следует необходимость заранее обдумывать поступки. Постоянно искать настоящую правду и стремиться к ней, равно как избегать зла. Взвешивать поступки в соответствии с требованиями Торы. Постигается эта ступень полностью лишь на девятой ступени – боязни прегрешения.

3. БЫСТРОТА – в действиях, относительно позитивных (осэ) заповедей. Призывает действовать по заранее разработанному графику, приучиться к быстроте, как начать, так и закончить начатое. Как избегать зла, так же и стремиться к добру. Не делать себе поблажек. Для достижения быстроты необходимо возвышение цели.

4. ЧИСТОТА – в соединении второй и третьей ступеней. Очистить себя от всевозможных мнимых причин, из-за которых можно не выполнять или не полностью выполнять требуемое. Лень хороша лишь при погоне за наслаждениями. Создать себе некую грань, ограждение в поступках, менее которой не делать. Возлюбить добро и возненавидеть зло. Постоянно анализировать мысли и действия с максимальной точностью и беспристрастностью.

Дойти до этой ступени – обязанность каждого, так как это не против законов природы – ради награды в этом или в будущем мире (для масс) или ради слияния с Творцом (для способных к этому). Постигшего этот уровень Рамхаль называет «цадик гамур» – совершенный праведник.

5. ОТРЕШЕННОСТЬ – отдаление даже от допускаемых Торой поступков в радости.

Отрешенность:
1) в наложении на себя дополнительных обязанностей, дабы отдалиться от зла, беря от мира лишь необходимое (из одного этого видно, что отсюда и далее путь очищения – лишь для избранных личностей, но не для масс);
2) в отдалении от допускаемых удовольствий;
3) в отдалении от обычного общества.

6. ОЧИЩЕНИЕ – исправление мыслей сердца:
1) в наслаждениях, даже необходимых – до ненависти к желаниям самонаслаждения; направление всех мыслей и желаний к Творцу;
2) в заповедях – исполнении их ради Творца.

7. ХАСИДУТ – отрешенность от самонаслаждения в выполнении заповедей (дальнейшее развитие пятой ступени) в борьбе с собственной природой:
1) в действии – любви к Торе, заповедям, в трепете и в радости, включая любовь ко всем творениям в действии – помощи, стремлении к миру;
2) в мотивации – намерении исполнения – лишь ради возвеличивания имени Творца и ради творений – человечества,

с истинной любовью к Нему, так, чтобы сердце было слито с Творцом без единой посторонней мысли (даже в трудные минуты) в порыве радости.

Прямота сердца, чистота мыслей, глубина самоанализа и абсолютная вера в Управление, уединение и самоотверженность – минимум необходимых требований.

Достигший этой ступени называется хасид (во времена Рамхаля хасидут не был распространен, тем более в Италии, где он проживал, но из вышеперечисленных требований видно, что уровень хасидут, подразумеваемый в Мишне, – для единиц и не имеет отношения к хасидизму – массовому религиозному движению).

8. ОЩУЩЕНИЕ НИЧТОЖНОСТИ – постоянное чувство ничтожности, при котором и происходит контакт с Шхиной (божественное присутствие). Достигается при отсутствии мыслей и забот о себе (поскольку уверен, что не заслуживает ничего, и сам – ничто относительно любого другого создания), в постоянном размышлении о величии Творца и о собственной слабости и ничтожности. Этот уровень – уровень Моше.

9. СТРАХ ПРЕГРЕШЕНИЯ – на этом уровне сводится лишь к проблеме: что еще я могу сделать ради Творца. Животный страх от ожидаемого наказания за прегрешения в этом (для масс) или (и) в будущем мире (для «средних») способствует лишь достижению обязательного для всех уровня «совершенный праведник» – пятая ступень (см. также «Зоар», т. 1, стр.184).

10. СВЯТОСТЬ – слияние со Шхиной вследствие исчезновения (бездействия, подавления) материи (эгоизма). Постоянное абсолютное слияние с Творцом в любых жизненных обстоятельствах, в глубоком понимании управления во всех его временах и стадиях. И как последняя наивысшая ступень – подарок Творца – воскрешение мертвых: человек, уничтожив, убив свое тело (эгоизм), получает как бы новое тело (желания от Творца) и таким образом становится ангелом и святым.

Путь восхождения, развитый Рамхалем на основе изречения из «Поучения отцов», соответствует десяти сфирот. Здесь перечислены лишь самые основные точки этого пути.

Но достаточно четко видно, насколько разнообразны и бесчисленны детали.

Рабби Ашлаг развил наиболее подходящий для нашего поколения путь. *Суть его заключается в том, что всеми нашими поступками руководит эгоизм, и потому, не перегружая всеми разнообразными и многочисленными требованиями мозг, надо лишь на искоренении эгоизма, как основы всего зла, сосредоточить свои мысли и действия – и тогда поневоле рухнет все здание Зла, стоящее на эгоизме, как на фундаменте.*

КАББАЛА – НАУКА О МИРОЗДАНИИ

Управлять мирозданием возможно только при условии, что ты знаешь, как оно устроено, понимаешь законы, по которым оно функционирует и имеешь силы для того, чтобы вмешаться в его управление. Такое знание и возможность его оптимального использования для своего блага должна дать человеку наука о мироздании – Каббала. Каким образом?

Мы изначально рождаемся с пятью органами чувств: зрение, слух, обоняние, осязание, вкус. Вся получаемая с их помощью информация попадает в мозг и дает нам определенную картину окружающего мира. Но если бы наши органы чувств были хоть немного другими, имели бы иные границы восприятия, окружающий мир ощущался бы нами совсем иным.

Дело в том, что органы чувств не дают нам представления о полной картине мира: они не дают нам сведений о происходящем до нашего рождения и после нашей смерти, о возможности осознания цели нашего существования и управления нашей жизнью посредством влияния на судьбу. Обречены ли мы навсегда оставаться в неведении об истинном смысле своего существования? Ведь в таком случае мы отличаемся от животных только тем, что ощущаем ущербность, временность, бессилие идущих на заклание...

Древняя наука Каббала утверждает, что если у человека появляется стремление к высшему, то его можно развить в дополнительный орган ощущения, с помощью которого есть возможность почувствовать то, чего нам не дают наши природные пять органов чувств, – то, что нам так необходимо знать о себе:

— в каком виде мы существуем до нашего рождения;
— в каком виде мы будем существовать после нашей смерти;
— почему так устроен мир;
— какова цель существования мира и нас в нем.

Каббала утверждает, что каждый человек и все человечество в целом обязаны прийти к раскрытию шестого органа чувств и ощущению всего мироздания. Когда человек поймет все о себе и о мире, он обретет возможность правильного существования. Каббала говорит, что именно в этом направлении развивается человечество, и с начала этого века у многих людей начинает развиваться этот шестой орган чувств, называемый «точка в сердце».

Все решение наших жизненных проблем, таким образом, будет зависеть от быстрого развития этого ощущения. Оно даст нам возможность все видеть, правильно поступать, избегать всех неприятностей и страданий. Жизнь обретет совсем иное наполнение, все действия человека станут осознанными.

Каббалисты – это люди, живущие среди нас, которые уже развили в себе дополнительный орган чувств и ощущают внешнее мироздание. Они рассказывают нам о возможности его восприятия, изучения его устройства, а затем управления нашим миром и своей судьбой.

Каббала обучает возможности управлять своей судьбой не только в этот маленький период жизни в нашем мире. Постигая свои прошлые кругообороты жизни, человек осознает конечную цель, к которой он должен прийти вместе с природой. Его задачей становится следование к этой цели наилучшим путем, изменение высшего управления для оптимального продвижения к цели жизни.

Каббала раскрывает каждому человеку его путь сквозь десятки жизней, которые он проходит, и точно рассказывает, как он может – максимально комфортно для себя и не вредя другим – двигаться дальше.

Без этого знания, как сказано в Каббале, все страдания и проблемы человечества, которые были в прошлом и есть в настоящем, не разрешатся и в будущем, несмотря на предпринимаемые нами усилия в достижении мирного сосуществования народов. Несмотря на прогресс, наша жизнь не улучшится. Развитие культуры, науки, техники, здравоохранения не сделает людей счастливыми.

Каббала утверждает, все страдания преследуют лишь одну цель: вопрос о смысле жизни должен встать перед человеком настолько остро, чтобы вынудить его посвятить себя изучению высшего управления – для того чтобы выйти из-под власти рока, изменить судьбу, избежать трагедий. Все страдания имеют конкретную цель – привести нас к управлению своей судьбой.

Но как развить в человеке стремление к высшему, если он находится под постоянным давлением окружающих, телевидения, рутинных жизненных проблем? Даже если он и заинтересовался «высшими материями», сама жизнь всеми своими помехами отвлекает его от этого.

Каббала указывает на единственную силу, способную помочь человеку в его судьбе, – силу общества. Всем известно, как окружающее нас общество навязывает нам желания, стремления, моду и пр. Поэтому человек должен найти такую среду, такое общество, целью которого было бы изучение высшего управления.

Если человек найдет такое общество и войдет в него, оно будет влиять на человека, диктуя ему свои цели и желания. Это даст человеку возможность оценить изучение высшего мира как нечто гораздо более важное, чем повседневная рутина, поможет быстрее освоить высшее управление и обрести знания и силы, необходимые для изменения жизни к лучшему.

Каббала называет «обществом» группу, книги и учителя – три источника влияния на человека. Подставить себя под их влияние и есть единственный свободный поступок человека в этом мире.

Задача всех кругооборотов жизни человека и его внутреннего развития заключается в том, чтобы прийти к самому комфортному, самому лучшему состоянию, к состоянию вечности и совершенства, самопознания и абсолютного управления всем мирозданием. Человек, пользуясь каббалистической методикой, может достичь этого в течение одной своей жизни. У нас есть тому примеры из многих прошедших поколений.

Занятия Каббалой зависят только от желания и ни в коем случае не зависят от иных условий и способностей – относительно Творца все люди равны и обладают равными возможностями. Но для того чтобы реализовать свою возможность, необходима среда – подходящая группа, небольшое сообщество – это то, что мы сейчас и создаем во всем мире. Таким образом мы хотим каждому человеку в мире предоставить возможность духовного развития до уровня Творца.

Создаем мы такие центры потому, что с конца прошлого века начался новый этап развития человеческих душ, т.е. новый этап развития человечества: души, нисходящие в последнем поколении, быстро приходят к необходимости решить вопрос о смысле жизни, о смысле страданий, а потому нуждаются в четком ответе, который находится только в Каббале.

Книга «Зоар» (3 в.н.э.) и каббалисты в течение последующих веков указывали на то, что в конце ХХ века, когда народ Израиля вернется из изгнания в свою страну, начнется духовная революция: люди будут вынуждены обратиться к духовным источникам, чтобы взять на себя управление происходящим.

«Зоар» рассказывает, что во время нашего возвращения в свою землю, бывшую пустынной и не заселенной в течение тысячелетий, сюда устремятся и арабы и будут нам всячески мешать. Затем эти сыны Ишмаэля начнут завоевывать весь мир и разожгут войны на всех континентах.

Но хотя их экспансия будет направлена на покорение всего мира, это не более чем психологическое давление с целью воздействия на человечество и подчинения его своей идее – обратить весь мир против Израиля. И тогда объединятся арабы – сыны Ишмаэля, и остальные народы – сыны Эйсава и вместе придут к Иерусалиму, т.е. обратятся к Израилю как к источнику всех проблем мира.

Это можно было видеть и по появившимся вновь международным резолюциям, осуждающим сионизм как агрессию против всего мира. И будет много таких резолюций, осуждающих наш народ – за то, что мы существуем! В итоге развития народов всем станет ясно, что проблема всех мировых страданий заключается только в нас.

Как сказано в Торе и в книге «Зоар», что если где-то в мире происходят несчастья, страдания, войны, то это происходит исключительно из-за евреев – потому что мы первыми должны достичь управления миром, а затем показать этот путь всем остальным народам. Под управлением миром подразумевается только то, что человек имеет возможность вызывать доброе воздействие свыше на весь мир, предотвращая и войны, и личные трагедии. Каббала и есть методика освоения высшего управления. Поэтому мы обязаны изучить и применить ее, а затем преподнести ее всем народам мира. Мы должны быть духовными проводниками для всего человечества.

Об этом писалось в книге «Зоар» после нашего изгнания из Эрец Исраэль, и в ней указано, что до нашего времени книга

«Зоар» будет скрыта, потому что в ней не будет необходимости, ведь она написана в начале последнего изгнания и предназначена для использования в его конце. Было сказано, что книга «Зоар» раскроется в конце изгнания, когда в ней возникнет необходимость, чтобы с помощью этой книги мы начали осваивать Каббалу, Высшее управление и начали изменять наш мир.

Когда обратятся все народы к Иерусалиму и возникнет их явное противостояние народу Израиля, тогда проявится для всех возможность управления миром при помощи Каббалы, и люди устремятся к постижению Учения Творца и достигнут совершенного высшего существования.

На этом пути есть очень много опасных участков, но его можно пройти легко, если перевести войны и противостояние чистых и нечистых сил с уровня нашего мира в духовную сферу. На духовном уровне все решается намерением человека, его усилием воли, его желанием и стремлением к тайнам управления.

«Зоар» объясняет, что все зависит только от нас, что мы все равно придем к правильному существованию, к управлению своей судьбой. Привести человека к этому состоянию кратким и приятным путем Каббалы вместо долгого и мучительного пути страданий – цель нашего распространения Каббалы среди всех народов мира.

Читая каббалистическую книгу, человек постигает науку об управлении мирозданием. И даже не понимая всего написанного, он немедленно вызывает на себя положительное воздействие свыше, потому что его душа соединена со своим духовным корнем. Для этого достаточно даже маленького желания, которое развивает чтение книги.

Но изучающий Каббалу обязан постоянно контролировать себя, насколько правильно он трактует применяемые автором религиозные понятия, такие как: библейские имена, понятия Израиль, Тора и Заповеди, Молитва и пр. Человек привык трактовать их в земном смысле. Но не следует забывать, что эта книга по Каббале, и она повествует о высшем мире.

И потому, например, под библейскими именами подразумеваются названия ступеней духовной лестницы, по которой поднимается в своем исправлении душа, из нашего мира к окончательному исправлению и полному слиянию с Творцом.

А под понятием «Израиль» понимается стремление к Творцу любого человека в мире.

Понятие «народы мира» («гои») означает еще неисправленное желание в любом человеке, в том числе в иудее.

Тора и Заповеди обычно означают средство достижения цели творения: Тора – исправляющий душу свет, а Заповеди – действия души для привлечения этого, исправляющего ее света.

С первого же дня изучения Каббалы меняется духовное пространство вокруг человека и создается вокруг него некий защитный «кокон», поэтому нет ничего более необходимого, чем изучение этой науки.

В изучении Каббалы есть два этапа:
1) неосознанное изучение – когда человек изучает, но еще не в состоянии активно вмешиваться в управление, так как для этого необходимо самому подняться на соответствующий духовный уровень;
2) осознанное изучение – когда человек уже поднялся на уровень Высшего мира и создает в себе внешнюю защиту, при этом положительно влияя на всех окружающих. В таком случае он уже производит высшие духовные действия, называемые Каванот, по формулам, приводящимся в каббалистических молитвенниках.

Чтобы дать возможность каждому достичь цели, мы открыли по всему Израилю более 60 групп бесплатного изучения Каббалы. Это группы для разных возрастов, в том числе детские группы. Я иногда обучал группы детей и всегда поражался, как естественно они схватывают то, что неуловимо для взрослого, как легко они видят невидимое нами и вполне реально впитывают материал.

В принципе, самое лучшее, что мы можем дать ребенку, – это правильное отношение к жизни, понимание того, для чего существует мир, какова его цель.

В ближайшие несколько лет, а это будут критические и тяжелые годы, наша задача состоит в том, чтобы как можно шире распространить знания об этой науке в мире. Мы выпускаем книги, CD-диски, аудио- и видеоматериалы. Наш сайт в Интернете на 21 языке посещают до четверти миллиона человек, за воспитательную работу сайт удостоен приза «Энциклопедии Британика». У нас множество кружков в России, Германии, Канаде, Америке, Литве.

Как постигается Каббала

Буквально после нескольких занятий вам станет понятным четкое и емкое значение слов «управление всем мирозданием», в которых и заключается смысл учения. В этих словах подразумевается не только способность улучшить нашу жизнь, сделать ее более комфортной, изменить конкретные жизненные ситуации, но ставится и самая высокая цель – достижение человеком иного, высшего уровня существования, который мы частично ощущаем до рождения и после смерти.

Человек одновременно должен жить в обоих мирах – в нашем и высшем, – реально в них существовать, видеть и ощущать все сущее, чтобы никакая часть нашей жизни не была бы от нас скрыта, чтобы знали, а не только догадывались или верили в высшие миры.

Каббала не оставляет места для веры, это методика познания. Каббала – это не религия и не имеет никакого отношения ни к ней, ни к выполнению заповедей в нашем мире. Это наука об управлении, и цель ее – самопознание. Философия, выполнявшая на определенном этапе эту роль, на сегодняшний день потеряла свое значение, потому что человечество обнаружило, что ее выводы ошибочны.

Каббала же занимается реальным постижением мироздания, а не догадками о его устройстве. Как мы постигаем наш мир с помощью естественных наук, так же и Каббала, используя наши внутренние инструменты – экран, шестое чувство, позволяет нам раскрыть Высший мир, причем со всем научным определением опыта – повторением, записью информации, воспроизведением и т.д. Если вы откроете каббалистические книги, вы обнаружите, насколько широко там используются графики, чертежи, матрицы, таблицы.

Когда человек начинает видеть мироздание и понимать его законы, он естественно поступает в соответствии с ними и вызывает на себя правильное, доброе управление. Вся проблема человек в том, что он не знает, «что такое хорошо и что такое плохо». Человек не видит плохих следствий эгоистических поступков. Наше воспитание дает плохие результаты именно потому, что мы, не имея доказательств и объяснений, вынужденно, наугад пытаемся поступать хорошо.

Воспитанием мы желаем привить ребенку антиестественные поступки, навязать ему противоположную эгоистической природе человека манеру поведения. Поэтому наше воспитание не дает тех результатов, которых мы от него ждем.

А если ребенку откроется картина мира, ничего не надо будет ему навязывать. Он будет сам правильно поступать. Он сам увидит, что, вредя другим, он тут же вредит себе. И это удержит его от нанесения вреда другим. Только так можно привести человека к истинно правильному поведению. Но если мы сами, по причине незнания картины мира, не видим, как следует правильно поступать, то что мы можем преподать нашим детям?

Поэтому Каббала говорит только об одном – как открыть человеку глаза, чтобы он увидел все миры, – и тогда его не надо будет обучать вслепую. Видя реальную картину мира и понимая свою эгоистическую природу, он будет правильно поступать, самообучаться, никогда ни себе и никому не нанесет вреда.

Все мы как-то устраиваемся в обществе, чтобы не очень вредить друг другу, у нас есть коллективная договоренность между собой, как поступать, чтобы минимально вредить, чтобы все соглашались с эгоизмом каждого. Это мы называем правилами человеческого общежития, хотя это не более чем взаимные уступки: давайте делать так, а не иначе, а то всем будет плохо.

Я советую всем почитать книги по Каббале и проверить: если вы почувствуете, что это внутренне как-то отзывается в вас, – продолжайте. Есть люди, которые сегодня еще не задают себе вопрос: «В чем смысл моей жизни?». Острое ощущение этого вопроса зависит только от накопленного опыта страданий. В ближайшие годы мы увидим, что перед всеми встанет этот вопрос во всей своей горечи и остроте.

Изучая Каббалу, вы обнаружите, где заканчиваются попытки человечества осознать картину мира с помощью философий и религий, являющихся методиками и средством социального обслуживания человечества, призванных дать человеку в этой жизни определенный психологический комфорт – «опиум для народа».

Человеку невозможно доказать, что Каббала – это лучшая методика. По мере развития точки в сердце, души, которая требует своего наполнения высшим светом, человек ощущает потребность в Каббале. Если точка еще недоразвита, человек уходит, чтобы затем снова прийти, когда эта точка потребует своего наполнения, – возможно, через несколько кругооборотов. Таких случаев много. Не зря сказано: «Тысячи входят в учение, но единицы выходят к свету». Через меня прошли тысячи учеников, но моя основная группа насчитывает чуть более ста человек. Многие люди в течение поколений искали смысл жизни, но не нашли. Иначе мы бы сегодня знали, в чем он – этот смысл жизни. Доказательств тому, что именно и только Каббала может дать человеку ответ, – нет! Доказательством может быть только знание, обретаемое идущим в конце пути, когда он постигает смысл жизни. Но если этот смысл не может быть воспринят вами вследствие отсутствия шестого органа восприятия, по причине неощущения вами высшего мира, то доказательством может быть только ваше личное постижение, когда вы сами подниметесь на тот уровень, с которого увидите все мироздание и себя в нем.

МЕЖДУНАРОДНАЯ АКАДЕМИЯ КАББАЛЫ
под руководством профессора Михаэля Лайтмана
http://www.kabacademy.com/

Крупнейший в мире учебно-образовательный интернет-ресурс, бесплатный и неограниченный источник получения достоверной информации о науке каббала.

Международная академия каббалы проводит в Израиле поездки по каббалистическим местам, курсы и семинары по всему Израилю.

Миллионы учеников во всем мире изучают науку каббала.

Выберите удобный для вас способ обучения на сайте.
Контакты:
тел.: 035419411
email: campuskabbalahrus@gmail.com
Facebook: https://www.facebook.com/campuskabbalah

УГЛУБЛЕННОЕ ИЗУЧЕНИЕ КАББАЛЫ – ЕЖЕДНЕВНЫЙ УРОК
http://www.zoar.tv/

Каждое утро на сайте ведется прямая трансляция уроков каббалиста, профессора Михаэля Лайтмана для всех, кто занимается углубленным, ежедневным изучением науки каббала и исследованием каббалистических первоисточников. Занятия проводятся на иврите с синхронным переводом на 7 языков (русский, английский, немецкий, испанский, французский, итальянский, турецкий), есть возможность задавать вопросы в режиме реального времени.

Видеопортал Зоар.ТВ располагает уникальным контентом в виде бесплатных видео материалов, видеоклипов, ТВ онлайн, добрых фильмов онлайн, музыки.

ИНТЕРНЕТ-МАГАЗИН КАББАЛИСТИЧЕСКОЙ КНИГИ
http://66books.co.il/ru/

Международная академия каббалы издает учебные пособия и другие книги, предназначенные для самостоятельного изучения каббалы. Все учебные материалы Международной академией каббалы основаны на оригинальных текстах каббалистов, сопровождаемых комментариями руководителя академии, каббалиста, профессора Михаэля Лайтмана.

СЕРИЯ «КАББАЛА. ТАЙНОЕ УЧЕНИЕ»
Книги 1-3

Михаэль Лайтман

ОСНОВНЫЕ ПОЛОЖЕНИЯ
СХЕМА МИРОЗДАНИЯ
СИСТЕМА МИРОЗДАНИЯ

Технический директор: *М. Бруштейн.*
Выпускающий редактор: *С. Добродуб.*
Оформление обложки: *А. Мохин.*

ISBN 978-965-7577-59-2
DANACODE 760-104

www.ingramcontent.com/pod-product-compliance
Lightning Source LLC
LaVergne TN
LVHW091704070526
838199LV00050B/2278